U0463122

南京大学六朝研究所书系·丙种译丛·第叁号
南京大学六朝研究所　主编

文者国之华

——中国五至六世纪的文人知识与皇家权力

[阿根廷] 石保罗 著　庞茂森 译

LES FLEURS DU ROYAUME:

Savoirs lettrés et pouvoir impérial en Chine, V^e - VIe siècles

Pablo A. Blitstein

南京大学出版社

图书在版编目(CIP)数据

文者国之华：中国五至六世纪的文人知识与皇家权
力 /（阿根廷）石保罗著；庞茂森译. — 南京：南京
大学出版社，2025. 4. —（南京大学六朝研究所书系）.
ISBN 978 - 7 - 305 - 28621 - 6

Ⅰ. K239.107；I206.391

中国国家版本馆 CIP 数据核字第 2024R34Z21 号

Originally published in France as：
Les fleurs du royaume by Pablo A. Blitstein
ⓒ Les Belles Lettres 2015
Current Chinese translation rights arranged through Divas International，Paris
巴黎迪法国际版权代理（www. divas-books. com）

江苏省版权局著作权合同登记　图字:10-2022-370 号

出版发行　南京大学出版社
社　　址　南京市汉口路 22 号　　　　邮　编　210093
丛 书 名　南京大学六朝研究所书系·丙种译丛·第叁号
书　　名　**文者国之华**——中国五至六世纪的文人知识与皇家权力
　　　　　WENZHE GUOZHIHUA——ZHONGGUO WU ZHI LIU SHIJI DE WENREN
　　　　　ZHISHI YU HUANGJIA QUANLI
著　　者　[阿根廷]石保罗
译　　者　庞茂森
责任编辑　张淑文　　　　　　　　　　编辑热线　(025)83592193

照　　排　南京南琳图文制作有限公司
印　　刷　南京新世纪联盟印务有限公司
开　　本　718 mm×1000 mm　1/16 开　印张 22　字数 319 千
版　　次　2025 年 4 月第 1 版　2025 年 4 月第 1 次印刷
ISBN 978 - 7 - 305 - 28621 - 6
定　　价　78.00 元

网址：http://www. njupco. com
官方微博：http://weibo. com/njupco
官方微信号：njupress
销售咨询热线：(025) 83594756

献给伊米莉亚·斯巴拉(Emilia Sbarra)

和

利维奥·西尔韦斯特里(Livio Silvestri)

总　序

一

晃晃悠悠的节奏、断断续续的过程，也许"万事开头难"吧，从 2017 年 3 月 14 日"南京大学六朝研究所成立仪式暨学术座谈会"召开、计划出版系列图书至今，竟然已经三年又八个月过去了，具有"标志"意义的南京大学出版社版"南京大学六朝研究所书系"首批四册，终于即将推出，它们是：

刘淑芬著《六朝的城市与社会》(增订本)，"甲种专著"第叁号；

张学锋编《"都城圈"与"都城圈社会"研究文集——以六朝建康为中心》，"乙种论集"第壹号；

[美]戚安道(Andrew Chittick)著，毕云译《中古中国的荫护与社群：公元 400—600 年的襄阳城》，"丙种译丛"第壹号；

[德]安然(Annette Kieser)著，周胤等译《从文物考古透视六朝社会》，"丙种译丛"第贰号。

既然是"首批四册"，如何"甲种专著"却编为"第叁号"呢？这缘于此前"书系"已经出版了以下数种：

胡阿祥著《东晋南朝侨州郡县与侨流人口研究》(修订本)，江苏人民出版社 2019 年 10 月版，"甲种专著"第壹号；

吴桂兵著《中古丧葬礼俗中佛教因素演进的考古学研究》，科学出版社 2019 年 12 月版，"甲种专著"第贰号；

[唐]许嵩撰，张学锋、陆帅整理《建康实录》，南京出版社 2019 年

10 月版,"丁种资料"第壹号;

胡阿祥著《"胡"说六朝》,江苏人民出版社 2019 年 6 月版,"戊种公共史学"第壹号;

胡阿祥、王景福著《谢朓传》,凤凰出版社 2019 年 12 月版,"戊种公共史学"第贰号。

据上所陈,"南京大学六朝研究所书系"的总体设计,应该就可以了然。

首先,"书系"包含五个系列,即甲种专著、乙种论集、丙种译丛、丁种资料、戊种公共史学,这显示了我们对六朝历史之基础研究与应用研究的全面关注、对话学界之"学院"史学与面向社会之"公共史学"的兼容并包。

其次,"书系"出版采取"1+N"模式,"1"为南京大学出版社,"N"为其他出版社,"1"为主,"N"为辅,但仍按出版时序进行统一编号。所以如此处理,自然不在追求"差异美",而是随顺作者、译者、编者的意愿和其他各别复杂情形。

再次,"书系"虽以"南京大学六朝研究所书系"冠名,但只是冠名而已,我们会热忱邀约和真诚接受所内外、校内外、国内外的书稿,并尽遴选、评审、建议乃至修改之责。

要之,五个系列的齐头并进、出版单位的灵活安排、书稿来源的不拘内外,这样有异寻常的总体设计,又都服务于我们的相关中期乃至远期目标:通过若干年的努力,使学界同仁共襄盛举的"南京大学六朝研究所书系"渐具规模、形成特色、产生影响,而"南京大学六朝研究所"也因之成为学界同仁信任、首肯乃至赞誉的研究机构。如此,庶不辜负我们回望如梦的六朝时代、我们生活的坚韧而光荣的华夏正统古都南京、我们工作的诚朴雄伟励学敦行的南京大学、我们钟情的昌明国粹融化新知的南京大学历史学院。

二

南京大学历史学院有着厚实的六朝研究传统。蒋赞初、孟昭庚等老一辈学者宏基初奠，如蒋赞初教授开创的六朝考古领域，在学界独树一帜，若孟昭庚教授从事的六朝文献整理，在学界备受赞誉；近20多年来，张学锋、贺云翱、吴桂兵、杨晓春等中年学者开拓创新，又形成了六朝人文地理、东亚关系、都城考古、墓葬考古、佛教考古等特色方向。推而广之，南京大学文学院程章灿之石刻文献研究、赵益之知识信仰研究、童岭之思想文化研究，南京大学地理与海洋科学学院陈刚之建康空间研究，皆已卓然成家；又卞孝萱师创办的"江苏省六朝史研究会"，已历半个多甲子，一批"后浪"张罗的"六朝历史与考古青年学者交流会"，近期将举办第七回，本人任馆长的六朝博物馆，成为六朝古都南京的璀璨"地标"，南京市考古研究院、南京师范大学、南京晓庄学院等，也都汇聚起不弱的六朝研究力量。凡此种种，既有意或无意中彰显了学者个人之"文章合为时而著，歌诗合为事而作"的"义理"追求，也主动或被动地应了现实社会对历史记忆、文化遗产等的"经济"（经世济用）需求。

对现实社会之"经济"需求而言，就南方论，就江苏论，就南京论，六朝时代既是整体变迁过程中客观存在的一环，又是特别关键、相当荣耀的一环。以秦岭—淮河为大致分界的中国南方，经过六朝时代，经济开发出来了，文化发展起来了；跨江越淮带海的江苏，唤醒历史记忆，弘扬文化遗产，同样无法绕过六朝时代；而南京之所以能够成为中国第四大古都、中国南方第一的古都，也主要是因为六朝在此建都。

六朝的意义当然绝不仅此。举其"义理"之荦荦大者，以言孙吴，经过孙吴一朝的民族融合、交通开辟、政区设置，南中国进入了中国历史的主舞台，并引领了此后北方有乱、避难南方的历史趋势，比如东晋、南朝、南宋皆如此；以言东晋南朝，当中国北方陷入十六国大乱，正是晋朝在南方的重建及其后宋、齐、梁、陈较为平稳的递嬗，才使传统华夏文明在南方得以保存与延续、发展并丰富,这样薪火相传、"凤凰涅槃"的南方华夏文明,又给北方的十六国北朝之"汉化"或"本土化"的演进,提供了鲜活的"样本"、完整的"模范",其结果便是南与北交融、胡与汉融铸而成的辉煌灿烂的隋唐文明,特别是其中的精英文化;再言虽然分隔为孙吴、东晋南朝两段而诸多方面仍一以贯之的六朝,就颇有学者把包括六朝在内的汉晋文化与罗马文化并列为世界古代文明的两大中心,这又无疑显示了六朝文化在世界史上的超凡地位。

　　然则围绕着这样的"义理"与"经济",笔者起 2004 年至 2018 年,为《南京晓庄学院学报》"六朝研究"专栏写下了 50 篇回旋往复甚至有些啰唆的"主持人语",这些"主持人语",现已结集在"南京大学六朝研究所书系"最先问世的《"胡"说六朝》中;至于"南京大学六朝研究所书系"过去近四年的"万事开头难"、今后若干年的"不忘初心,而必果本愿",我们也就自我定位为伟哉斯业,准备着无怨无悔地奉献心力了……

南京大学六朝研究所所长　胡阿祥

2020 年 11 月 16 日

序言 文人的世界

　　这本书会引发一种极端的异乡感。它邀请我们去中国旅行一次，来到一个中世纪的帝国，大约在公元 5 到 6 世纪，就在建康皇城的四周，去发现一个权力与文化的阶层，那是个精湛地掌握语言和文书、阅读和写作艺术的群体。中国，一个符号与"文"的帝国，让西方人魂牵梦萦：诗歌和书法的悠久传统，制作丝绸、毛笔和砚台的巧妙工艺，还有那精练的语言，邀请我们剥茧抽丝，揭开成层于表面之下那无穷的意义。中国，作为文人文化的范式和欧洲想象的镜子，俨然成了西方的梦想……

　　此书邀请您所参与的旅行，会模糊这种熟悉的映象，扰乱这种期待的异乡感，改变中国的这种他者形象，而这种他者性（altérité），在西方思想的词汇和范畴陷阱中——文人、文学、宫廷文化、传统、经典、政治、政策——基本上被驯化了，变得那么可以预见。必须拥有扎实的汉学功底，并且沉浸在原始资料的迷宫中，紧密地贴近档案、朝代史、信件、官方文书和诗学作品，同时，还必须具有渊博的人文和社会科学知识，才能敢于探寻隐藏在涂层之下的东西，这些涂层，就源自那些最广泛的阐释和共享模式。必须提出有条不紊的质疑，进行无懈可击的反思，才能避免落入文学、知识、行政、宫廷文化、权力等笼统词汇的本质主义陷阱。最后，必须紧跟汉学和人文科学最前沿的创新趋势，才能推动既定观念的修订，描画出一幅全新的、令人惊叹的、复杂而迷人的图景。

　　因此，这是一种极端的异乡感：在一个前所未有的、不同寻常的视角下，发现一个文人的世界，就像是发现一片未知的领域，只有对它进行系统的分析,才能有助于挖掘和绘制这块土地。文人的世界。这个词语已经说明了一切。相比于一种封闭在作品内部,囿于能指与所指之间,属于历时传统的文学史,它更倾向于对社会及生产、阅读和传播文书的个体行动者展开调查研究。相比于"作品"（œuvre）的概念及其在文选中的含义,它更倾向于使用"文本"（texte）,甚至"文献"（document）的概念,将书写行为的范围扩宽到涵盖技术、行政、实用、私人、公共、书信、诗歌、礼仪、学术和注解等多种类别的文字材料。相比于作者和文人这类带有才华或创意的神话光环,融合绝对与永恒的特殊人物的形象,它更倾向于阶层的形象,在这个阶层中,展现着形形色色的行动者,既有贩夫走卒也有位高权重者,既有声名显赫之士也有籍籍无名之人,既有文字材料的重要生产者也有偶然的誊抄者。选集和专著的维度让位于对地位网络、社会关系、官阶品级、与皇帝的亲疏程度的考察,皇帝既是这个社会世界的顶端,也是它的核心。因为,这里的一切,都要从关系、亲疏、等级、趋同与对立、联合与冲突出发来进行理解。从根本上说,这是一个互动的世界。但是,互动的不仅仅是行动者,还包括他们生产和阅读、互相交换、分类和归档、传播或留存的文本。

这个社会的、文人的世界,由一套错综复杂的惊人装置进行驱动,那就是帝国的官僚制度,这套制度的架构、层级和运转都在本书中得到了细致的分析。在这个世界中,秘书官、各部尚书、高级谋士和内廷近臣纵横交错,帝王诏令、臣僚奏疏和官府往来文书流转其间,经过审核、评估、分类和存档之后,传递给接收者或者返还起草人重新修订。这些文书或由下至上,由行政级别最低的官员进呈给最高级别的皇帝本人,或由上及下,由权力机关发往各个执行机关和实施机关。它们同时也在帝国境内流通,从帝都流向地方市县,经由一系列的中转机构,实现皇帝口谕和诏令的传达。这一机制之所以运转良好,高效顺畅,是因为每个人,都在其位谋其政,在其职尽其责。

然而,如果将中华帝国的这幅官僚制度图景固定为一成不变的格局,那就大错特错了。因为等级、任务分配和特权都是极具竞争性的问题,是觊觎和较量的对象。自此,这个文人世界似乎成了一个各方无情交锋的角斗场,人生轨迹、名誉声望、宏图伟志、职业生涯在这里交织、碰撞:每个人都要捍卫自己的地位,并且精细地周旋,才能在知识和权力的棋盘上前进一格或几格,才能一级级攀登职位和名望的阶梯;每个人都要提防后继者出其不意地崛起,成为自己前进的障碍;每个人都要警惕他的敌人,还要小心他身边的朋友。一步踏错,便会搭上整个仕途,有时甚至是生命。

　　选取微观史的研究尺度,主要采用群体传记学的研究方法,便可以追踪这些个体轨迹的交织交汇,探索他们的相似性,挖掘他们在纠葛和碰撞之下的冲击。文人的世界不是一个祥和安宁的避风港。它们是对抗的竞技场,是不断斗争的战场,人人都为自己的身份、名望、晋升和生存而战。

　　如何把握这些对抗的形态,把握这种游戏的规则呢?由于我们无法观察行动者的一举一动和所作所为,无法倾听他们的言辞论调和弦外之音,我们就只能依赖于书面资料,依赖于树立在这些轨迹之上的文本。套用奥斯瓦尔德·杜克罗的名言,我们可以说,在建康宫廷,写作(écrire),就是行事(faire),但也是生存(être),和想要生存(vouloir être)。① 文本反映了它们的作者在对抗之棋盘上的纵横捭阖,在升迁和失势之梯上的浮沉跌宕。文本是行动,是举措,是战术选择和角力关系的体现。它们体现并生产定位、转变、结盟或者对抗,而这些格局,随时都可能被全部推翻。文本具有一种施事(performatif)权力:书写,就是付诸行动(agir),就是在一个毫不稳定、高度竞争和极度危险的环境中表明立场。由此,词语、文体、模式和权威的选择,文学的引用和文本

---

① 译者注:奥斯瓦尔德·杜克罗(Oswald Ducrot),法国著名语言学家,主要研究领域为语用学和语义学,以论辩(argumentation,也译"论证")理论、预设与隐含、言语行为理论、陈述理论等著称。

间的呼应，文人规范的遵从或模糊，甚至是颠覆，都是政治行为、职场策略和自我擢升的手段，是破坏对手和敌人之稳定的武器。

石保罗开展的这项杰出研究，将在汉学领域开创划时代的意义，也将在更加广泛的，其他文化视域下文人世界和文人实践的历史这一领域中，具有里程碑的意义。我们可能会联想到美索不达米亚和埃及的"书记官"（scribes）①、祭司阶层，联想到米诺斯和迈锡尼世界富丽奢华的官僚阶层——遗憾的是，我们在这一方面的资料来源不太具有说服力——或者我们还会联想到法国专制主义时期的宫廷文化，联想到意大利文艺复兴时期，由贵族和教会构成的权力阶层，联想到欧洲启蒙运动时期的君主。

我们也将注意到文本在语用学层面上的丰富性，它们的意义与文人场域中出现的诸多效果、定位和转变密不可分。如果说行政和政治文本，自然可以被如此地加以阐释，那文学文本亦是如此，它们都或明或暗地反映了某种选择，确定了共时和历时复杂格局中的场所：文本之间的呼应游戏，与当代或更早的其他文本建立模仿、类比、论辩或注解关系的语言游戏，词语的记忆——它们在自己的语音、形式和意义上都保留着过去的使用痕迹，所有这些复杂的效果既源于作者的意向性，也与读者的诠释技巧有关，因而这些地位往往与知名文人的形象紧密地交织在一起。

取道中国视域这条令人眩晕的路线，不仅需要比较的方法，还需要全新的、实验的、动态的阅读协议，通过重新布局我们最为熟知的地形图，以便贴近行动者和实践活动，进而把握书写的权力、传统的使用以及权威和作者身份的建构。因此，这段引人入胜的旅行也是一堂方法论课程，是一份向新的书写文化史发出的学术声明和反思宣言，在书写

---

① 译者注：也译为"抄工"。他们在学校学习文字和计算，以及司法、天文、建筑、医学等专业知识，毕业之后进入宫廷从事行政和外交工作，创作歌谣和碑文，或从事秘书、公证人、建筑师、工程师等相关工作。

的文化中，符号的运用、文本的生产、文本的接受，成为理解那样一个社会阶层的关键钥匙，它植根于时间和空间之内，在权力游戏的棋盘上、在语言的层级和代码中、在层叠的文人记忆里、在图书馆的书架间循环流转。

克里斯蒂安·雅各布

致　谢

首先，我衷心地感谢我的两位博士论文导师，程艾兰（Anne Cheng）教授和马如丹（François Martin）教授。没有他们的建议、批评和鼓励，我无法顺利地完成此项研究。我还要感谢华蕾立（Valérie Lavoix）教授，自我到法国以来，她就认真地阅读我写的东西并且作出评价。感谢戴文琛（Vincent Durand-Dastès）教授针对我的博士论文修订成书提出不少修改意见；感谢克里斯蒂安·雅各布（Christian Jacob）教授一直鼓励我坚持自己的研究想法；感谢戴梅可（Michael Nylan）教授就该书的出版提供建议。

埃莱奥诺尔·埃尔盖扎巴尔（Eleonora Elguezabal）研究员是这些年来我的主要对话人：她既是严厉的批判者，也是温柔的陪伴者；她积极地与我展开讨论，但在我需要的时候，又总是站在我身边。杜杰庸（Guillaume Dutournier）教授和汉斯·斯坦米勒（Hans Steinmuller）教授也是极为珍贵的与谈人，感谢他们阅读我的作品并且发表评论。感谢海德堡大学的顾有信（Joachim Kurtz）教授、大卫·梅尔瓦尔特（David Mervart）教授和马国瑞（Rui Magone）教授，他们阅读我的手稿并且提出宝贵的修改建议。我还要真诚地感谢王春华和庄博（Enrique Rodríguez Larreta）教授，他们总是热情地与我交流探讨，分享自己的想法。感谢北京大学的陈苏镇教授和阎步克教授、中国社会科学院的刘跃进教授、清华大学的孙明君教授，我在北京期间，他们给予了我无尽的关怀。2011年，芝加哥大学的夏含夷（Edward Shaughnessy）教授邀请我去他所在的院系介绍自己的研究，普林斯顿大学的王平教授对本书指出了几点看法。对此我不胜感激。

这项研究的完成与不同机构的帮助是分不开的。法国国立东方语言文化学院为我提供了一项研究基金，资助我为文献搜集进行必需的考察工作；蒋经国国际学术交流基金会给予我为期一年的资助；法兰西公学院为我提供了激动人心的 ATER 可视化信息智慧呈现研究框架；海德堡大学的"全球语境下的亚洲与欧洲"卓越创新中心为我创造了良好的条件，使我方便查阅完成本书所需的资料。在阿根廷，卡罗莱纳·梅拉(Carolina Mera)教授、塞西莉亚·阿纳哈(Cecilia Onaha)教授和白安蕾(Andrea Pappier)教授多次提供机会，让我在布宜诺斯艾利斯大学和拉普拉塔国立大学介绍自己的研究。我也向克劳迪奥·安热尔弗洛姆(Claudio Ingerflom)教授表示感谢，谢谢他为我在圣马丁国立大学的斯拉夫和中国世界研究中心(CEMECH)提供了一个研究场地。

此外，我还要向所有在本书的撰写过程中，部分或完整地阅读本书的人表示诚挚的感谢，他们是：克里斯蒂安·安汪特(Christian Anwandter)博士、艾丽斯·比安奇(Alice Bianchi)副教授、孔叙埃洛·比斯库波维奇(Consuelo Biskupovic)博士、毕茉莉(Marie Bizais)副教授、薇拉·布莱茨坦(Vera Blitstein)博士、达米安·肖桑德(Damien Chaussende)教授、庄雅涵(Ya-Han Chuang)博士、纳威尔·达米亚(Nahuel Damia)博士、谢尔盖·德米特里耶夫(Serguei Dmitriev)博士、纪安诺(Enno Giele)教授、阿德里安·戈雷利克(Adrián Gorelik)博士、波利娜·阿谢特(Pauline Hachette)博士、侯安娜(Ana Carolina Hosne)副教授、安娜·库什尼尔(Ana Kuschnir)教授、塔迪奥·利马(Tadeo Lima)博士、亚历克西·利嘉(Alexis Lycas)副教授、奥雷莉·马西亚克(Aurélie Marcillac)博士、克拉拉·马里耶特(Clara Mariette)博士、马丁·马里蒙(Martín Marimón)教授、玛娅莲(Maialen Marín Lacarta)博士、达米安·莫里耶-热努(Damien Morier-Genoud)博士、卡罗琳·努瓦罗(Caroline Noirot)主编、塞利娜·帕尔多(Céline Pardo)博士、玛格丽达·穆莱特·帕斯夸尔(Margalida Mulet Pascual)博士、拉斐尔·弗洛雷斯·帕兹(Rafael Flores Paz)博士、阿马里·佩洛斯基(Amarí Peliowski)博士、居伊·罗贝尔(Guy Robert)教授、格雷西拉·西尔韦斯特里(Graciela Silvestri)教授、志野好伸(Yoshinobu Shino)教授、马丁·蒂洛尼(Martín Tironi)教授、徐翀教授、曾毅教授、张超教授。在此,我亦向帮助我完成本书写作的其他同事们表示诚挚的感谢。

最后,由衷地感谢几年来我的家人和朋友们对我的大力支持!

缩略语

WXDL	《文心雕龙义证》
NS	《南史》
NQS	《南齐书》
HHS	《后汉书》
HS	《汉书》
WX	《文选》
LS	《梁书》
SGZ	《三国志》
Bunkyô hifuron	《文镜秘府论汇校汇考》

目　录

导　论

我们对文本的体验，根据地域，根据世代，根据个人，都会有所变化，因为阅读和写作的形态，已经永久地铭刻于历史之上，而在人物和事件的不安流动中，这些形态不会再停留于与它们自身同等的状态。我称之为"我们"的经验：我指的是所有那些人，那些献身于阅读和写作艺术的人们，无论何时何地，也不分今朝往昔。正是为了推动这个"我们"的研究——一个伴随写作而诞生的"我们"——我建议将该研究引入一个表面遥远，却在诸多方面离我们很近的世界。

在公元 5 至 6 世纪的建康城①内，在南朝的宋（420 年—479 年）、齐（479 年—502 年）、梁（502 年—557 年）三代宫廷中，就已经存在一个文人的社会，他们为我们留下了不计其数的文本。这些文本历经数代誊抄，如今已由各大出版社出版，并且陈列在我们的众多图书馆内。其中有一部精选文集，《文选》，编纂于公元 6 世纪，一直是许多人一读再读的书目，几乎贯穿了整个中国帝王史。只需翻开这本选集，就能对当时建康城内所采用的多种体裁和风格有个粗略概念：其中，我们可以看到书简，典雅或歌颂类诗歌，经典书籍的注释，带有描写或叙事特点的格律散文，殿前奏折，诏书，考试试题，还有关于历史、行政、伦理、政治等各类问题的讨论等。若干个体裁如今已经很难归类于同一本选集。但在当时，它们却被收入其中，不分类别，冠之为"文"，正如书名所示。

文学与行政共存，诗歌与政治共存，私人与公共共存，如此不同的文本是如何汇集在一起的呢？这本选集一定会让外行人大吃一惊。但

---

①　现今江苏省南京市。

是，当你花上几天时间研究公元 5 至 6 世纪的建康文本，并且习惯于"文学"与"政治"的这种统一性，我们的现代划分就会呈现出一种任意贴标签的形态。正是这种标签，在我们的许多专业图书馆中，将中古中国的整体研究和专门的建康研究分成了两种不同的类别：第一类集中研究"中国文学"，几乎只关注诗赋；第二类属于"政治"研究，刻意区分"政治"与"文学"，并且根据制度、历史或传记文献提出假设。古代分类法的统一性由此被撕裂：以一种精神契合的方式联系在一起的文本，突然被分成了两个严格区分的领域，分裂了我们的整体视野。一旦注意到，这种空间和概念分化（différenciation）的奇特性，不仅发生在我们的图书馆里，还出现在历史知识的生产方式上，我们就很难避免这样一种印象，即我们的一些现代分类法所固有的客观性主张，正偷偷摸摸地对历史现象制造一种规范性的遮蔽。

如果我们要研究建康"文政合一"的基础，就不能认为古代区分是现代区分的混淆说法，而是必须研究它们的复杂性和独特性，把它们的共识和分歧，以及使它们发挥作用的文人社会，作为研究对象。是什么样的实践，什么样的制度，什么样的话语塑造了"文学"和"政治"——或者说写作和权力——之间的统一性？只有深入研究建康文人世界（monde lettré）①，我们

---

① "世界"，尤其是"文人世界"的观念，借鉴了霍华德·贝克尔（Howard Becker，1982 年）在《艺术界》一书中对该词的使用。在他看来，"世界"是一系列活动、互动、关系和话语的集合，它们促进了一个社会生活空间的构成。"世界"就是这样一个空间，它被赋予了各种各样的意义，并且由行动者的话语和活动日复一日地对它进行定义。"世界"观念的这种用法受到了社会互动论，特别是安塞尔姆·施特劳斯（Anselm Strauss）的启发，见克里斯蒂安·雅各布，2007 年，第 21—23 页；关于"文人世界"，见克里斯蒂安·雅各布，2005 年，第 479—481 页。我在后文中使用的"建康文人世界"，仅指宫廷的文人世界，而非在京城的其他地方可能存在的文人世界。另外，"社会"这一观念需要谨慎处理。我以关系的形式使用该词，将其视作一系列无限的、动态的关系集合；我没有赋予它"国家社会"的意义（无论是明示的还是隐含的）。诺贝特·埃利亚斯（Norbert Elias）认为这种"社会"观是社会学的"旧制度"，对这种观念的批判见诺贝特·埃利亚斯，1991 年，第 215—219 页。对"社会"观念的广泛批判，见布鲁诺·拉图尔（Bruno Latour），2006 年，第 7—29 页。

才能找到答案。在这个文人世界里，我们可以找到朝廷、诸王宫中以及大臣府上的文人；但也可以看到执掌帝国权力的所有成员，他们不一定精通写作，却能够对文人施加规则：皇帝、诸王和大臣——总之就是朝廷的权贵。正是在这个独特的世界中，文人和官员同存共生，有时甚至体现在同一个人身上，我们将在这里，发现写作与制度的衔接方式，而这些方式，对我们来说已经不再熟悉。

在中国中古史学中①，已经有许多研究致力于解释文学与政治之间的这种密切关系。但直到最近几十年，才迈出了决定性的几步。在我们所关注的领域中，即公元5至6世纪的建康宫廷，大量相对较新的研究都进行了文本的分析，它们分析的这些文本，作为政治和文学这两种实践活动交汇贯通的产物，流传至今。它们的目的，是要避免"文学史"那种脱离实体的叙述陷阱，并且还原一些要素，这些要素将它们特有的形式赋予了我们所知的文本。这些研究构成了本书的出发点。②然而，如果说在我看来仍需说些什么，那是因为，其中一些研究主要针对的问题，恰恰是由它们打算解构的文学史所提出的③："文学"仍然被认为是一种文化领域，它正在努力寻求自主性，虽然这种自主性，它如

---

　①　我采用的是历史时期划分的经典术语，但这并不意味着，至少在本书中，它可与欧洲历史所用的时期划分相类比。在中国，历史时期的划分自20世纪初以来就不曾固定过。关于这些争议，可见阿里夫·德里克（Arif Dirlik），1978年，第180—225页；杜赞奇（Prasenjit Duara），1995年，第33—48页等。

　②　在2000年代之后，尝试超越"文学"问题来研究南朝建康文人世界的著作中，我们可以提到田晓菲（Tian Xiaofei，2007）、吴妙慧（Meow Hui Goh，2010）、王萍（2012）等。在这一方面，马如丹和华蕾立的全部成果也是不可或缺的。虽然这些作者的问题和方法各不相同，但他们都注重将"文学"实践融入建康宫廷社会更加广泛的实践之中。

　③　我将随着论证的深入，陆续提及相关的研究。这些研究属于何肯（Charles Holcombe）称为"文学汉学"（sinologie littéraire）的东西，即一种从鲜明的"文学"旨趣中萌生问题的汉学研究传统。（他是针对田晓菲使用这一术语的，但这种用法也许并不完全恰当，因为田晓菲赋予"文学文化"这一观念的意义要比"文学"的意义宽泛得多。）见何肯，2008年，第1496—1497页。不能将这一命名视为某种蔑视，而更应将其视为对这种汉学所提问题进行的一种描述。

今似乎已经享有了；"政治"则被视作一个独立的、自给自足的领域，它从外部强制文学，阻止文学寻找这种自主性。在此，我建议超越这种将文学与政治彻底分离的现代观念；要做到这一点，就必须打破学科界限，将文学史和政治科学通常习惯分离的问题融合在一起。在接下来的篇幅中，我将说明，与写作相关的知识——实际上，我们将要探讨的正是作为"知识"的写作——成形于行政组织和宫廷社交的交汇处；写作，在一整套宫廷伦理和礼仪规范的支配下，象征性地"装饰"着德行，而**德行**，就是皇权的根基；因此，任何形式的写作，都是争论的核心所在，而这些争论所探讨的，就是象征这种权力的**正确形式**。在写作、德行与帝国的统一体中，文学与政治——或者更确切地说，"文学"与"政治"的观念——之间的界限，根本就没有任何存在的必要。两者紧密地交织在实践、制度和话语之中。

有时，我们难以接受这样一种观点，即文学的观念可能不存在于像建康这样的文人世界，一个从未停止过生产看似合法的美文的文人世界。不过，众所周知，"文学"是一种现代制度。在这个相对独立的空间中，写作的运用受道德、法律和政治约束的保护，其形式、限制和资源也在不断地被重新定义。这个空间的历史并不久远：随着这样一个空间在18世纪末出现，从拉丁语 *literatura* 派生出来的词汇——*littérature*，*literature*，*literatura*，*Literatur*——才开始具有了我们今天所了解的意义。[①] 但是，文学是跨历史的，它在自己还未被命名的时候就已经存在

---

① 见热拉尔·格贝尔（Gerhard Goebel），1983 年，第 79—82 页和皮埃尔·布尔迪厄（Pierre Bourdieu），1998 年，第 85—288 页。"文学"是作为一个受保护的空间而诞生的，关于这一点，见米歇尔·福柯（Michel Foucault），1966 年，第 57—59 页，以及雅克·德里达（Jacques Derrida）的论述，1992 年，第 37—38 页。这个"空间"可以是一种概念（在这种情况下，文学不一定在制度上受到保护），也可以是一种制度现实（制度给予文学一定的自主权，使其不受道德、政治和法律的约束）。弗洛朗斯·杜邦（Florence Dupont）指出，在缺乏文学制度的情况下，希腊人和罗马人没有对文本进行"文学阅读"；而保罗·辛姆托（Paul Zumthor）则认为，用"文学"一词来形容欧洲中世纪的文本并不恰当（他更倾向于使用"诗学"（转下页）

了,这种观点在中国中古文学史研究中是极为常见的。 还有大量研究认为,这一时期的中国历史见证了"文学自觉"①的发展;另一些研究虽然跳出了时代混乱的陷阱,但在面对这个文学幽灵时,仍然表现出一种无力感。因为,即使是借助"文学概念""文学思想""文学文化"和"文学功能的转变"等表达,来回避这一问题,有时甚至成功地回避,它们中的部分研究还是在无意中接受了"文学"文本与"非文学"文本之间的区别,并由此将外来的概念和制度的区分强加于建康的文人世界。研究的视角亦各有变化。一些研究视文学为一种超验的或者跨历史的东西。因此,从这个角度来说,建康拥有它自己的文学。也有部分研究将文学作为问题的核心,它们思考的是,"何为中国中古文学?"最后,还有一些研究认为,可以在行动者对写作的各种异质观点**背后**,识别出某种文学的观念:建康文人世界无法说出这种文学观的名称,而是将它与其他活动混合在一起,但文人们所从事的,归根结底是文学。无论采取上述哪种视角,问题都是一样的:建康的写作实践局限在文学的狭窄边界之内,失去了人们在宫廷中赋予它的更加广泛的意义。

　　事实上,在建康,"文学是什么?"这个问题根本不可能被提出来。文学在那里不是为了区分"文学"与"非文学",无论它是作为概念,还是作为实践;它在那里也不是为了追问自己的"本质";它无法——用胡志德的话说——强加自己"乏味的自主意识"②。那么,是什么代替了文

(接上页)一词)。见弗洛朗斯·杜邦,1998 年,第 7—25 页;保罗·卒姆托,1972年,第 20—21 页;另见安托万·孔帕尼翁(Antoine Compagnon)的说法,1998 年,第 49—50 页。中国"文学"(现代意义上的"文学")的历史始于 19 世纪末,见胡志德(Theodore Huters),1987 年,第 51—96 页;刘禾(Lydia Liu),1995 年,第 34—35 页。

　　①　1927 年,鲁迅在一次演讲中提出,汉末魏晋(220 年—265 年)是"文学自觉"的时代,而且他毫不犹豫地将这种"自觉"与"为艺术而艺术"的现代观念进行比较。见鲁迅,1996 年,第 3 卷,第 501 页。关于这一观念在 20 世纪的各种变体,见张朝富,2008 年,第 1—32 页。对 20 世纪中国文学史的批判性概述,特别是古代文学史和中古文学史,见孙明君,2003 年,第 258—276 页。

　　②　胡志德,1987 年,第 96 页。正如胡志德指出的,约 19 世纪末,中国开始出现当代意义上的"文学"。

学的位置呢？关于"文"，众说纷纭。而"文"，到底是什么呢？它是一套关于"善写"和"善读"的知识，这些知识与权力的行使密不可分。① 正是这些知识，我称之为"文人知识"②。文人知识是文本的原材料；它们受制于有效化程序、传播形式、关系和互动、实践和话语，而这些，远远超出了它们所生产的文本；实际上，它们先于文本、伴随文本而且超越文本③，因为它们铭刻在一些犹疑不决、意义多元的过程中，那是些构

---

① "文"在中国的历史非常复杂，我们在此只探讨建康宫廷中"文"的历史。在建康，即便当人们将"诗歌"的狭窄意义赋予"文"时，它仍被认为是一种"知识"（"学"）。虽然"文"既可"言"志，亦可"缘"情，但这一事实还是使它成为一门必须学习的外在事物，而非情感的直接表达，而情感——就像浪漫主义观念一样——可以通过独一无二的形式，不受任何限制地体现出来。例如，可参阅萧绎（梁元帝，508年—555年；552年—554年在位）在《金楼子》（4. 189—190）中关于此种"知识"的论述。此外，这一时期开办的几所学馆都设有专门研究"文"（广义上的"文章艺术"）的学科，这个事实进一步证实了对"文"（在其狭义上，或者广义上的"文章艺术"）的此种认识，即作为一种特殊的知识或作为这种知识的对象。正如杨明所言，"文学"一词所包含的概念可以拆解为"文"（或"写作"）和"学"（或"知识"），作为构成"文"的文人知识，它们在当时是密不可分的——胡宝国认为，那是一个知识至上的时代。见杨明，2005年，第1—11页；胡宝国，2009年，第151—170页。将"文"等同于某种知识，并非建康宫廷或者其他时期的中华帝国专利，例如，在前现代时期的法国，"文学"也可指一种知识或者这一知识领域。见热拉尔·格贝尔，1983年，第80页。

② 有时候我也将"文"译为文人知识。但是，鉴于"文"和其他关键词一样，在语义上具有一定的灵活性——因为它们属于不同的"观念群"（constellations de notions），我根据语境的不同，对"文"采取了不同的译法（比如，译为"装饰"）。关于古汉语中话语组织的"观念群"，见程艾兰，1999年，第13页。另见毕来德（Jean François Billeter）对翻译的思考，2010年，第11—29页和2007年，第49—58页。

③ 实际上，文本的意义不仅取决于写作之时所调动的知识，也取决于文本在整个流通过程中所使用的知识。每个文本都会产生一个"延伸的话语情境"（situation discursive étendue），在这种情境中，陈述空间并不一定要与陈述文本的接受空间相吻合；文本是一个"动态的不变体"（immutable mobile），能够以相同的形式在时间和空间中移动；它也是"可重复的"（itérable），因为它被重新占有的方式总是不确定的（文本可以成为多重阅读的对象、崇拜的对象等）。见阿莱达·阿斯曼（Aleida Assmann），2008年，第66—67页。所有这些特征，只有以伴随写作和阅读的不同知识为基础，才有可能实现；如果没有这些知识，文本的存在甚至是不可能的，因为它要么没有被书写出来，要么缺乏能够理解它的读者，不过是一个毫无意义的无声之物。正是基于这个原因，我们在本书中将（书写所必需的）"写作知识"和（阅读和阐释所必需的）"阅读知识"视作同一个"文"的知识体系。

成阅读和书写行为的过程。① 从文人知识入手研究建康文人世界，正如我们在本研究中所做的那样，我们在那里发现的东西，将远远超出"文学"向我们所展示的：通过不同的话语、实践和制度，这些文人知识获得了意义，带我们进入一个独特的文人世界，在这个世界的观照下，我们的文学似乎只是现代历史的一个偶然事件。

　　然而，对建康文人世界的描述时常伴有概念上的分歧，倘若仅仅将其归因于"文学"观念，这显然有失公允。"政治"观念，以及随之而来的"国家"观念，同样值得考量。我在这里指的是现代"政治"观念，它以权力本身为目的，剔除了所有的道德内容，并与一个清空了其原有个人内涵的现代机构联系在一起，即"国家"，建构了一个无形机构的纯粹权力。如果在建康研究中随意地使用"政治"和"国家"这两个现代观念，那么它们回敬给我们的，则是歪曲的建康机构形象，因为，它们掩盖了"德"与"文"之间的密切关系，而正是这种关系奠定了皇权的基础。

　　把"政治"简化为一种权力技术，关涉非人格化的"国家"，这种思想追溯起来并不遥远。在欧洲，它发端于文艺复兴时期，在 19 世纪得到全面发展；而在东亚，它肇始于 19 世纪末期。② 但是，尽管"政治"和

---

　　① 以文人知识为切入点，延续了克里斯蒂安·雅各布对"知识之场"的思考。见克里斯蒂安·雅各布，2007 年，第 17—40 页和克里斯蒂安·雅各布，2014 年。马塞尔·德蒂安（Marcel Detienne，2010 年，第 7—26 页）探讨了"写作知识"；关于中国研究的类似视域，但从更为特殊的"诗歌能力"角度出发，见孙广仁（Graham Sanders），2006 年，第 6 页。陆威仪（Mark Edward Lewis）的著作《早期中国的书写与权威》（1999 年）虽然关注的是另外一个时期，但仍不失为研究中国文人实践的典范。

　　② 关于"政治"观念的演变及其规范意义和道德意义的逐渐丧失，见沃尔克·塞林（Volker Sellin），1978 年，第 789—874 页。这一历史进程实际上伴随着"国家"观念所经历的类似转变。关于现代国家观念的出现，见昆廷·斯金纳（Quentin Skinner），2004 年，第 368—413 页；汉斯·博尔特（Hans Boldt）等，1990 年，第 1—98 页（作为简单"权力"的"国家"观，见第 88—90 页；国家观念的历史概述，见莱因哈特·科泽勒克［Reinhart Koselleck］的序言，1990 年，第 1—4 页）。在尝试使用现代政治词汇，特别是现代国家观（直到 19 世纪才真正成为一个核心观念），对古代社会进行研究时出现的问题，见奥托·布鲁纳（Otto Brunner），1965 年，第 111—120 页。（转下页）

"国家"具有这种历史性，部分学者仍然采用这两个概念来研究前现代社会。在整体的中华帝国史以及特殊的中国中古史研究中，这两个概念的使用伴随着现代政治话语中反复出现的二分法表述，仅举几例——国家与社会、公共与私人、权力与道德。这些二元表征假定存在一个"国家"（"政治"的主体和客体）的领域，它与"公民社会"（个体之间的非政治性交换空间，即艺术、科学、道德或经济的空间）相分离。然而，在中古中国，这些支撑现代"政治"和"国家"观念的二分法并不存在。既然不具有现代"国家"这一主权的"虚空之所"（lieu vide）和"不可具象化"（infigurable）①，国家与社会、公共与私人、道德与政治之间也就不存在真正的概念和实践上的界限。机构类同于个人，每个人都在某种等级秩序中扮演着一个角色，正如关于权力的话语，首先是通过对宇宙进行"道德"式表征，以使其地位和职责合理化。② 我们之所以保留"政治"一词来描述这些机构所基于的关系和行为，是为了表明一种德行的效能，一种不区分"国家"与"社会"的德行。③

（接上页）菲利普·艾布拉姆斯（Philip Abrams，1988 年）探讨了历史社会学研究中"国家"观念的认识论局限。另见安德利亚斯·奥西安德尔（Andreas Osiander），2007 年，第 1—25 页和让-弗雷德里克·沙乌布（Jean-Frédéric Schaub），2005 年，第 51—64 页。关于 19 世纪末，汉语对现代"国家"观念的吸收，可见沙培德（Peter Zarrow），2012 年，第 56—118 页。关于"政治"观念的吸收及其与"政府"和"行政"等观念之间的密切关系，见孙青，2009 年，第 38—88 页。

① 关于作为"虚空之所"和"不可具象化"的"国家"，见克洛德·勒福尔（Claude Lefort），2001 年，第 28 页。

② 必须注意的是，权力的"个人"特征是建立在角色观念的基础之上的，而不是完全基于有血有肉的个人。一旦一个人扮演了某个角色（比如君王），可以说，这个角色就成为他的属性，与他融为一体。关于"个人"与"个人角色"之间的区别，见韩格理（Gary Hamilton），1990 年，第 92—97 页。

③ 一些政治哲学流派利用"政治"（le politique）与"政策"（la politique）之分来反思永恒与短暂，反思是什么在冲突中维系着社会的整体性，又是什么在分裂社会的同时不令其丧失统一性，反思是什么支撑着社会，又是什么或多或少牢固地建立在这一基础之上。在此，我们从统一的政治（或政策）观出发。于我们而言，"政治"和"政策"是研究同一个现象的两种不同尺度，即力量关系，它（转下页）

　　为了说明建康皇权的机构基础,我们可以借助两个在宫廷中具有权威性的文本:《孝经》和《论语》。这两部著作自汉代以来就享有准经典的地位,它们都没有区分"社会"与"国家"。《孝经》专论"孝"这一德行,"孝"既包括"社会"责任(子女对父母),也包括"政治"责任(臣子对君父);它认为君权的模式来源于父权,并由此提出贤臣之德类似于孝子之德。[①] 在《论语》中,孔子将"政"——在当代中国,它被用来翻译现代"政治"观念——等同于"正"。[②] 因为,臣子的使命就是"正风俗";他必须以身作则,教导"百姓",并且身体力行,劝谏君王;而这种"教化"的有效性则取决于对天、地、人之间和谐关系的维护。由此可见,这两部典籍自帝国初期就在塑造政治话语,它们对君权的表征具有相似性:"国家"不是一个权力的虚空之所,"政治"也并非行使一种毫无"道德"意义的权力,而是一个实在之所(lieu plein),由一个承担父权角色的人所占据,他同时履行道德、政治和宇宙的三重使命。[③]

(接上页)们既可以使某些机构永久化,又可以在短时间内将其削弱。因此,在本研究中,"政治"作为一个独立的权力空间这一观点遭到了质疑,我们将不区分"政治"与"政策"。我们基本上将两者视为同义词。

　　① 孝道在东汉至唐朝时期享有特权地位,大量的孝子故事便证明了这一点。对孝道在当时的精英中占据核心地位所需条件的讨论,见南恺时(Keith Knapp),2005 年,第 13—26 页。

　　② 《论语注疏》,12.2504b。此句(译者注:"政者,正也。")也出现在《礼记正义》50.1611—c 中。梁代皇侃将此"正"解读为臣子先行正道,率先垂范,见《论语义疏》12.33a。关于周朝至帝国初期君权合法化形式的特殊性,见程艾兰,2009 年,第 37—54 页。

　　③ 见阎步克,1997 年,第 302 页和葛浩南(Romain Graziani),2012 年,第 6 页。"父"与"君"或许并未混淆在一起,但其中一方的角色使另一方的角色得以概念化。两者之间的这种概念关系是由于父亲角色的特殊性而成为可能的,但父亲的角色显然不符合我们在当代家庭制度下对这个词的理解:如同父亲是将后辈与祖先连接起来的一个"宗教"形象,皇帝也通过实行祖先崇拜来保证王朝的延续,从而确保了整个帝国的延续。但事实是,君与父并没有融合成一个相同的角色,这就使得我们在对两者进行类比时,有时会表现出一定的迟疑。关于父亲角色的定义,以及父与君两个角色进行类比时的犹疑,见葛浩南,2012 年,第 5—30 页。我们将讨论父亲在建康帝国机构中的其他特殊属性,例如,他可以将在朝廷任职的权力传给他的儿子——在诸多方面类似于君王有权将皇位传给他的儿子。

那么,我们将如何使用"政治"和"国家"这两个词语呢? 在这里,"国家"不能作为认识论工具:它被赋予了太多的现代意义,过于紧密地与一个非人格化的实体联系在一起,所以无法向我们提供一个建康帝国机构的恰当表征。① 但"政治"一词或许值得一试。马克斯·韦伯曾指出该词具有多重含义:"(政治)概念极为宽泛,涵盖所有类型的自主领导行为。人们谈论银行的外汇政策,德意志帝国银行的贴现政策,工会的罢工政策;也谈论城市或乡镇的教育政策,某协会委员会的政策;甚至谈论一个精明的女人试图掌控自己丈夫的政策"②。他认为这种多义性让人头疼。但矛盾的是,也许"一个精明的女人试图掌控自己丈夫的政策",正是将大臣对君主的"政策"进行概念化的最佳例子③:在

---

① 此外,把"国家"定义为合法垄断身体暴力的机构(见于马克斯·韦伯的著作,以及 20 世纪大部分从法律上对国家进行的定义)在中古时期的中国是行不通的。在帝国的统治下,实施暴力的可能性实际上是个人的特权,而不是非人格化机构的特权,而且这种特权有时候也属于那些不一定在帝国中发挥职能作用的个人。虽然皇帝通常持有绝大部分强制手段,但是这些手段分散在各个王公贵族手里——这就让我们无法使用"垄断"一词,无论是对于皇帝,还是对于皇权的全体成员而言。

② 马克斯·韦伯(Max Weber),1992 年,第 158 页。韦伯对"政治"和"国家"进行了模棱两可的分析:一方面,他指出了"现代国家"与前现代世界的"父系国家"之间存在的距离;另一方面,他又给出了"政治"的经典定义,但这个定义中出现了不同形式的时代问题。他在《以政治为业》的开篇就点明,"我们所理解的(政治),仅仅指我们今天称之为'国家'的这一政治集团的领导或者对这种领导的影响"。在我们看来,这个定义不宜用来描述帝国的表征和机构。但是,它在韦伯的著作中具有认识论价值:他的理想类型更多的是明显不完善的概念工具,而非政治和社会组织的基本形式的名称。首先是功能主义传统,特别是帕森斯(Talcott Parsons)的学说,将这些定义转变为跨历史的社会组织形式,而且也正是通过美国功能主义社会学的视角,这些定义才进入在中国史学界极具影响力的历史学家的著作之中,比如余英时和阎步克——虽然这些作者试图对韦伯的定义进行限定。

③ 韦伯在部分作品中探讨了前现代世界中君权的父权性质和"世袭"性质,但他的历史叙事仍然是"国家中心的"。实际上,"世袭制国家"的观点只会加深这样一种印象,即前现代的任何权力关系都可以说是一种不完善的关系。其实,"世袭的"这个形容词表明,这是一个以父权关系为基础而建立的,不完整或(转下页)

中华帝国的传统夫妻形象中,大臣为妻,皇帝为夫,从家庭伦理的角度来表述政治关系,①这样也就更加接近于行动者的经验。

由于皇权与个人德行有关,我们将证明,文人知识既是德行的手段,也是德行的标志。这些知识,也就是"文",体现了权力在伦理和政治上的优越性;但在某种程度上,它们也体现了权力在"审美"上的优越性。因为在宫廷这个讲究礼仪的世界中,对"善"的认识与对"美"的认识密不可分。关于文人知识的冲突从属于一系列更加广泛的冲突,即帝国之德在礼仪上的正确体现。

文学和政治的现代观念——以及国家的现代观念——之所以在中国中古研究中引发了如此多的问题,不仅是因为这些观念有可能不合时宜地将不存在的实体引入行动者的世界中,也不仅是因为它们有可能任意掩盖文人知识与皇家权力之间的密切关系;更重要的是因为,它们迫使研究者局限于单一的研究尺度,受制于单一的分析视角。主要

(接上页)不规则的"国家"——仿佛纯粹的"国家"本身才是政治制度的完美形式。关于世袭制观念的全面论述,见马克斯·韦伯,1995 年,第 1 卷,第 301—320 页。另见罗宾·西奥巴尔德(Robin Theobald),1982 年,第 548—559 页和艾安迪(Andrew Eisenberg),1998 年,第 82—102 页。对中国的父权制和世袭制所做的广泛讨论,见韩格理,1989 年,第 141—167 页,也见阎步克,2010 年,第 64 页及以下。

① 关于这一方面的论述,见阎步克,2010 年,第 408 页。例如,《离骚》中就出现了臣—"妻"的形象。《离骚》是《楚辞》最为重要的篇章,收录在公元 6 世纪编纂的《文选》中。见《文选》32.1492,附王逸(90 年? —160 年?)《离骚序》。另见白马(Michael Schimmelpfenning),2000/2001 年,第 59 页。臣—"妻"形象与阴阳之力的对立有关,臣为阴,君为阳。在《周易》中,臣道与妻道和地道相关。见《周易正义》,1.19a,"坤"卦。以家庭空间为模型的其他君臣关系形象,见第六章。另外,如果我们想想中国中古时期的女性在门阀士族中的地位,就能够更加清楚地了解这种"政策"在精英阶层中所采用的形式:一些女性凭借她们的道德权威对家族中的男性施加影响,而这种道德权威是她们的读写素养及其原生家族的声望所赋予她们的。她们的"政策"就是谋臣的"政策",谋臣的道德权威——也建立在家族和知识的基础之上——弥补了她们面对君王时在形式权威上的不足。或许正是女性在南朝文人家族中的核心地位孕育了臣—"妻"的形象。而在汉唐之间,母亲似乎具有更高的地位(用陆威仪的话说,是以"情感共同体"[communauté émotionnelle]的形式),也让此种看法显得更为可信了。见陆威仪,2012 年,第 245—275 页。

的障碍在于,这些观念的自然化造成了历史叙事的单一视角方法。如果我们努力开拓其他的研究尺度和分析视角,这正是本书所做的,就能够规避这个障碍,进而更好地理解建康文人世界的复杂性。

如果不使用我们所掌握的语言,我们就无法谈论过去;而这种语言,作为我们的主要研究工具,不可避免地浸透着过去的文人世界的实践活动、反思习惯和未知制度。我们无法摆脱它们。但是,我们不可能回避这个如此深刻地打上了我们的历史经验烙印的工具,这并不意味着我们必须物化其概念用法,就像现代的文学、政治或国家偶尔会做的那样。这就是为何,我们将在此通过切换语言自身所提供的分析视角,力图实现这些用法的去自然化。这正是本书将要采取的策略。语言——无论是我们的语言,还是行动者的语言——从功能上来讲,其实都是多视角的(multiscopique):词语指涉不同的尺度和视角,指涉"部分"或"整体",指涉"瞬间"或"阶段",指涉短暂的"互动"或持久的"关系";它们增加或减少研究的焦点,它们指涉同一对象的不同方面。任何语言,无论是研究者的语言,还是行动者的语言,都具有这些内在可能性,它们值得在科学研究中被加以探索。通过重构研究者的话语,引入变化和调整,我们就能够重振部分范畴,进而开辟新的知识可能性。①

因此,我将采取两种互为补充的策略:标量变化法和透视法。第一

---

① 关于"多视角"一词,见保罗-安德鲁·罗森塔尔(Paul-André Rosental),1996年,第 141 页。罗森塔尔用这个词来指代社会史所特有的一种方法,尤其是在法国,这种方法"旨在通过对所研究的现象采用多种连续的观点,从不同的角度展示往往相互矛盾的现实,从而改变对已知对象的看法"。关于"多视角方法"与微观史的区别,见保罗-安德鲁·罗森塔尔,1996 年,第 141—159 页。有关"尺度"的进一步思考,见迈克尔·维尔纳(Michael Werner)和贝内迪克特·齐默尔曼(Bénédicte Zimmermann),2006 年,第 42—43 页。与这两位作者一样,我认为对尺度的思考从属于对尺度、范畴和视角之间的交叉所进行的更加广泛的方法论思考(他们将其概括为"交叉史")。

种策略在于还原行动者的语言。① 我们知道,任何翻译都无法"再现"原语言;一种话语可能类似于另一种话语,但两者之间完全对应是绝对不可能的。实际上,在一门语言中,每个陈述文本,无论是一个词,还是一段句子的集合,都与它的指称物具有紧密的联系,只是我们有时候很难复原这种联系;在共同的经验范围内,陈述文本等同于对象、场所和关系,并且赋予它们以意义。所以,对于那些无法识别出自己处于这种经验范围之内的人来说,陈述文本相对来说就是隐晦不明的;通过这种方式,陈述文本产生了在其他地方不存在的"制度性事实"(faits institutionnels),并在这一过程中促成了社会形式的生产和再生产。② 那么,如果不研究使中古制度成为可能的陈述文本,我们又如何解释这

---

① 关注行动者的语言在人文社会科学中并不新鲜。我们将在这里谈论"语言"(如约翰·波考克[John Pocock],1985 年,第 1—34 页)或者"话语",因为,正如克里斯蒂安·托帕洛夫(Christian Topalov)所言,"提及某个概念(像莱因哈特·科泽勒克所做的那样)[……]就是推定'某种东西'隐藏在词语后面,并坚决要求通过这个词来对其进行意指"。见克里斯蒂安·托帕洛夫,2010 年,第 36 页。关于"概念"一词在应用于古汉语文本时所固有的问题,另见程艾兰,1999 年,第 13 页。要阐明"语言"或"话语"的意义,从一个简单的词语到一个完整的陈述文本,不仅需要理解它们与指称物之间的关系,还需要理解它们的言外之力(force illocutoire)和隐含意义;换言之,需要将语言视为表征手段和社会世界构成的积极参与者。见昆廷·斯金纳,2002 年,第 103—127 页;约翰·塞尔(John Searle),1995 年,第 59—78 页;皮埃尔·布尔迪厄,2001 年,第 155—198 页和第 201—211 页;罗杰·夏蒂埃(Roger Chartier),1998 年,第 67—86 页;弗雷德里克·马东蒂(Frédérique Matonti),2012 年。这种方法并不意味着放弃概念观,但"概念"一词对我们来说只表示话语、意象和所表征的语境之间的衔接。对这些不同的视角进行调和的尝试,见梅尔文·里克特(Melvin Richter),1995 年,第 124—142 页;关于概念使用的语言学历史,见雅克·吉约蒙(Jacques Guilhaumou),2000 年,第 105—118 页。

② 约翰·塞尔,1995 年,第 79—126 页。我们在这里采用了约翰·塞尔的观点,他认为,任何象征化机制(以语言,尤其是述行语,作为基本手段)都在于为物体、空间和行为等分配地位和功能。由此,这些对象被确立下来,并促进了社会实在的生产。

些制度的特殊性质呢？行动者的语言填补了我们自身话语的空白。[1]

然而，想要"像行动者一样说话"不过是一种幻想。那么我们还原的是什么语言呢？是哪位行动者的呢？如果我们采用某个人物的语言，如果我们打算用他的语言和他的词语进行写作，复制他的文本，我们就会发现自己处于一种皮埃尔·梅纳尔（Pierre Ménard）式的矛盾处境：我们的话语所具有的意义已经不同于它在建康时期的意义。因此，我们必须遵循我们的话语的历史性。[2] 正是出于这个原因，我们必须采取第二种策略来填补盲目还原行动者的语言所留下的空白，即一种重新定义现代科学话语中的某些范畴和观念的策略。它不是以一种"演绎的"方式，从既定的文学、社会学或政治学定义出发，实际上，这些定义被随意地应用于一个对它们一无所知的世界。它采用的是一种"生成的"方法：我将选取部分范畴-词语，尝试更新它们的意义，使其更加灵活，也更加切合目标对象。[3] 诸如"行政"和"透明规则"（第一章和第二章的主题），"伦理""贵族主义"和"官僚主义"（第三章），或者"博弈"（第四章），甚至无处不在的"文人知识"等，这些观念、概念和范畴无法抹去它们在现代科学词汇中的根源；诸如"礼仪"（第二章）或"装饰"（第三章）等词语也不包含它们在古汉语中所体现的观念差别。但是，

---

① 瓦尔特·本雅明（Walter Benjamin），1961 年，第 63—69 页，尤其是他认为，所有语言之间都存在着一种语义互补性，因此，一种语言所表达的意义不能简化成它被翻译成另一种语言时所表达的意义。另见安德烈·克拉罗（Andrés Claro），2012 年，第 881—897 页。

② 行动者的语言并不是同质的：每个文献都代表了研究者的一种主位语言，但当研究者用自己的话重述另一位行动者的语言时，文献的语言就变成了客位。只有借助我们在这里提出的多视角方法，才能重构主位（émique）与客位（étique）之间的这种辩证关系。

③ 关于历史叙事中的生成修辞学，见毛里奇奥·格里包迪（Maurizio Gribaudi），1996 年，第 113—139 页。作为认识论工具的术语，见保罗·韦纳（Paul Veyne），1971 年，第 161—193 页。另见雅克·雷维尔（Jacques Revel），1996 年，第 32—36 页；让-克劳德·帕斯隆（Jean-Claude Passeron），2006 年，第 130—132 页；特别是卡洛·金茨堡（Carlo Ginzburg），2013 年，第 191—210 页。

所有这些词语，随着研究的进展，一旦在话语中被重新定义，就可以与我自己的科学话语和行动者的话语保持一定的距离。

这两种策略都遵循语言的灵活性，而且，通过这种方式，它们为摆脱现代文学、政治和国家观念可能造成的单一视角提供了方法。

在本研究中，我们涉及的将是一个循环构型。我将尝试分析文人知识与皇家权力如何互相牵制，如何彼此关涉。皇权依靠文人知识生产文本；文人知识在皇权的刺激和控制下构筑自身轮廓。这种双向循环的性质——文本只是它的主要媒介之一——正是我们试图在此复原的东西。

本书的编排方式力图体现其多视角导向。前三章探讨文人知识的制度约束及其有效化的一般机制。第一章阐明文人知识、宫廷与行政之间的密切联系。第二章提出"诚"这一"传统主题"（*topos*），远非一种"文学"话语的先行草稿，而只是文人知识的一种有效化标准，它借鉴自透明规则；此章还分析了将圣人传统占为己有的不同形式，指出这种传统是一切知识有效化的终极根基，并由此揭示出支配文人世界的"得当伦理"标准。第三章论述了这种伦理是如何与另外两个对立的文人有效化原则相结合的："贵族主义"和"官僚主义"，这两个观念在此处的意义不同于有关这一时期的其他研究赋予它们的意义。

在前三章，本书试图脱离"文学"的框架，展现建康文人世界的独特之处。接下来的两章聚焦冲突和地位分化在文人知识的合法化中所发挥的作用。第四章涉及"文人权威"的性质，并且更加广泛地探讨了宫廷冲突的主要形式："博弈"。第五章按时间顺序呈现5、6世纪之交，文人权威在朝廷的"官僚化"过程。最后，第六章强调一种循环，在这个循环中，文人知识与皇家权力相互交织、密不可分，一方必然导向另一方。一方面，最后一章恢复了文本在皇权象征中的核心地位，指出"文学"语言与"政治"语言之间并无界限；另一方面，它表明文本的意义不可避免地与文人有效化的冲突交织在一起，关键在于确定哪些知识能够正确地表征帝国之德。

因此,本书力图证明,在这个文人的世界里,阅读知识和写作知识——"文"——是由制度和话语来定义的,而这些制度和话语并没有对"文学"与"政治"进行区分;这些知识,与支配它们的话语和制度一样,无法避开宫廷社会所特有的冲突;任何关于"文"的话语,即使是表面上最富于"文学"性的话语,同时也是关于皇家权力的话语——这种权力被视为一种德行,它在"文"中寻找合适的"装饰",用来标榜自己在政治和道德上的优越性。循环在此闭合,我们从文人知识转向皇家权力,反之,亦从皇家权力转向文人知识:文学与政治之间不存在任何分化可以阻止这种权力与这些知识的聚合。同样的循环可能也会出现在中华帝国史上其他晚期的宫廷社会中;实际上,在我看来,文人知识与皇家权力之间的循环关系只能以宫廷自身为终点。

要分析文人知识与皇家权力之间的这种循环构型,就不能忽视其中任何一方,必须在文献为我们指明的道路上,同时对两者展开研究。正是为了遵循这一路径——除了根据论述需要而提及的一些人物和情节——我确立了空间和时间的双重限制:在空间上,建康宫廷;在时间上,刘宋(420年—479年)末期、南齐(479年—502年)、梁(502年—557年)初。这种限制使我能够追踪确实发生过的关系,并且发散性地理解这个世界,在这个世界中,知识、实践和话语都被赋予了意义。如果我们从单一视角出发对这些关系进行重新切分,如果我们将文学与政治之分强加于它们,而且,通过这种方式,如果我们使它们服从于我们习以为常的大学学科组织形式,那么,我们有可能造成整体关系的原子化,而在行动者的经验中,这些关系是不可分割的,它们紧密地结合在同一个连续体中。

然而,本书并不是对建康文人世界进行简单的微观史分析:主位与客位之间的多视角式往返,正好能够避免固着于某个单一的尺度或视角。不过,我们在此仍然接近于微观史,因为我们偏离了"宏观分析"型叙事,这种叙事仅以长期或"中国文化"作为研究框架;我们尽量避免这样一种诱惑,即从先入为主的社会运作观出发来推断行动者的行为和表征①。但是,任何分析都不可能完全是"微观的",因为,如果我们改变研究的焦点,那么一开始"微观的"东西就会突然变成"宏观的"。正因如此,在本研究中,没有一个分析层次可以声称是详尽无遗的。在我看来,一切层次都是合适的——甚至是"宏观的"层次——只要它揭示了建康文人世界的某个重要方面。

本研究所选取的材料多为史料原典,它们是研究这一时期的专家们所熟知的。在所用文献中,读者可以看到——仅列举其中最为重要的——《宋书》《南齐书》《梁书》《南史》等朝代史书,它们既包罗各代皇帝年表、论说文章和名臣传记,也收录有奏疏、诏令、诗歌、对话和格言等。读者还会发现《唐六典》和《通典》等典章制度史书,它们虽成书于唐朝,却提供了关于中古前期帝国机构运作的宝贵信息。最后,读者还会找到谈论写作问题的文章,以及各种选集和汇编。这些文献,与本书中将要提及的其他文献一样,通过两种方式让我们了解文人知识:要么它们向我们讲述文人及其知识,要么它们必须将自己视为文人知识的印痕,因为正是这些知识使它们得以存在。

近年来,重新出现了这样的话语:要么将中国塑造成一个西方的"他者"(autre),不管它是被发现的还是被建构的;要么将中国塑造成一个西方的"同者"(même),不管它是否预见了西方的现代性。但是,这些话语,与我在阅读建康文人世界给我们留下的印痕时的体验,并不相符。我在那里发现的令人吃惊和意外的东西,那些一开始让我收获未知的惊喜,让我无所适从的东西,这所有的一切,随着时间的流逝,几乎都变成了某种熟悉的东西——至少比发生在我隔壁的某些事情还要

①　毛里奇奥·格里包迪,1996 年,第 113—139 页。汤普森(E. P. Thompson,1966 年,第 9—14 页)在《英国工人阶级的形成》的前言中也简明扼要地说明了这种方法:在他看来,工人阶级是每天都在发生(se passe)、在形成(se fait)的某种东西,而不是一种匿名的、预先确定的结构的化身(另见雅克·雷维尔,1996 年,第 23 页)。在本研究中,多视角的研究方法可以部分地还原发生在建康文人世界中的社会构型的相对偶然性。

熟悉。可以说,我已经将这个"遥远的中国"占为己有了,它现在给我提供了一个全新的视角,这个视角与我们的学术实践不谋而合,涉及的是写作与权力之间的关系。一种特殊的、独一无二的关系,在公元5至6世纪,中国南朝文人世界中发现的关系;但这种关系也属于文人知识的一般历史——而且,在我们眼前,这种历史仍在继续。

所以,正如那"影像变形"(anamorphose)的方式,我希望我的读者能够在这些宫廷精英身上,在这些时间上如此遥远的人身上,看到那些十足的幽灵形象,这些幽灵时时刻刻窥伺着文人们;我同时希望读者能够在书页之间,看到他自我形象的折射:文人,讲的就是你的故事(*de te*,*literate*,*fabula narratur*①)。

---

① 译者注:拉丁原文为 *de te fabula narratur*。作者加入了 *literate* 一词,表示文人、学者、知识分子等具有文化修养者。

第一章　文人知识与帝国制度

何为建康文学？这是人们时常提出的问题。人们往往使用这种方式来将非文学的东西伪装成"文学"。但是，近几年来，如果不能使之问题化（problématiser），就不再可能提出这个问题。田晓菲的研究成果证明了这一点：她反对"俗套的文学史"（histoire conventionnelle de la littérature），她认为，这种文学史通常包括了建康"那些不被视作'文学'的作品"；由此她提出，应该分析"文本抄写和流传（……）的过程，书籍收集，选集构成，图书分类（……），与文学知识相关的学术活动，宗教（佛教）与文学的复杂关系"①。田晓菲从底部入手探讨文学，她研究实践、话语和制度，并以此更新了她所称的梁朝"文学文化"（culture littéraire）研究。但是，田晓菲或许超越了某种文学史，因为在质疑文学定义本身之时，她的工作就在促使我们——未必是她的本意——**取消**这个文学本身，不将文学作为研究建康文人世界的优先框架。实际上，虽然文学史习惯于将文学和非文学混合在一起，但也不能就此得出结论说，在建康就已经存在某种真正文学的东西，有待我们去揭示，而结论更应该是，文学不能帮助我们去理解这个如今已经消失的文人世界的独特性。田晓菲将文学扫地出门。

我们将延续田晓菲的研究，深入探讨建康文人世界的实践、话语和制度。在第一章，我们将从**场所**（lieu）研究开始，文人们的大部分时

---

① 田晓菲，2007年，第4页。

间,都是在这些地方度过的:官署,即行政办公空间①,和更广泛的朝廷,即官员、大臣②、王公和皇帝,他们彼此会面、相互交流的空间③。朝廷这个集宫廷和行政于一体的场所,是大部分建康文人梦寐以求的中心。不过,他们追求的不是成为默默无闻的、单纯的行政事务执行者,他们觊觎的是宫廷的威望④。由于这个场所向文人们施加了约束,

①　行政机构的具体空间既非现代的办公室——理论上,行政资源与官员个人之间的分离程度在这里是最大的——也非那种易与太监宫女的住所相混淆的简陋平房。在汉朝,官员在一定程度上必须居住在官署中,而在南朝,官员与其家眷同住,尽管——正如我们在下文将会看到的——在分配部门职位时给予门阀士族优先权,意味着他们与行政机构之间存在着某种近乎家仆的私人关系。关于官员的工作和休息时间,见杨联陞(Yang Lien-sheng),1961 年,第 18—42 页,特别是第 21 页。

②　我们将区分“官员”(fonctionnaire)与“大臣”(ministre),以此来表明帝国官员的地位等级差异:前者的权力小于后者。不过,在本书中,这两个词语更多地意味着程度上的差异,而不是性质上的差异,所以我们有时还是会使用“官员”一词来指代所有的帝国官员。

③　这个“知识之场”(lieu de savoir)既是象征性的,也是物理性的,它本身就是人与非人、人与物之间的一种关系构型,这些关系为空间赋予了形态。它并非一种“盒子”,这个盒子的外在形式与在其内部产生的知识不相关联,更应该说它是关系构型的物质性,在这些关系中并且通过这些关系,知识获取了不同的形态。见克里斯蒂安·雅各布,2007 年,第 24—25 页和 2014 年,第 63—73 页。

④　对于更晚时期的唐朝,杜希德(Denis Twitchett)正确地指出,“宫廷”一词简化了在皇宫及其周围发生的一切:皇宫的行政功能和固定流通在某种程度上决定了官员、大臣、王公与皇帝之间的关系,这就使得这些机构看起来像一个“官僚机构”。见杜希德,1992 年,第 36—37 页。南朝时期的建康宫廷也有类似情况。然而,宫廷从来不是一个自由流动的空间,而且它总是与行政(“官僚”)事务联系在一起。如果我们将宫廷定义为皇帝家庭空间的一种特殊延伸,在这个空间中,“侍从”同时也是负责管理帝国的大臣,那么我们就可以说,建康城,这个围绕皇帝及其宫殿的都城,它的物理和社会空间,实际上就是一个“宫廷”。这个宫廷,正如我们将要看到的那样,拥有自己的社交准则、等级礼节和机构行政礼仪——实际上,这些机构行政礼仪与其他方面的宫廷礼节是混合在一起的。即使官员或大臣远在都城几公里之外,宫廷的这种社交性也不一定会消失:行政组织的相对集权化为这种社交性赋予了一种凝聚力,所以它的影响力波及所有希望维护自己的帝国顶端地位的人。因此,“建康宫廷”在这里指的是一个物理的和象征的空间,一个既统一又分散的空间:可以通过文人社交的共同模式将其识别出来,(转下页)

并以这种方式来塑造知识，他们若想成为其中一员，就必须掌握这些知识。我们将以此作为出发点，对建康的文人世界进行总体描绘。这种描绘不可避免是简要的、片段的，但是，我们将缩小分析的尺度，并在接下来的几章中，探讨有关这个世界的其他更加特殊的问题，而在此之前，这种描绘是绝对必要的。

一、宫廷、行政与文人知识

刘宋、萧齐、萧梁——我们在本书中涉及的三个王朝——属于大家所称的"南朝"，即公元 3 世纪至公元 6 世纪，相继在建康建都的朝代统称。这一时期的建康宫位于现今南京市的玄武湖和鸡笼山（现称鸡鸣山）①之间。皇帝（皇家②的家长）、后妃（每个人都有自己的位分和称号）及其奴仆（负责主人的日常生活起居）均居于此。皇太子，也就是皇帝的嫡长子，住在皇宫之外的东宫，而其他皇子——他们都是皇室成员——则居住在都城内各自的王府之中（除非他们外出公干）。和皇帝一样，皇子们也拥有自己的妃嫔和奴仆。最后，在皇宫和王府中，除了奴仆（domestique）以外，还有"侍从"（serviteur）负责管理宫廷和行政

（接上页）但它同时又由内部屏障组成，这些屏障在宫廷成员之间创造了固定的关系流通。采用"宫廷"观念作为建康研究的论证支点，见托马斯·扬森（Thomas Jansen），2000 年。作为社会界定空间的"宫廷"，见诺贝特·埃利亚斯，2002 年，第66—74 页。"宫廷"观念在西方语言中的历史化，见卡洛·奥索拉（Carlo Ossola），1987 年，第 101—104 页。

　　① 或许因当时的宫殿呈方形，故得名台城。建康宫于公元 6 世纪末被摧毁。卢海鸣认为，该宫殿的布局大致遵循《周礼》的秩序。见卢海鸣，2002 年；祝总斌，1990 年，第 258—262 页。

　　② 我们在广义上使用"家"一词：它指家族，即以血缘关系为纽带而结合在一起且与同一"姓氏"或祖籍地相关的父系团体。关于秦至南北朝时期这一术语的详细分析，见李卿，2005 年，第 15—42 页。

事务:他们是朝廷的大臣和官员,即"士"①,这个阶层是维持帝国制度正常运转的人。在这些人中,我们可以找到建康文人世界的大部分成员。

由于建康宫在公元 6 世纪末就已被夷为平地,实在是难以精确地再现它的样貌,况且不同的学者对其所做的解释也不尽相同。不过,下述皇宫复原图仍然能够让我们窥得一二。宫殿有三个城圈(也可能是两个,最里面的两重属于内朝),包含不同级别的入口。② 在北面,正对华林苑以南,坐落着皇帝后妃的居住地——"后宫"(1)。穿过一块特殊区域,继续往南延伸出一片空间,这里的主场所是太极殿(3):它是真正意义上的王宫或者内朝。③ 太极殿是皇权的象征,极少使用;皇帝和大臣很可能在东堂和西堂(2)④举行典礼或商讨国事。后宫的正南面是皇帝的日常生活居住场所。颇具意义的是,这个场所刚好处于两个空间之间,这两个空间代表着皇帝的两个主要职责:在后宫繁衍子嗣赓续王朝,在内朝行使执掌帝国的权力。太极殿一直延伸到太阳门(4)⑤。从它的另一侧,一直到朱明门(7)⑥,只有少数持有通行证件⑦的官员

---

① 在这里,lettré(读书人;有读写能力的)(作名词和形容词)和 homme de lettres(文人)的意思可以互换:它们仅仅指可以不同程度地阅读和书写的人。不过,这两个词语并不像通常所说的那样指"士",即"朝廷官员"。"士"主要指的是一个相对开放的社会阶层,由他们与帝国行政机构的关系来界定:他们是经过培养,服务皇帝的人。当时,一些士并不一定受过读写教育:证明就是,军事世家或地方豪族中一些几乎目不识丁的人也属于宫廷成员。"侍从"一词(加上不同的限定词则为:"朝廷侍从""文人侍从")或许比"官员"能够更加清楚地描述出皇帝与士之间的关系类型,这是一种对主公或上级忠贞不渝的私人关系。我们之所以更倾向于使用"官员"一词,是因为它可以避免与皇帝的奴仆相混淆。"士"一词从上古到中华帝国初期的语义演变,见阎步克,1997 年,第 178—197 页;关于中华帝国,另见余英时,2003 年。

② 贺云翱,2005 年,第 135 页。关于皇宫的城圈数量,见第 139 页及以下。

③ 贺云翱,2005 年,第 140 页。

④ 贺云翱,2005 年,第 143—144 页。不同于我们这里的复原图,贺云翱认为这两殿分布在太极殿的两侧。

⑤ 南梁时期,此门名叫"端门"。见贺云翱,2005 年,第 141 页。

⑥ "朱明"一词实际上指夏季或者太阳。

⑦ 译者注:称"籍"或"门籍"。

和大臣——尤其是门下省（5）和中书省（6）的成员——有权在此地停留，以便在一定程度上近身侍奉皇帝处理政务。[①] 内朝以朱明门为边界；进入第三重宫墙即为外朝，外朝从最后一道朱明门一直延伸至大司马门（10）。这里分布着最重要的中央官署，比如尚书省（及其两个分支）（8）和廷尉（9）。穿过大司马门就离开皇宫，来到了建康城中；再越过京都的城墙，展现在眼前的就是广袤的帝国疆域，划分为州、郡、县三级地方行政机构。[②]

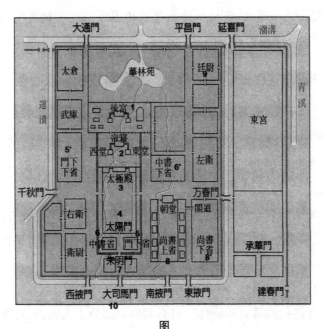

图

来源：《世界美术大全集》（三国南北朝），东阳编。东京：小学馆株式会社，2000年，第 347 页。马如丹赠

---

① 祝总斌，1990 年，第 260—262 页；关于汉朝以来宫门出入通行证件的使用，见祝总斌，1990 年，第 254—257 页。内朝和外朝可能是由太阳门隔开的，因为，祝总斌认为，中书省和门下省属于内朝。另见贺云翱，2005 年，第 141 页。正如我们在皇宫复原图中看到的，中书省和门下省都拥有一个外部分支负责文书的接收和分发，一个内部分支负责与皇帝进行沟通（5'和 6'）。同样地，位于更外围的尚书省也细分为两个区域，一个离皇宫更近，一个离皇宫更远。

② 见贺云翱的皇宫复原图，2005 年，第 135 页。

从王宫到最偏远的省份,文本——特别是行政文本——发挥着首要的制度作用:它们的流通为帝国提供了其存续所需的凝聚力。一个文本可由内朝官员撰拟,经由尚书省,下达至县令手上;它虽在宫中书写,却可于数公里之外宣读;而且,当它从一个官署流通到另一个官署时,还可能激发出新的文本书写。可以说,每个文本都是"文"链的一部分。"文"是一个多义词,不仅相对于"武"而言,指文人实践,或者相对于"朴"和"质"而言,指"饰",还尤指这些文本所运用的**知识本身**——它也被称为"文"。那么,这是一种怎样的知识呢? 它在制度中又扮演着哪些不同的角色呢?

1. 制度化的知识

建康的文人知识所具有的形式与其在帝国和家庭制度中发挥的作用密不可分。与所有知识一样,文人知识也体现在某些活动中:在这里,即文本的阅读和写作。文本就是文人知识的体现。我们知道,文本的生产需要一种知识:写作知识;我们也知道,文本的解码需要另外一种知识:阅读知识。但是,这些知识并不是同质的,即便是在宫廷这样的狭窄空间里。事实上,每一次写作都要动用不同的知识,根据写作的经验和环境的不同,这些知识并不总是相同的;而每一次阅读,也会根据知识的不同,对同一个文本赋予不同的意义,这些知识与写作知识一样,都不可避免地具有片面性。只有共享一部分文人知识,写作者与阅读者之间才有可能形成一个意义共同体。宇文所安(Stephen Owen)对文本与知识的这种关系方法论上的后果做了思考。他建议从"主题地域"(territoires thématiques)的角度来思考文本,尤其是诗歌。在他看来,这是"一种非常有用的思考诗歌的方法,因为它涉及一个共享的知识库存(répertoire de savoirs),这一库存不是诗歌作者所专有"[①]。这种"知识库存"实际上超越了"凝固的"(figés)文本:"也许我们最终还

[①] 宇文所安,2006 年,第 14 页。

是会把'诗人'和'诗歌作品'看作凝固的文本进行处理,但是有必要从'诗歌材料'入手,把任何一个特定的文本都视为共享的材料库存之一小部分的具体实现,而不是独立的'创作'。"①我们将要涉及的正是这个"知识库存",或者更确切地说,是这一库存在建康文人世界中不平等的分配方式。对我们来说,"凝固的"文本将是文人知识的标识——这些知识使文本可以作为文本存在,而不是作为毫无意义的静默之物存在。

在建康宫廷,这些文人知识跨越了表面上看起来天差地别的体裁。以行政文本和诗歌文本的比较为例。我们摘录的下述诗歌写于梁朝初期;赠诗者陆倕(469 年—526 年)和受赠者任昉一样,两人均出自书香名门。② 该诗写道:

> 和风杂美气,
>
> 下有真人游。
>
> 壮矣荀文若,
>
> 贤哉陈太丘。
>
> 今则兰台聚,
>
> 方古信为俦。
>
> 任君本达识,
>
> 张子复清修。
>
> 既有绝尘到,
>
> 复见黄中刘。③

---

① 宇文所安,2006 年,第 15 页。

② 陆倕出身吴郡陆氏,这是一个久居南方的名门望族。他为年长自己十余岁的知名文人任昉写了这首诗。任昉当时已经四十多岁了,与陆倕一样,他也来自一个非常重要的书香门第,家族多代居住在南方。关于陆氏家族,见王永平,2008 年,第 302—343 页。

③ 《南史》25.678。关于该诗的背景,见田晓菲,2007 年,第 115—116 页。

这首诗调动了文人知己间默契共享的知识。一方面,它运用了一种可称之为"技巧的"知识:陆倕使用了五言诗(在这个文人世界中非常流行)、常规意象(微风和香气)、赞美手法(夸张、比喻、感叹)和用典艺术。不过,它还调动了一种可以说是"交游的"(mondain)知识:诗中提到了文人的个人知识。任昉,这首诗明确的目标读者(但无疑不是唯一的读者),他在阅读此诗时显然不需要"技巧"知识,但他必须能够识别典故并且熟悉体裁惯例。即使他的"交游"知识似乎不言而喻,却也并非无足轻重:在这个文人圈子之外的人很难理解这些诗句的含义。在这两位文人身上,写作和阅读的知识应该是自然而然地显现出来的,不会有太大的困难:这些知识在出身名门的文人身上几乎是自发出现的。这种自然性就是他们的特权。在文人世界的边缘,许多人都难以辨识出围绕这首诗的各种知识默契。

陆倕诗中所体现的知识并非某种体裁的专属特性。交游指称、历史典故和赞美手法都可能作为这样的知识,出现在其他类型的文本中,例如,出现在某些形式的政论散文中。下述文本——一篇荐士表——就表现了其中一些知识的跨体裁性质:

> 窃见秘书丞琅邪臣王暕,年二十一,字思晦。七叶重光,海内冠冕①,神清气茂,允迪中和②,叔宝理遣之谈,彦辅名教之乐,故以晖映先达,领袖后进。居无尘杂,家有赐书,辞赋清新,属言玄

---

① 典故出自《尚书》:"七叶重光"在这里用来形容周文王和周武王。《尚书正义》18.238a。

② "允迪"一词指"温顺的",典故出自《尚书》,用于形容帝王品质。《尚书正义》4.138a。"中和"出自《周礼》,尤其是其中一段话,指明帝王施行"教化"应该采取中正平和的态度(译者注:"以三德教国子:一曰至德,以为道本;二曰敏德,以为行本;三曰孝德,以知逆恶。……至德,中和之德,覆焘持载含容者也。")《周礼注疏》22.787c。

远,室迩人旷①,物踈道亲。养素丘园,台阶虚位②。庠序公朝,万
夫倾望。岂徒荀令可想,李公不亡而已哉!③

该文本涉及的内容远不止萧遥光(始安王,468年—499年)对王暕
(子)的看法。④ 它由任昉——陆倕诗的受赠者——所写,在一些方面
非常接近于诗歌。此文采用骈体,与诗句相去不远:对句之间音节数量
相同,词义之间形式互相对应,既运用于陆倕的诗中,也运用于此篇表
文中。但仍有其他知识将这两类文本紧密地联系在一起。历史典故、
赞美手法、小团体中彼此熟悉的指称物,所有这些也非荐举表所独有。
诗歌和政论散文,从知识的角度来看,它们既与文体有关,也与指称物
有关,似乎极其相似。

既然这两个文本牵涉如此多的共享知识,为什么它们又如此截然
不同呢? 这是因为它们还合乎另外一种文人知识:体裁知识,即符合写
作情境的语言知识。实际上,体裁是以**情境**知识(savoir situationnel)
为基础的。就写作者而言,体裁由一系列符合陈述情境的写作规则构
成;就阅读者而言,体裁是一系列用于文本解码和正确阐释的规则。当
然,体裁规则并不是一成不变的:由于文本的首次阅读(写作者本人的
阅读)与其潜在的、无限的阅读链之间存在差距,体裁规则会发生变化,

---

① 见《毛诗正义》4.4.344b—345a。典故出自诗歌《东门之墠》。

② 字面意思是:"(三公的)平台留有空位。"隐含意义则为王暕没有野心,把
自己的位置让给了其他人。

③ 《文选》38.1743—1744。《梁书》21.322中的版本不太一样。也可参见小
尾郊一的日文译本,1975年第五卷,第310—312页(含注释)。

④ 不能把王暕(477年—523年)与其父王俭(452年—489年)相混淆,王俭
是一位文臣——因其在南齐建康宫廷的文人知识史中发挥着核心作用——他在
本书中将经常出现。萧遥光通过此表来回应齐明帝萧鸾(452年—498年;494
年—498年在位)的诏令,他曾下诏要求大臣们举荐"异士"。萧遥光推荐了王暕和
王僧儒(465年—522年)。结果就是,王暕授任骠骑从事中郎。见《梁书》322。关
于"从事中郎"一职,中央机构多个部门都设有该职,见俞鹿年,1992年,第173页,
词条"从事中郎"。

有时难以觉察,有时显而易见。这一点我们稍后再谈。但只要一定的制度构型能够维护这些规则的基础,体裁就会指定相对稳定的写作和阅读形式,并为知识的应用创造分化的空间,不过,这些知识原则上是跨体裁的。

因此,体裁为我们提供了一种类型学,行动者用它来对文人知识进行分类和调节。这种类型学不一定是共同的,它不可避免地会出现分歧。但它可以让我们了解,相对稳定的体裁后面,隐藏着制度的力量。所以,像刘勰所撰《文心雕龙》这样的论著,虽然是一部片面的、局部的原典资料,但如果没有制度力量使它与阅读者建立起某种意义共同体,它就是不可理解的。[①] 在这部论著中,我们可以找到许多非常全面的论述,关于诏、表等行政体裁,关于辩、论等议事和论辩体裁,关于祝等仪式体裁,关于传、纪等史书体裁,关于赋、诗等诗歌体裁(非仪式性的)等等。[②] 所有这些体裁的意义,都取决于它们在行政和宫廷制度中所发挥的作用。

体裁对文人知识具有调节作用。但有些体裁相比其他体裁受到的限制更多,比如,与考试情境相对应的体裁,“策”和“对”。“策”具有双重功能。一方面,它进行**过滤**(filtre):通过引导“对”的方向,它可以认同某些知识并排除其他知识。另一方面,它进行**展示**(montre):一些“策”所用的散文辞采优美,展现出一种写作形式,供应试者进行效仿。

---

① 《文心雕龙》为我们总结了存在于宫廷中的文本类型。虽然这部论著在某种程度上是一种受刘勰经验所限的话语,但它同时也优先地、相当详尽地见证了这些在建康宫廷中形成的体裁。关于该书标题的法译,我取自华蕾立的文章,2000 年,第197—247 页。我在《导论》中解释过,出于一些原因,我更喜欢用“文”(lettres)代替“文学”(littérature)一词。根据华蕾立的说法,这部论著约成书于公元 500 年。见华蕾立,1998 年,第 54 页及以下。该书的完整英译本,见施友忠(Vincent Shih),1970 年。

② 据罗宗强统计,《文心雕龙》提到的体裁有 81 种。见罗宗强,1996 年,第190 页,注释 2。当然,我们对体裁的分类纯粹是出于解释目的,细究下来,赋可能与诗不属于同一类:它常被归类为散文的一种特殊形式。也正是出于这个原因,严可均,在 18 世纪,并未将赋排除在他的散文集之外(而是将诗排除在外)。

因此,虽然在建康时期考试远不如后来的唐宋时期那般重要,却集中了大量制度的有效化标准。下面这篇秀才策试问题便可以让我们了解到这一点①:

> 问秀才高第明经②:朕闻神灵文思之君,聪明圣德之后③,体道而不居,见善如不及④。(⋯⋯)或扬旌求士,或设簴待贤⑤,用能⑥敷化一时,余烈千古。(⋯⋯)子大夫选名升学⑦,利用宾王⑧,

---

① 《文选》收录了三篇策秀才文:两篇由王融作,另一篇则为任昉作。

② 关于策试的科目,见阎步克,2009a 年,第 211 页。阎步克认为,"高第明经"只是用来修饰"秀才"的词语。他反对万绳楠和陈东原的观点,前者认为"明经"意指"明于经国之道",后者则认为"秀才""高第"和"明经"是策试的三门不同科目,即"三科同策"。还需要思考的是,"高第明经"的等第是否低于"秀才"。这个假设有待以后的研究者继续探讨。

③ 在《史记》中,"神灵"(聪明的)一词形容的是黄帝。见《史记》1.1。在《尚书》中,"聪明"(英明的)和"文思"(审慎的)形容的是尧帝。虽然这些表达都是形容智慧和谨慎的典型词汇,但李善将它们与这两部作品联系在一起。

④ 李善认为,这句话的前半部分与文子和老子有关。见《文子疏义》5.252 和《老子校释》2.11。后半部分则直接引用了《论语》的表述。见《论语注疏》16.2522b。

⑤ "旌"暗指舜帝,他有一面释道的旗帜,见《管子校注》18.1047。李善注引《鬻子》中的一段话,言大禹为铭于筍簴以求贤招谏(译者注:"昔大禹治天下,以五声听治,为铭于筍簴曰:教寡人以道者击鼓,教寡人以义者击钟,教寡人以事者振铎,语寡人以忧者击磬,语寡人以狱讼者挥鼗。")。

⑥ 平行结构使我们不得不视"用能"为两个虚词。

⑦ 此为用典,不应按字面意思来理解:"秀才"的目的不是进入国子学,而是取得任命资格,确保有权获得品级和官职(取决于职位的空缺情况)。关于这一时期的"秀才""孝廉"和国子学体系,见阎步克,2009a 年,第 183—188 页。"选名升学"出自《礼记》(译者注:"选士之秀者而升之学"),"秀才"一名便是由此得来。这个典故的意思很简单,就是说"你被选中成为'秀才'"。见《礼记正义》13.1342a。

⑧ 这一表达出自《周易》。见《周易正义》3.36c。

懋陈三道之要,以光四科之首①,盐梅之和②,属有望焉③。

我们只引用了第一问,它涉及的是官员选拔的论题。余下的文本继续就不同的主题提出了一系列问题:农业、税赋、政事。然而,这道策题并不局限于考查政务管理的必备知识,正如其文体的复杂性所表明的,策试要求考查的,还有"正确"阐释文本所需的知识,也就是说,按照考官的期望阐释文本。阐释策题的第一个障碍在于,策题是用骈体文书写的。骈文实际上是一种特殊的散文:它与诗句近似,必须满足格律要求,并且两两之间形式相对,这就导致它不得不采用一些省略手法,只有具有一定经验的读者才能加以破解。④ 第二个障碍则源于征引历

———————————

①   御史大夫晁错(? —154 年)上书汉文帝,认为"大夫"必须遵三"道"。据张宴注,"三道"指国体、人事、直言。见《汉书》49.2290。崔寔(103 年—170 年)曾在《政论》中引诏书一则,列举了朝廷取仕的四科:德行高远、学识通博、明晓法令、遇事果决。见《全后汉文》46.727.2a—b(严可均根据李善的注释重写了此段)。

②   《尚书正义》10.175c。这个隐喻出自《尚书》,指帝王和应试者应该如同盐和梅一样,相互补充、相得益彰:帝王希望"士之秀者"建言献策。

③   《文选》36.1644—1646。见小尾郊一的译本,1976 年,第六卷,第 129—132 页(含注释)。

④   平行句在音节数量上讲究形式的对应,在句子之间讲究语义的对应。平行结构不仅出现在两个连续的四言、五言、六言或七言句之间,也出现在两对句法和词汇结构都相同的句子之间。关于平行结构,见耿幽静(Joachim Gentz),2007年,第 241—269 页;马如丹,1989 年,第 81—98 页;鲁道夫·瓦格纳(Rudolf Wagner),1980 年,第 18—58 页。作为"宇宙形象"的平行结构,见程艾兰,1989年,第 35—43 页。骈体文是这一时期许多文本的显著特征之一,与秦汉散文相比具有创新性。南朝骈文的发展概况,见程千帆、程章灿,1999 年,第 148—154 页。吴讷(1372 年—1457 年)在《文章辨体序说》中写道:"辞必四六,以便宣读于庭。"见《文章辨体序说》,第 36 页。他的这一评论是针对宋朝(970 年—1279 年)之"制"提出的。但在南朝时期,吟诵与骈文的关系可能亦是如此。吴妙慧虽未阐述这个问题,但她指出吟诵在建康宫廷非常重要(这也就部分解释了"四声论"在当时出现的原因)。见吴妙慧,2010 年,第 21—39 页。

史文本、"诸子百家"和经书典籍中大量的用典①：应试者不仅要确定典故的原初语境，还要理解它在策题语境中的特殊含义。②

一旦完成了策题的阐释，应试者就要开始对策。"对"本身就是一种体裁。根据策题的设定，是皇帝在向应试者提问：这意味着，除其他事项外，对策在文体质量上也要与策题相媲美。部分官员成功地做到了这一点，证据就是，在官员传记中，我们可以看到许多这样的情节：文人因其对策受名士赏识而声名鹊起。例如，何逊（480 年—520 年）之所以能与范云（451 年—503 年）这样的权贵人士交好，就得益于他的对策：

> 逊字仲言，八岁能赋诗，弱冠，州举秀才。南乡范云见其对策，大相称赏，因结忘年交。③

对策不仅关系到应试者的未来，也关系到一种知识形式的未来，因为，与权臣的友好关系和/或荫护关系，正是由对策，以及对策所基于的全部文人知识所促成的。④

---

① 用典艺术在文本的书写和阐释中受到了极大的推崇，其直接目的往往是显示自己的博学。永明年间（483 年—493 年），竟陵王萧子良召集文人编撰大型类书《四部要略》，足以证明博学和用典在当时备受重视（此种类书通常是典故的来源）。《四部要略》是一部效仿曹魏时期《皇览》所撰集的类书，关于此书，见《南齐书》40.698。

② 在此，必须区分阅读和阐释。根据保罗·卒姆托的区分，阅读是对文本的善意接受，而阐释则更具"征服性"，它超越了阅读，表现为一种"积极的、统治性的占有意图"。见保罗·卒姆托，2000 年，第 22 页。阅读和阐释（后者包含前者），这两者都需要不同的文人知识。面对策题，应试者不仅要知道如何阅读文本，还要知道如何根据考官的标准正确地阐释文本。

③ 《南史》33.871。

④ 丁爱博（Albert Dien）也注意到文体质量在策题制定中的重要性，并且根据一篇北齐"秀才"科的对策文指出，对策须得与策题旗鼓相当。见丁爱博，2001 年，第 105—107 页。田晓菲（2007 年，第 47 页）继丁爱博（2001 年，第 105 页）之后，也提请注意这样一个事实，即这些考试表明了对策文之美的重视：正如她所说，这证明了"文"是官员选拔和晋升的一个核心标准。

体裁——以及范文和策试——对文人知识的生产和使用施加了限制。但是,如果没有支撑这些体裁的制度构型,它们也就无从谈起,正是建康文人世界的宫廷和行政构型建立了相对稳定的写作模式。古文典籍的保存、编目和注解,日常政务的处理,仪式和庆典的组织①,所有这些活动不仅需要行政和议事的写作形式,也需要我们毫不犹豫地称之为"诗歌"的形式——即使"诗歌"写作也存在于某些行政写作形式中。体裁之间的区别只是一种迹象,表明每一项行政功能和每一种宫廷活动都对文人知识的使用进行了分化:一种根据时间和空间进行的分化,符合文书工作的地位划分以及宫廷礼仪和仪式的周期。

让我们来看看这种分化的两个行政实例:诏和表。

(1)君上之言与臣下之言

君上之言

关于诏,刘勰是这样说的:

> 皇帝御寓②,其言也神。渊嘿黼③扆,而响盈四表,唯诏策④乎!⑤

————————

① 关于编目活动、书籍收藏以及齐末南梁时期的皇家图书馆,见田晓菲,2007 年,第 86—95 页。

② 这里的"寓"亦可作"宇"。在这两种情况下,就像在"宇宙"一词中那样,它都可以指世界、天下、帝国。具体来说,"宇"指世界的空间维度(四方、上下),"宙"指世界的时间维度(过去、现在和未来)。但同时,"宇"也有"住宅"或"居所"的意思。正如我们在本书中反复提到的,这种家庭内涵建立在一种帝国表征的基础上,即将帝国表征为皇帝家庭空间的延伸。关于这种表征,见甘怀真,2005 年,第 13—56 页。

③ "黼"指一种斧形装饰物。

④ 关于"策",见纪安诺,2006 年,第 268—284 页。纪安诺(Enno Giele)将"策"或"策书"译为 *diplomas*。

⑤ 《文心雕龙义证》19. 724。

皇帝利用诏书向帝国的所有臣民下达命令；他在宫殿之内，但他的命令会传到最遥远的臣民那里。诏书似乎在皇帝和臣民之间建立了一种直接联系。但这只是一种表象，实际上，诏书往往不受皇帝控制。正因为皇帝的"圣"言只能以书面形式传播，所以是文臣——皇帝的"喉舌"[①]——在皇帝与臣民的关系中发挥中介作用。帝王之言总是带有大臣之言的痕迹。

其实，诏是一种集体产物。原则上，诏书的主题由皇帝决定。但经常会有其他一些人干涉皇命的拟构：如果不是在朝会上发表各自意见的大臣，那就是中书舍人（或称"中书通事舍人"）等官阶较低者，他们侍奉皇帝左右，可以与皇帝讨论诏书的内容——甚至在商定后，直接起草诏书。[②] 完成诏书的初构后，如果中书舍人尚未将其付诸笔端[③]，则由中书侍郎（简称"中书郎"[④]）以书面形式进行撰拟。诏书经中书令和中书监审核后，送至门下省，由门下省对诏书的内容和形式进行补充、删减或提出异议：在这一步，诏书可能会被退回中书省进行修改。文书一旦准备妥当，它就会被转交给尚书省，尚书省负责执行命令——但它同样也可以质疑诏书的适用性。[⑤] 实际上，尚书省握有很

---

① 《文心雕龙义证》19.734。"喉舌"出自《大雅·烝民》，见《毛诗正义》，18.3.568。

② 祝总斌，1990 年，第 358—362 页。

③ 南齐时期，中书舍人似乎也有一个独立的部门（"省"），因此相较于中书省，具有一定的独立性。见《南齐书》56.972，以及阎步克的解释，2009b 年，第 182 页。

④ 祝总斌，1990 年，第 350—351 页。

⑤ 见祝总斌，1990 年，第 350 页。中书省的组织架构及中书侍郎一职，见祝总斌，1990 年，第 347 页。关于中书省、尚书省和门下省（后称"三省"制度）的职能分配，见祝总斌，1990 年，第 299 页及以下。此外，"三省"制概要介绍，见阎步克，2009b 年，第 181 页及以下。关于这一制度运作的新近探讨，见曹文柱，2008 年，第 399 页。

大的权力①：按祝总斌的说法，尚书令、尚书仆射或录尚书事皆可被视作帝国的"宰相"。他们并不盲目听从宫中的命令。②

　　诏书的生产和传递需要一套极其复杂的行政配置，有可能脱离皇帝的掌控。也许正是出于这个原因，南朝几任皇帝都找一些地位低微的"寒门"人士担任中书舍人：他们偏好门阀世家之外的人，这些人为了保住自己的地位，别无选择，只能效忠于皇帝。③ 作为交换，寒门人士在担任这一职位的同时，也获得了参与宫廷精英生活的机会。

　　但是，寒门士子无法胜任宫中的所有行政职位：他们并不总是具备必要的文人知识来起草像诏书这样重要的文本。所以，中书侍郎基本上都是门阀子弟——尽管不一定出自顶级的门阀家族。中书侍郎的拟诏权，根据情况的不同，可能会相当大：他在负责起草诏书的时候（5世纪末这种情况逐渐减少），就确定了诏书的基本形式，如果没有收到反对意见，那他确定的就是最终形式。④ 这类人物有时是不可或缺的。

---

　　①　关于这个复杂问题：汉隋年间（581年—618年），哪些大臣履行宰相的职责，并且宰相的特殊职能是什么？见上文引述的祝总斌著作的前言，1990年，第1—19页，他在其中提出，从定义上来说，宰相具有两种职权：议政权和监督百官执行皇帝决定的权力（祝总斌，1990年，第5页）。在祝总斌（1990年，第13页）看来，在汉代拥有这两种权力的只有三公，而自魏以来，一直到隋，只有尚书省的高级官员才有这两种权力（虽然中书省和门下省的高级官员偶尔也会占有这些权力）。

　　②　关于南朝时期尚书省的作用，见《唐六典》1.5—6；祝总斌，1990年，第209—230页。依据俞鹿年的复原，尚书省设六到七个部门：吏部掌管职位设置；度支掌管皇宫预算；左民掌管计账户籍；都官掌管中央机构官员的监督和惩戒；祠部掌管祭祀礼仪事宜（右仆射职位空缺时，由其代职）；五兵掌管皇宫内外军队；起部掌管宫殿寺庙修建。见俞鹿年，1992年，第1358—1359页。

　　③　见《南齐书》56.971；祝总斌，1990年，第356页及以下；叶炜，2009年，第107—111页。

　　④　南朝时期，中书侍郎的权力有所削弱。《南齐书》言："建武世，诏命殆不关中书，专出舍人"；而且，这些中书舍人还拥有尚书省的文件副本，仿佛他们是"尚书外司"。见《南齐书》56.972。这种情况似乎仅限于建武年间，当时"吏事"完全主导了齐明帝的宫廷。但有充分的论据表明这是大势所趋：南梁时期，必须是中书舍人起草诏书。见祝总斌，1990年，第356—367页。

文本必须清晰明了，才能让人理解命令的内容；必须引用古文来证明新文本的合理性；最后，还必须文采斐然，才能避免遭到读者（通常是另一位文臣）的鄙夷。皇帝的"圣"言必须以一种"神圣"的方式书写：皇帝必须证明自己无愧于上天赐予他的地位。基于这个原因，这些中书侍郎大多选自门阀士族：他们必须受过良好的读写教育，而在这些家族相对封闭的圈子之外，这种教育是非常罕见的。① 此外，门阀士族通常也控制着其他诏书监督机构：门下省和中书省。② 虽然这些中央行政机构的官员和大臣只有核查和执行的权力，但他们对文本仍有一定的控制权：他们可以对文本进行修改，使其符合自己的标准，或者在门下省时，他们可以直接驳回文本。

臣下之言

尽管不同的大臣都参与了诏书的撰制，但这一体裁始终代表的是皇帝之言。如果大臣想向皇帝进言，就必须使用专门的行政体裁。大臣之言与帝王之言的主要区别，就在于等级关系向其施加的方向作用：帝王之言自上而下传播，而大臣之言则自下而上传播。后者不具有标准的地位，而是报告或建议的地位；它可以对标准产生影响，但理论上不能生产标准；就算它生产了标准，也不会被认为是这种标准具有合法性的最终依据。不过，大臣之言也不是完全没有权力。虽然它不可能拥有与帝王之言同等的权威，但它凭借大臣的道德权威，有时可以左右君主的决定。因此，与帝王之言相比，大臣之言既处于下位，也处于上

---

① 见祝总斌，1990 年，第 350 页。地方精英与京师精英大相径庭，我们可以戚安道（Andrew Chittick）曾研究过的襄阳豪族为例：不同于建康的门阀士族，这些地方精英对"文"不太在意，但有时也设法将他们的一些成员送入宫廷。见戚安道，2009 年，第 137—146 页，尤其是第 141 页。

② 在祝总斌看来，虽然中书令和中书监都是虚职，没有实权，但可以推测他们保留了一定的权力：事实上，他们的官职使他们有权对文本进行核查和改动。见祝总斌，1990 年，第 347—348 页。

位：下位，是因为它采取的是一种下级的言论形式，即告知、请愿或最多是谏言；上位，是因为它的目的在于通过援引不同性质的权威——知识和德行的权威——来间接地行使权力。

南朝时期，"表"成为上呈给皇帝的文书统称。《文选》中收录有让开府表、求立碑表、举荐表等。这些表可能与诏一样，是一种集体产物。上文提到的萧遥光举荐王暕的表就是一个例子：或者是因为始安王的字写得不够好，或者是因为他希望文本的风格无可挑剔，①他请任昉代笔书写此表。② 实际上，任昉"雅善属文，尤长载笔，才思无穷，当世③王公表奏④，莫不请焉"。⑤

因此，一篇表至少可以代表两人之言：王（比如萧遥光）公（通常赐予权臣的爵位）之言和文官大臣之言。王公显贵提出想法，下属臣僚设法将其表达出来。文本是一个人的意愿与另一个人的文人知识相结合的成果，它同时为两者服务：文人借机展现自己的知识；王公则趁势彰显自己宫廷的卓越。无论如何，我们在此讨论的是一种由王公及其文官撰写的臣下之言；它也可能由一位大臣，甚至是由一位位高权重的官员撰写。但它与帝王之言的不同之处，始终在于自下而上的陈述方向：皇权的所有成员都与皇帝是"臣"的关系，即使他们可能也是各自下属

---

① 萧遥光的文风应该不怎么典雅。据《齐书》记载，萧遥光爱好吏事，这说明他的写作主要是出于实用目的。见《南齐书》45.789。

② 《为萧扬州荐士表》作于建武元年（494 年）。据《梁书》记载，任昉当时的官职应该不超过列校。同年，齐明帝给了他几个职位，其中包括扬州刺史。任昉一一推辞后，皇帝大为恼火，令其沉于下僚。萧遥光因此担任了任昉拒绝的扬州刺史一职。见《梁书》，第 252—253 页。此事说明，任昉在宫廷中的威望在很大程度上归功于他高超的写作水平。

③ "当世"似乎是指"强大的""有权力的"，而不是"那个时代的"。

④ 我在此处将"奏"解释为"表"的准同义词，而非"劾奏"的意思。关于汉朝的"奏"，见纪安诺，2006 年，第 115—128 页。纪安诺用 mémoire 表示"奏"，而用 présentation 表示"表"。在这里，我用 mémoire 表示这两种体裁，除非"奏"有"劾奏"的特殊意义。另外，"表奏"在这里有动词意义："拟表呈奏皇上。"

⑤ 《梁书》14.253。

的"君"①。只有皇帝从不向上看：没有人在他之上。正因如此，皇帝的命令才有了不同的名称，正如我们在下文将要说明的，名称和写作规则实际上是地位差异的礼仪标志。

（2）规范、礼仪与地位标记

表，有时是写给皇帝的，有时是写给诸王的，有时是写给大臣的，根据陈述情境和受文对象的尊卑，表必须遵守一定的规范和礼仪。我们可以在沈约的《宋书》②中找到其中一些规范。例如，以下是一个进呈皇太子的表（笺）的范例③：

> 尚书仆射、尚书左右丞某甲，死罪死罪。某事云云。参议以为宜如是事诺奉行。某年月日。某曹上。④

这些行政语言规范既是地位等级的标志，也是行政行为的标志。"笺"这一体裁名，表明这是一份进呈给非皇帝的上级的文书（上呈皇帝

---

①　我们所说的"皇权"是指，所有对帝国的制度性决策拥有个人决定权或影响权的人。从严格的形式上看，皇帝是最高权力人物；其次是诸王，他们拥有自己的行政机构，具有一定的自主性，并在官员的选拔和任用上享有一定的权力；然后是大臣，他们掌管重要的行政部门，有时还可获封爵位；最后是所有官员，由于他们所处的位置（他们通常能够亲身接近朝廷权贵），他们可以在一定程度上影响决策。在这种形式架构之外，宫廷的权力关系格局甚至可以将极其重要的权力赋予最卑微的官员。

②　沈约的《宋书》成为刘宋王朝的正史。该书完成于公元492—493年。沈约是从一份呈奏太子的报告中获得这些行政写作的规范的，太子在其父宋文帝不在期间，不得不负责管理帝国事务。第381—384页记载了不同类型的行政文书，其标准与上呈皇帝的行政文书的写作标准并无太大区别。见祝总斌，1990年，第301页。其他规范可能见于《晋宋旧事》《隋书》33.966）等文本，现已失传。

③　如果按照祝总斌的假设，我们可以认为沈约在《宋书》中提出的规则在公元5世纪末、6世纪初仍正常应用。见祝总斌，1990年，第301—302页。

④　《宋书》17.381。关于"事诺"，见祝总斌，1990年，第302页。我修改了中华书局版本（译者注："参议以为宜如是事诺。奉行。"）的标点符号。

的文书称为"表")①;"死罪"("其罪当诛")等贬低性措辞的重复,则让人联想到官员与诸王之间的等级关系。正是在这种行政语言被仪式化标记的背景下,才必须理解相对普通的指示信息所赋予的意义,比如提及相关部门和写作日期,除了行政记录这一更加实用的目的,这些语言规范还将帝国制度的等级组织和宫廷交流的仪式化周期体现在了写作上。从这个意义上说,行政规范和礼仪规范并无二致。文人必须掌握这些规范,就像掌握其他所有的宫廷礼仪规范一样。

事实上,行政写作规范似乎被理解为"礼仪",就像"礼"和"仪"一样:在沈约的《宋书》中,它们出现在《礼志》一章,并被解释为"仪注"的一部分。这并不是说行政规范类似于礼仪规范,它们被理解为宫廷礼仪——那些既是言语的,也是言语外的礼仪——的一个子集。因此,掌握这些写作规范,就是掌握一种礼仪知识:因为行政语言,与宫廷的其他语言一样,都无法摆脱地位分化的礼仪标志。②

这种仪式化的语言与诗歌或骈文的"美学化"语言并不相悖,相反,它们之间还存在着一些交汇点。在高度形式化的文体方面,它们彼此接近;在我们可以称之为**表征**功能的方面,它们也是接近的。正如行政语言的礼仪表征着一种宫廷和行政地位,诗歌和骈文也表征着一种社会和道德地位。这种表征功能实际上是朝廷礼仪的传统特性之一。根据《礼记》的传统说法,礼仪规范是用来区分地位的,也就是说,将人与人之间存在的不平等关系凸显出来:没有礼仪,人类就如同动物一样,

---

① 基于这个理由,萧道成将刘宋最后一位皇帝降封为汝阴王,称"上书不为表,答表不称诏"。《南齐书》2.32。由于这些写作礼仪,皇帝本人与其他众生有所区别:他被宣布为皇帝,从语用学的意义上讲,他通过这一宣布而成为皇帝;他被冠以特殊的称谓,第三人称的"皇帝",第二人称的"陛下";他的命令被称为"诏""制"或"敕"。这些名称标志着他与诸王(其相应的行政文书使用不同的名称)的区别,更广泛地说,标志着他与其他臣民的区别。

② 对礼仪与行政之间的关系进行的详细分析,见阎步克,2010年,第193—222页。

没有卑贱和高贵之分——换句话说,不再有等级之分。① 平行结构和诗句——与其他文体手段一样——也在这种地位区分中发挥着作用,而这种地位区分,我们将其视作宇宙秩序的一部分。不过,这些文体手段与礼仪之间的关系,正如我们将在下文指出的那样,比行政规范的关系更加中介化,更加微妙。

2. "国华":文体的表征性质

文本的表征功能,即文本通过言语礼仪,更普遍地说,通过文体来表征文人在社会和道德上的优越性,与礼仪的表征功能大同小异:它是在行为中——这里指写作行为——彰显书写者和/或作者的崇高地位,并且通过这种方式来彰显知识的优越性。言语礼仪把贵族与庶民区分开来;但是,由于贵族身份必须属于作为整体的个人,而不是作为官员的个人,因此表征功能必须伴随着整个书写生产。所以,是文本的文体,而非一些局部的规范,在这个地位标记活动中被调动起来。因而,上呈皇帝的文本不能仅限于一些贬低性的措辞,整体风格必须与文本拟制大臣的身份相匹配。例如,在刘勰看来,给皇帝的谢恩信("章")应该"炳贲"(即具有"美学"品格);它应该以"尚书"为范本(即遵守"伦理"模式);而且,还应该"使要而非略,明而不浅"(即谋篇布局的思路清晰)。② 刘勰对"表"也提出了类似的要求:

> 表体多包,情伪屡迁,必雅义以扇其风,清文以驰其丽。③

"言语即符号"(Speech is sign),理查德·桑内特(Richard Sennett)在论及旧制度下的宫廷社会时这样说道④。我们可以将同样

---

① 这些观点在《礼记》中随处可见。综合性例子见《礼记正义》1.1231a—b。

② 见《文心雕龙义证》22.844。

③ 《文心雕龙义证》22.844。

④ 理查德·桑内特,1977年,第73页。

的话应用在建康的宫廷社会中。无论是在宫廷之内，还是在宫廷之外，写作都是一种标志。对内而言，文本在文体上的完美是受文者的优越"标志"，但——正如我们在任昉的例子中看到的那样——也是撰文者的优越"标志"。对外而言，文本的这种文体完美性是整个帝国的道德优越"标志"：宫廷汇集了帝国最优秀的文人。① 写作本身（由于极少使用，目不识丁者会感到眼花缭乱）和完美的文体（既表明地位的归属，也表明对上级的尊重）被阐释为德行的标志：文臣的个人德行和整个宫廷的集体德行。刘勰正是根据这种双重表征性来解释章和表的特征：

> 原夫章表之为用也，所以对扬王庭，昭明心曲。既其身文，且亦国华②。章以造阙，风矩应明③；表以致策④，骨采宜耀。⑤

"身文"，即书写这些文章的帝国官员之"文"，这些行政文本见证了宫廷成员与公牍之美之间的关系，他们既着迷于这种美，又惯常于这种美。文本必须耀眼夺目，因为它们不仅是官员或大臣之"文"——他们的声望必须通过其写作质量得到证实——也是皇宫之"文"——它的优

---

① 这个宫廷"之外的"社会首先由门阀士族、他们的幕僚文人以及希望结交宫廷文人的寒门家族构成。但是，南朝的其他社会世界并不认同宫廷的地位标准。戚安道（2009 年）对襄阳地区的研究提供了一个很好的例子，说明襄阳地区的社交形式有其自身的地位合法化标准，明显有别于京师文人世界。

② "国华"一般指德行。例如，可见颜延年的《赠王太常诗》。见《文选》26.1201。"言，身之文也"，这一观点出自《左传》：《春秋左传正义》15.1817a—b。

③ 事实上，正如纪安诺所说，"章"是一种请愿书（他用英语的 petition 来翻译这一体裁名），感谢常常是请求某事的借口。见纪安诺，2006 年，第 102—106 页。我将"章"译为 lettre de remerciement（谢恩信），意在强调这种形式用于向皇帝表示感谢。

④ "造阙"，字面意思是"进入宫殿"，文中指觐见皇帝。见《文心雕龙义证》22.843，注释 4。在下句中，"风矩"和"骨采"之间是一种平行结构。这对词语指代刘勰关于"风"和"骨"的看法，类似于文章的"文体"和"结构"。

⑤ 《文心雕龙义证》22.843。关于该段的解释，见罗宗强，2007 年，第 73—90 页。

越性必须通过渗透其中的文本得到仪式上的彰显。"文"既表征文人的优越性,也表征文本流通空间的优越性:"国华"。这些文本不仅装饰文人,也装饰整个帝国。① 这种双重表征性或许可以追溯到《毛诗大序》中的一个观点:诗表征着一个国家的兴衰。② 由此,文本的表征功能更加具有约束力,它不但要维护大臣或官员的"体面",还要维护掌管皇权的等级化集体的"体面"。

换言之,在写作之"文"背后,更广泛地说,在仪式化的语言之"文"背后,是被表征的皇帝、诸王、大臣和官员。③ 社会和道德的优越性镌刻在写作之"文"上。在那里,装饰性的文体上升到了"国华"的地位,它承担着一种表征的功能,作为一种非凡的知识而获得认可。显然,问题在于,如何确定谁有足够的权威来区分"美"与"丑"、"好"与"坏"。我们稍后再谈这个问题。

3. 诗歌与行政散文

既然文本的文体完美性具有对社会和道德的表征性,是皇权的基础,那么文人就必须证明他有能力驾驭**文体本身**,而不一定是某种**特定体裁**。这就是为何,诗歌才能——在行政交流中并不发挥作用——却可以成为任用或晋升官员的理由:它证明文人善于写作——至于他以后是书写行政文本,还是史书,那就无关紧要了。事实上,一首好诗不仅能"装饰"帝国,还能显示出对"文"的精通,而"文",理论上可以扩展到其他任何体裁。我们已经从萧遥光举荐王暕的事例中看到了诗歌文

----

① 在《知音》篇中,刘勰以"国华"隐喻文人所从事的一切写作形式。《文心雕龙义证》48.1861;华蕾立,2004a 年,第 45 页,注释 64.

② 《毛诗正义》1.1.271c。关于该文和《毛诗》,见本书第二章。

③ 这种装饰功能可称为"感化"功能。不过,"感化"一词有可能掩盖需要解释的东西——事实上,究竟是什么将感化力赋予一个人呢? —— 所以,我们倾向于将其作为一种分析范畴,暂搁一旁。见理查德·桑内特,1977 年,第 269—277页,以及皮埃尔·布尔迪厄的简洁评论,1982 年,第 152 页。

本的核心作用：他的"辞赋清新"，是请求擢升其职的有力论据。下面这则轶事为我们提供了另一个例子：

> 宋孝武殷贵妃亡，灵鞠献挽歌诗三首，云"云横广阶暗，霜深高殿寒"。帝摘句嗟赏。除新安王北中郎参军，出为刿鸟程令，不得志。①

毫无疑问，皇帝痛失爱妃的悲伤之情至少是丘灵鞠升迁的部分原因。但他的诗歌质量并非毫无裨益：这些诗是他晋升的主要原因。一首诗能够让读者立刻感知到文人的德行；而专门的、"职业的"知识则需要更长的时间来检验。在这个宫廷社会中，地位标志的仪式化起着结构性的作用，一首在几个小时或几天之内写就的诗歌，其价值可能不亚于在行政职位上一年的耐心工作。

然而，不应将诗歌与行政散文对立起来。虽然公文的写作的确是"功能性的"，是为了满足官署之间的沟通需要，但基于同样的原因，它也可以与好诗一样被欣赏，等同于一首好诗。江淹（444 年—505 年）、任昉、孔稚珪（447 年—501 年）的散文就是其例，与丘灵鞠的诗歌一样，这些散文颇受皇帝或王公大臣的赏识，他们渴求得到有才之士来"装饰"自己的宫廷。以下是《南齐书》对孔稚珪的评价：

> 稚珪少学涉，有美誉。太守王僧虔见而重之，引为主簿。太祖为骠骑，以稚珪有文翰，取为记室参军，与江淹对掌辞笔。②

相比丘灵鞠之例，文人知识与行政事务之间的关系在这里更为直接：孔稚珪和江淹正是通过公文写作并且为了公文写作而获得拔擢的。

---

① 《南齐书》52.890—891。
② 《南齐书》48.835。

不过,这类散文,正如我们在上述例子中看到的,与诗歌相去不远:文体手段,尤其是平行结构,恰恰证明了诗歌写作与行政写作之间的细微边界。因此,就像萧遥光府中的任昉一样,孔稚珪和江淹也受征召入府,用他们的文本之美来装饰王公大臣的宫廷。所以,问题不在于是否掌握行政事务所需的专业知识,关键是要证明他们擅长属文,而且能够合理地表征宫廷和帝国的内在优越性。

二、文人知识的分配和分级机制

那么,谁能够获取这些文人知识,叩开帝国行政机构和宫廷社会的大门呢? 在这些知识的分配上,南朝尤为吝惜:教育机构的不稳定性和选官标准的僵化性,将文人知识限制在门阀士族相对排外的圈子里。不过,宫廷中的权力游戏阻止了任何特定形式的知识最终固化,有时还会让原本被排斥在外的文人参与其中。

1. 书院与家庭

南朝的教育机构——我们难以复原——似乎根基不稳。例如,我们知道,在公元 5 世纪末国子学曾两度废学,[①]这表明此类机构的脆弱性;我们还知道,只有大臣之子才许入国子学,[②]他们大多出自门阀世家。国子生在相对较高的年龄入学——十五岁左右,那时他们已经学会了读书写字[③],他们接受全面的教育,并与他们的老师——这些老师本身就是出身名门的权相重臣——关系密切。关于国子学的教学内

---

① 根据阎步克的说法,朝代史中提及的两个机构,太学和国子学,实际上指的是同一个机构。见阎步克,2009a 年,197—203 页。

② 依东晋的标准来看,这些人都是五品以上的官员子弟。见阎步克,2009a年,第 185 页。

③ 当时的规定是,国子生必须从十五岁左右开始学习。尽管如此,一些贵族子弟还是可以稍早入学。见高慧斌,2005 年,第 122—123 页。

容,我们所知甚少。但我们可以从另一个教育机构的大纲设置中略知一二:总明观,创办于公元 470 年,旨在取代国子学。总明观设有四种知识形式:史学、文学、玄学和儒学(尤其是儒家正典①)。公元 485 年,齐武帝(萧赜,440 年—493 年;482 年—493 年在位)重兴国子学,废除总明观,②这四科知识不得不转入国子学——这只是一种猜测。最后,除国子学和总明观外,各州郡有时也开设自己的学府。对于这些学府的巩固,地方官员兴趣颇浓:它们是治理有方的标志。但这些学府——跟京城的学府一样,都是从名门望族中招收生员——往往被迫废止。③

　　既然学校接收的生员数量有限,生员在入学时已经能够读写,并且这些机构也不是一直开办,那么读写教育的场所在哪里呢? 毋庸置疑:家中。未来的文人们大多是在家庭的指导下学习读书和写作的——有时是在父亲身边,但多数时候都是在母亲或者一位具有学识修养的祖母身边。④ 每一户书香人家都会将一种知识传统传授给子女。若是在

---

①　比起 classique(经典),我更喜欢使用 livre canonique(正典)一词。这是因为它可以避免 classique(经典)与 texte sacré(圣典)的二分法。扬·阿斯曼(Jan Assmann,1992 年,第 103—129 页)指出,canon(正典)一词有着复杂的历史,它既有比 classique 和 texte sacré 更为狭窄的意义,也有更加宽泛的意义。因此,至少在使用 canon 一词的语言中,它可以指文本的各种形式,这些文本应予以保存,以避免出现变化和更改,并且它们对当代具有规范意义。关于儒家正典的地位史,以及指代儒家正典的词语"经"的意义,见程艾兰,1984 年,第 9—26 页。对儒家正典的意义和用途,以及它们的当代研究视角进行的批判性反思,见戴梅可,2005 年,第 10—16 页。

②　《南齐书》22.436。事实上,它被搬到了王俭的府邸。

③　见高慧斌,2005 年,第 42—46 页。

④　例如,裴子野由祖母教导,王融由母亲教导。关于裴子野,见《南史》33.865;关于王融,见《南齐书》47.817。门阀士族的女性具有相当深厚的读写素养,其中一些人还能为家庭子女提供父亲无法给予的教育。为女性读者撰写的各类文本的存在,就是出身名门的女性接受过良好的读写教育的有力证明,而且宫廷女诗人的例子也有不少。见白安妮(Anne Birrell),1995 年,第 49—59 页;田晓菲,2007 年,第 186—195 页。关于这一时期女性地位的一般性研究,见张承宗,2012 年。

门阀之家,这些知识就能打开帝国的所有大门。但是,如果这个家庭不属于门阀精英群体,或者孩子和年轻人家里没有老师,那么所传授的知识就不足以打开这些大门。在后一种情况下,他们必须到其他地方继续接受教育。例如,有些人通过抄写书籍①来应付这种困境:这样,他们可以获得少量的报酬,可以阅读和背诵文本,也许还能通过雇主进入文人圈子。然而,这些获取知识的途径显然远远不如在家中接受教育那般稳妥:礼节、规范、共同的征引文献,总之,在宫廷社会中游刃有余所需的一切知识,当一个人自幼就习得这些知识时,这些知识也就变得更加自然而然了。

2. 官员录用、文人知识与地位确定

身居臣位,就有机会与宫廷精英保持日常联系,能够实践礼仪规范、讨论古籍、阅读行政公文,并且与其他文臣建立友谊关系。从这个职位上,大臣将他的知识引向家庭、引向子女、引向家族地位的再生产。因此,从这些知识中获益的,往往是朝臣子弟,他们与其父辈一样,也在帝国行政机构中获得了大臣的职位。门阀士族,正如我们下文将要说明的,正是那些成功地将他们的部分成员安置在臣位上的家族。

获得大臣职位,甚至是进入中央行政机关,途径并不多。一位目不识丁的将军出征打了胜仗,或许可以获得一个职位,②但这样的机会并不多见。一名富商大贾可以为他的儿子保证充裕的学习时间;他也可以娶大臣之女为妻,利用他与姻亲的关系,确保自己的后代符合帝国行廷机构的准入门槛。③ 但是,门阀世家们并不总是愿意接纳一个商贾子弟进入他们的圈子,不管这个人多么才华横溢,而且,如果不是他们面临经济压力,他们也不会愿意把自己的女儿嫁给一个地位低下的人。

---

① 见田晓菲,2007 年,第 79—86 页。关于文本的其他传播途径,见田晓菲,2007 年,第 79—85 页。

② 例证见戚安道,2009 年,第 29—36 页和第 143—146 页。

③ 见唐长孺,2000 年,第 543—548 页。

可见，无论是武器还是财富，都无法与家族和知识的神奇组合相抗衡：由于朝臣家族垄断了成为宫廷成员所需的知识，如果想要获取他们的知识、他们的社交准则，并最终进入朝廷，就必须依靠他们。否则，就必须有幸得到皇帝或诸王的支持，才能摆脱这些家族的控制。① 有些人有这样的运气。但一般来说，名门之后才能获得最好的职位。毕竟，他们拥有必要的文人知识来撰写宫廷所需的各类文本。

　　出身名门的年轻人所具有的优势，不仅在于他们拥有寒门子弟难以获取的文人知识，还在于他们享有进入行政机构的**权利**。各种官员选拔和晋升制度都在保护门阀士族的特权。南朝同时存在三种官员选拔和晋升的形式：吏道、察举制和九品中正制。② “吏道”涉及的是以严谨和廉正而闻名的小官小吏的选拔和晋升。③ 通常，这些官吏最初在地方任职；如果得上级赏识，则被推举到更高一级的职位；倘若运气尚佳，还可以进入皇宫任职。④ 这种晋升形式在秦朝（公元前 221 年—公元前 206 年）大力盛行，在汉朝也有一定程度的发展：在这些朝代，许多大臣都是走的这条仕进之路。但在南朝，这条道路遭到门阀士族的极度鄙夷，以至于它仅限于那些处在行政机构最底层的、地位低下的附属

---

　　① 商业财富可能在南朝帝国占据着中心地位。蒋福亚（2003 年，第 415—436 页）指出，这段时期以地主田庄的“自然”经济和“传统”经济为特征，并且证明了南方的商业非常发达。戚安道（2009 年，第 139 页）也就襄阳地区得出了同样的结论；陈寅恪（2007 年，第 281 页）指出了商业在建康的重要作用；刘淑芬（Shufen Liu，2001 年，第 35—52 页）则证实建康城是“商业帝国”之都。然而，财富无法与朝廷官职等量齐观，原因很简单：如果没有官员身份的保护，财富很容易被没收。费孝通把做官比喻成打疫苗：官员不同于商人，他对没收具有免疫力。关于这一比喻，见费孝通，1953 年，第 30—31 页。

　　② 见阎步克，2009b 年，第 155 页。

　　③ 帝制中国初期，任何官员或大臣都可称为“吏”。但是，在唐朝的科举制度下，“官”（九品之内的朝廷命官）与“吏”（九品之外）之间存在着明确的区分。见阎步克，2009b 年，第 55—56 页。官吏有别初创于六朝时期。见叶炜，2009 年，第 46—79 页。另外，六朝时期，有一部分“吏”属于从事劳役杂务的人。见阎步克，2009b，第 166 页。

　　④ 见阎步克，2009b 年，第 108—110 页。

官员。① 如果要走这条道路，只需要掌握一些基础的文人知识：理解朝廷命令和撰写报告（即使只是简单的散文）所需的知识。②

"察举制"可以说是唐宋科举制度的先祖。它以笔试为基础，对知识进行评估。但是，不同于几个世纪以后实行的科举制度，察举制并不是要取代举荐制，而是进一步肯定它的存在。"察"（对候选人进行细致考察的意思）和"举"的运作方式如下：各个州郡的官员向京师当局推荐当地人才；然后对候选人进行考察，考察方式可以是实地评估，也可以是在尚书省进行笔试③；最后，一旦通过考察，他就获得了做官的资格，剩下的就是等待职位的空缺。这一制度在汉朝甚至比吏道更为重要，汉朝灭亡后，察举制失去了它的重要性，但在南朝时期又得到了一定程度的恢复。④

在汉朝，候选人可以申请考取不同的科目。但南朝时，最有声望的科目减少到两个："孝廉"科和"秀才"科。要举为"孝廉"，候选人原则上必须廉能正直、孝顺亲长。但在考试的时候，他要表现的远不止"孝"和"廉"：他对儒家正典的了解，他撰写美文的能力都会得到考察。阎步克

---

① 高官和小吏的分化逐渐增大，是这一行政体系非常重要的一个方面。当时，他们之间的差别还未以官帽的使用分化为标志，而是将官职划分为"流内"和"流外"。见叶炜，2009 年，第 67—72 页。另见阎步克，2009b 年，第 108—110 页和第 158—159 页。大多数官员都被任用为流外小吏。一般来说，正是这些吏员承担各类"杂"务（这是门阀士族嗤之以鼻的事务），积累有关当地百姓的知识（以便提供给他们的上级），并且核查百姓对命令的执行。吏员的具体数量很难确定。基于洪迈（1123 年—1202 年）对一块西晋时期的金石碑刻所作的评论，何肯（1994年，第 83—84 页）指出，在南乡郡，每 57 户人家就有一位公吏（但未明确每户家庭的平均成员数量）。

② 在汉朝，吏员必须掌握至少九千个汉字。见《汉书》30.1721。我们不知道这条规定在南朝是否仍然适用。

③ 在汉朝，负责考试事宜的是三署官员，而尚书省执掌考试核实和职位分配之责。晋朝时，考试已经由尚书省负责了，皇帝有时还会亲临策试擢第。见阎步克，2009a 年，第 204—205 页；宫崎市定，2008 年，第 86—87 页。在西汉时期，考试以口头形式进行，但在东汉，已经需要通过笔试了。

④ 阎步克，2009b 年，第 116—118 页。

认为,这是"以文取人"的先河①,因为就连道德操守也需得从书面上加以证实。"秀才"科也是对文人知识的一种考察,但它比"孝廉"科更加困难。正如我们在上述例子中看到的,候选人的文采和学识都会被明确进行考察;他不能依靠自己的孝顺或廉正,来弥补自己在知识上的不足。此外,"秀才"科面向的区域更加广泛,在各州进行选拔,因此候选人的数量也就更多,而"孝廉"科则更为容易一些,授予各个郡内的候选人。"秀才"科的要求更加严格,因而也更有声望。

无论是在吏道还是在察举制中,文人知识都占据着核心地位。吏道需要的知识更加基础,但阅读和写作仍然是主要的,而察举制则要求复杂的读写形式。② 然而,文人世家并不特别青睐这两种选官制度。尽管"秀才"科(作为一种认可形式)保留了一定的声望,一些秀才应举者——极少——还曾在其生命中的某一时刻担任过芝麻小官,③但高门子弟们更愿意选择一条更加便捷的途径:九品中正制。

九品中正制,又称"九品官人法"。④ 它对人才的考核程序比其他官员选拔制度更为复杂。由一位京官,即"中正",负责察访与他同籍的、有潜力的士人。⑤ 他会为每位备选人才拟"状",对其德行和学识做简要的评议,并且确定士人在九个等级中的品级(数字越大,等级越低)。中正官给出的品级称作"乡品"或"中正品"(当时的中国历史文献中常见此用法)。⑥ 然后,中正官将士人的品状材料呈交司徒(三公

---

① 见阎步克,2009a 年,第 68—73 页。

② 针对这一时期考试制度的深入分析,见丁爱博,2001 年,第 99—113 页;阎步克,2009a 年,第 204—222 页。

③ 例如,皇帝身边的一些宠信即是这种情况(他们是大家所称的寒门)。《南齐书》和《宋书》都辟有专章论述这些人物。

④ 见《三国志·魏书》22.635。关于原文中的术语使用,见宫崎市定,2008 年,第 55—58 页。

⑤ 宫崎市定,2008 年,第 74 页。

⑥ 宫崎市定使用的"乡品"一词似乎见于《世说新语》。见《世说新语浅疏》33.1056。

之一），司徒对其进行审核并移交尚书省吏部，以便相关官员为士人分配职位。齐朝时，士人的品状材料直接呈交吏部。① 大臣的职位从一品到九品依次排列，这就形成了中正品第与官职品级之间的对应关系。但是，由于不能将级别最高的职位授予刚刚进入行政部门的官员，因此中正品对应的行政品级要低五个级别。② 例如，中正官评定的二品士人（中正官几乎从不评作一品）就有资格获得六品官职。③

虽然这种选官制度最初是为了更准确地评定士人的学识和德行，但它很快就成为一种地位再生产的工具。中正官（他本人通常出身门阀士族）根据自己的喜好评定品状，往往失之偏颇，而当中正官习惯于

---

① 见宫崎市定，2008 年，第 118—121 页。尚书令、尚书仆射和吏部尚书负责中央行政机关的官员选拔，不太重要的职位则由吏部侍郎负责。宫崎市定，2008 年，第 129 页。齐朝的中正官显然从属于诸州郡辖区，这使他相对独立于中央行政机关，并且对地方官员的选拔具有很大的影响力（宫崎市定，2008 年，第 167—172 页）。但是，在中央行政机关的职位分配中，他的话语权不大。因此，职位的分配经由中央行政机关的吏部，以及地方行政机关的中正官。不过，在中央行政机关的吏部决策中，中正官评定的品状材料可能仍有一定的分量（参阅我在第二章中对这一问题的思考）。

② 阎步克，2009a 年，第 206 页。《通典》的职官秩品表未列出齐朝官员的品级（见《通典》37.1009）。不过，阎步克还是根据后来的材料，复原了一部分官品：齐、刘宋和东晋之间似乎表现出鲜明的延续性。见阎步克，2009c 年，第 301—312 页。

③ 关于这一选官制度及其直至晋朝的历史演变，戴麟（Dominik Declercq，1998 年，第 139—151 页）做了清晰扼要的介绍。以下是崔亮（460 年—521 年），北魏（386 年—534 年）人士，对这一选官制度的简要描述："昔有中正，品其才第，上之尚书，尚书据状，量人授职。"见《魏书》66.54。在这封信中，崔亮所述乃是魏晋时期的九品中正制。齐朝的改革延续了这一基本制度，但与我们提到的有所不同。关于这种选官制度的起源，见宫崎市定，2008 年，第 7—8 页和第 58—60 页；唐长孺，2000 年，第 81—94 页；阎步克，2009b 年，第 154—156 页。这种官职的地位分级——正如阎步克所总结的——意味着从职位到品位的过渡。见阎步克，2009c 年，第 1—18 页。九品分级法在中国历史上并不新鲜。基于《论语》对"上""中""下"三等（每等中又分三等，共计九等）的区分，这种分级方式至少从汉朝起就用来谈论人性的类别了。"上上"等通常特指孔子。见梅约翰（John Makeham），2003 年，第 115—116 页。所以，官品和中正品第的划分也包括九级，这绝非巧合。

在父亲的官品与儿子的乡品之间，建立一种对等的关系时，门阀士族的相对封闭性就更加突出了①：如果某位大臣已经是二品官员，中正官就会将他儿子的品第评定为二品，相应地，也就赋予了他获得六品官职的权利。由此可见，入仕为官几乎成为门阀子弟的世袭权利。

尽管优先考虑家族地位，但文人知识在九品中正制中发挥着根本性作用。评定品第和授予官职的理论依据是，权贵子弟具有一种独一无二的、必不可少的知识：正是这个原则奠定了入仕权世袭传承的基础。但现实往往与这一原则相左。首先，一个年轻的文人有可能不符合家族的文人传统。然后，中正官决定在品状中注明这一点，这个文人的仕途随后可能会遇到一些障碍，而这些障碍有时是难以逾越的：要么，他的父亲极为严格，为了留全颜面，拒绝其子入仕为官②；要么，吏部授予官职，但与他的家族门第不相匹配，也不排除仕途惨淡的风险。③ 再者，中正官可以推荐家族声望不那么显赫的士人，有时甚至是没有传统声望的家族，而吏部，在选拔和任用的过程中，同样也可以这样做。最后，还存在一个地位的不确定空间，文人知识在其中起到了核心作用：对于要对士人进行考察的文人知识类型，门阀士族之间存在着意见分歧。在共同的地位归属标准背后，不同文人传统之间的差异，可能会围绕每种知识的地位，进而围绕每个士人和每个家族的地位，引发各式各样的冲突。那么，应该用什么标准来评判知识呢？根据力量关系的不同，这个问题得到的答案也不一样；它创造了不确定的空间，使文人知识在决定仕途生涯方面，以及更广泛地，在确定朝廷的权力关系

---

① 《文选》50.2223。

② 例如，王僧虔的《诫子书》（引用于本书第五章）。

③ 中村圭尔（1988年，第252—283页）描述了"清官"和"浊官"两种仕途模式。除少数情况，起家官职对于以后的仕途发展至关重要：因为每个官职都提供了一系列特定的晋升机会。不过，通过诏令或者策试确定的特殊晋升和任用，以及每个官职所带来的多种升迁可能性，意味着仕途并不完全是事先确定的。

方面,被提升到了核心地位。①

然而,这些不确定的空间同样也使九品中正制成为地位再生产的制度性工具:门阀士族既利用它将地位传递给自己的后代,也利用它延续自己的传统。有了入仕为官的权利,这些家族的知识就在帝国制度中扎根了;而这种知识,反过来又构成接纳和排斥的标准。因此,出现了一种强烈的趋势,那便是将知识视为士人及其家族的专有财产,因为,通过这种制度,一部分行政机构成为一种世袭遗产。

所有这些选官制度都建立在推举的基础之上,从这个意义上说,它们在推举者与被推举者之间建立了紧密的联系。② 当某位大臣需要加强自己的权力,或者削弱对手的权力时,他可以推举或提拔与自己关系亲密的世家子弟、边缘精英,甚至是毫无声望的人。荫护,实际上是宫廷的规则:部门上级庇护他的下属,师父庇护他的徒弟,中正官和吏部官员庇护他们喜欢的士人。③ 护主和荫客之间的社会差距越大,荫护关系就越紧密;就算两者的差距较小,这种关系也不是可以忽视的:为了确保仕途一帆风顺,世家子弟必须仰仗宫廷中地位显赫之人的荫护。通过推举来选拔官员,这种方式在不同的制度中以不同的形式出现,它的作用便在于将受庇护者的知识激发出来,因为,如果受庇护者想要取

---

① 帝国行政机构将职位划分作为地位划分的原则:这就是将官职划分为等级的原因。阎步克(2009c 年,第 68—74 页)对这一演变进行了总结。

② 魏晋南北朝以前,荐举在选官制度中的作用,见阎步克,2009b 年,第 107—118 页(关于秦汉时期的选官和升迁制度)和第 153—161 页(关于秦汉之后的选官和升迁制度)。楼劲和刘光华(2009 年,第 101—103 页)简要解释了察举制——始于汉朝——与荐举制之间的延续关系。

③ 我们这里所说的"护主"(patron)、"荫护"(patronage)和"庇护"(patronner),是指任何等级森严的个人依附关系,无论是主人与宾客的关系、部门中的上下级关系,还是主公与仆役的关系(皇帝—臣子、诸王—官员等),甚至是师父与徒弟的关系。我参考了戚安道在《中古中国的荫护与社群》(2009 年)一书中对英文 patronage 一词的使用。另见华蕾立,1998 年,第 90—95 页(关于该词在齐梁宫廷文人关系中的使用)。关于当时文人世界的荫护制度,另见陈美丽(Cynthia Chennault),1999 年,第 249—327 页。

悦他的护主,而护主想要展示自己的士人的优越性,就必然要通过这样一类知识:其合法性得到了宫廷中最有权势的人物的认可。

3. 宫廷精英的分层以及与皇室的关系

"门阀"的别称之一已经暗示,九品中正制对他们的地位确定是非常重要的:他们是"二品",也就是说,几乎无一例外,他们都能获得中正官评定的二品乡品。其他称呼,如同音词"士族""势族"和"世族",则提及这些精英的权势,以及他们的家族、宗族性质。"精英"一词,当然不是译自当时的表达方式,但从词源上看,用来描述这些家族权力的基础,它倒是一个恰当的概念:他们是被"选中"管理帝国的。

这些精英由三种阶层构成,它们之间的界限并不是非常明确:传统门阀或"高等士族",他们有着悠久的文人传统;"次等士族",他们的名望虽不及传统门阀,却超过了帝国中的其他门阀①;最后是寒门子弟,他们出身卑微,严重依赖护主。② 传统门阀和次等士族,二者都有机会

①　"次等士族"(田余庆采用的是陈寅恪的术语)指所享威望略次于传统门阀的名门望族。虽然军武之家和江东士族同样具有威望,但他们也被认为是次等士族。见田余庆,2005 年,第 277—278 页。这个术语可能是受到原典文献中"次门"一词的启发。见《宋书》83.2109。我们用"高等"表示最显赫的家族,这与原典中的"甲族"一词意义相同。

②　见唐长孺,2000 年,第 543—577 页。原典中还使用了另外两个词来称呼这些在宫廷精英中处于从属地位的人:"寒士"和"寒人"。田晓菲,继周一良之后,提出了有力的论据,将"寒士"和"寒人"理解为两个不同的类别:"寒人"指的是宫廷精英之外的人,而"寒士"指的则是处于衰落状态或在行政机构中没有显赫官职的精英成员。见田晓菲,2007 年,第 39—41 页。不过,我们也有理由怀疑这些分类的准确程度,因为它们往往带有贬义,而非描述性的含义。鉴于此,我们倾向于使用"寒门人士"这一称谓,来指代在与朝廷权贵的关系中,处于从属地位的一类人。"门"指官员的家族,就是在地位秩序中,处于极低等级的"门户"或家族。寒门人士似乎并不构成一个具有正式界定的归属标准的等级或阶层。周一良认为"寒士""寒人"和"寒门"指的是不同阶层的人物:既有像梁武帝(萧衍,464 年—549 年;502 年—549 年在位)大臣徐勉(466 年—535 年)这样的没落次等士族成员,也有像陈庆之(484 年—539 年)这样没有任何"血统"的人。这两个人物的(转下页)

获得显赫的职位，一般认为他们属于同一地位群体。① 但他们之间也有很大的不同。大部分高等士族都具有文人传统，可以追溯到北方的先祖（尽管他们自东晋建国以来就定居在南方②）。而次等士族一般都有一些对其地位有负面影响的因素：要么，他们的祖籍原本就在南方，因而受到北方家族的轻视；要么，他们来自北方，但到达建康宫廷的时间较晚；又或者，他们是军旅世家，没有文人传统。不过，次等士族的劣势，相比于寒门庶族所要遭受的磨难，就显得微不足道了。寒门庶族，或是没有任何传统声望的商贾家族，或是曾经的次等士族，但未能保住家族的地位和声望。寒族成员只有极少数能达到与士族成员同等的职位；选官制度，以及针对他们的蔑视，几乎将他们挡在了通往宫廷的所

（接上页）社会出身不同，因此拥有的机遇也是完全不同的，但他们都被称为"寒人"。见周一良，1997 年，第 352—353 页。所以，我们用"寒门人士"指这些不被纳入门阀士族之列的人。关于南朝时期寒门人士的核心作用，见唐长孺，2000 年，第 543—577 页，尤其是第 553—562 页；戚安道，2009 年，第 2—3 页（有关南齐时期襄阳寒门人士的作用，见第 58—78 页）。我们将在下文和后续章节中，再次讨论宫廷中的这类人士。

① 关于"地位群体"的概念，见马克斯·韦伯，1995 年，第 1 卷，第 396 页。对门阀进行社会学描述并非易事。他们被称为"贵族"（包弼德[Peter Bol]、伊沛霞[Patricia Ebrey]）和"寡头"（姜士彬[David Johnson]）。但这些说法都不能令人满意。"贵族"和"寡头"有可能代表宫廷精英，其范畴超出了它们在欧洲和美洲史学中获得的意义。实际上，贵族让人联想到欧洲历史，而寡头则让人联想到拉丁美洲历史。使用原典中的"士族"一词（"世族"或"士族"，这两个同音异义词中的任何一个）也同样存在问题：如果我们仅仅因为这个词植根于行动者的话语中，就为它争取特权地位，那么它就必须与其他术语（"二品"和"甲族"）共享这一地位，在建康宫廷的社会分层话语中，这些术语与其他术语一样有效而灵活。此外，这些术语并不涵盖所有在宫廷中掌握一定权力的特权阶层成员，总有一些人，即使不属于这些"族系"，也会因为在中央行政机关中获得权力地位，而成为这些精英中的一员。"精英"一词提供的表征更加宽泛，内涵更少；而"门阀"一词更加特殊，能够让我们突出这些精英的家族（宗族）性质。这里将保留"贵族"或"贵族主义"一词，用于定义一些精英成员与皇帝所缔结的家族合法化原则（见本书第三章）。

② 北方——中原——由北魏统治。我们在这里所说的"北方门阀"，指的是祖先在北方，但大多世代居住在建康一带的家族。"南方门阀"是指那些祖先在扬子江以南最有声望的家族。

有道路之外。只有个别学识渊博或忠心耿耿之人,偶尔才能在大臣、诸王或皇帝身边谋得一席之地,甚至变得比某些士族成员更有权势。

在中古时期的中国,门阀士族权势滔天,甚至能够压制皇室:从汉末(公元前 206 年—公元 220 年)到唐朝,他们就一直主宰着宫廷。在公元 4 世纪,南朝初期,他们的控制权几乎达到了登峰造极的地步。事实上,他们得益于一种特殊的局势。公元 317 年,一个软弱的皇帝,他之前是琅邪王,在建康称帝,并在北方都城陷落后,重新建立了晋朝(称东晋,317 年—420 年)。由于新皇帝不得不面对草原百姓的攻击和江东精英的质疑,他别无选择,只能依靠在建康与他会合的北方权贵;正是在这种形势下,他不得不将自己的部分权力让与他们。① 这种局势并没有持续到公元 5 世纪上半叶以后。② 随着历代帝王军事实力的增强,家族之间相互斗争削弱各自的力量,这些门阀士族的势力在公元 5 世纪逐渐滑向衰落。但最初的权力平衡已经在南朝的帝国体制中打上了不可磨灭的烙印。

大臣职位的家族所有权,有时让人无法区分"帝国"与"家庭"。由于绝大多数大臣——就像皇帝和诸王一样——都继承了他们父辈的入仕权,帝国机构在某些方面被视为家族遗产的额外份额:要么是皇室家族的"遗产",要么是门阀士族的"遗产"。家族"遗产"的规模肯定不一样:大臣、诸王和皇帝之间的等级划分,至少在理论上,造成了门阀士族与皇室家族之间不可避免的差距。政治隐喻就相当有力地说明了这一点。宫廷和行政机构是皇帝的"家",其次是诸王的"家",但它们不是大臣的家(即使大臣与皇室具有亲缘关系):大臣只是皇帝的"客人",因为

---

① 见田余庆,2005 年,第 279—284 页。公元 4 世纪正是田余庆所说的"门阀政治"的兴盛时期,当时最有权势的家族掌控着皇权。随着刘裕的出现,皇权重新主导门阀士族,但正如我们在本书中将看到的,门阀士族不会立即停止他们对帝国制度的地位控制。

② 见田余庆,2005 年,第 15—23 页。也见田余庆,2005 年,第 270—297 页。

他们的家在别处。① 不过,这些大臣是如此尊贵的"客人",对部分皇"家"享有如此多的权利,以至于他们的"主人"无法轻易地撵走他们:他们对自己的家拥有权利。家庭制度与帝国制度的这种交织,产生了一种自相矛盾的关系:理论上,皇帝和诸王是帝国的绝对主人;可实际上,在某些情况下,他们只是"同侪之首"(*Primi inter pares*)。

宫廷文人世界正是以这种矛盾关系为特点:因为,皇帝、诸王和大臣,正如我们所说的那样,对宫廷文人知识的看法并不总是一致的。谁最有权力和威信来定义这种知识? 谁来决定一种体裁的标准,一种风格的可接受性,一个主题的恰当性? 谁对文本的价值和阐释的有效性拥有最终决定权? 只有宫廷权贵之间的力量关系,才能使天平发生倾斜。一位出身名门的文人,在决定宫廷和行政机构所需的知识方面,可能具有很大的影响力;但一位强大的皇帝,则可以剥夺这位文人扩大其权威的一切手段。文人知识的存亡绝续,取决于在激烈的争论中所确立的标准。

三、文与武:建康的象征暴力与有形暴力

除了官员的录用方式,文人们还拥有其他手段来维护自己的地位,从而借此维护自己的知识地位:可以使用特定形式的"有形暴力"(violence physique)和——按皮埃尔·布尔迪厄的说法②——"象征暴力"(violence symbolique)。在本章的最后一部分,首先我们将解释一下,在这个文人世界中,何为象征暴力。

1. 文人知识与象征暴力

如果一种知识被认为是与生俱来的,那么没有人会指责别人不具

①　用主客关系的意象来形容皇帝(或诸王)与大臣之间的关系,见第六章。
②　见皮埃尔·布尔迪厄,1989 年,第 48—81 页,关于法国精英学校。

备这种知识。但在建康,即使是出身名门的文人,也认为知识是某种通过努力才能获得的东西。事实上,所有世家子弟都会通过读书、背诵和写作来培养自己的知识;如果做不到这一点,他就要承担责任。他会受到各种形式的集体压力:蔑视、冷漠、嘲讽——总之,所有这些类型的心理压力,只有在受害者顺从地默认某些社会生活的规则时,它们才会产生作用。这种无形的暴力形式,依赖于受害者的心理共识,有时也依赖于受害者的积极参与,因此也依赖于对产生这种暴力的制度秩序的默许,这就是我们所说的"象征暴力"——这种"暴力"的受害者既是被支配者,也是支配者。

(1)宫廷象征暴力的特殊机制

文人知识是这种暴力形式的优选对象。《南史》中的《任昉传》为我们提供了一个例证:

> 既以文才见知,时人云"任笔沈诗"。昉闻甚以为病。晚节转好著诗,欲以倾沈,用事过多,属辞不得流便,自尔都下士子慕之,转为穿凿,于是有才尽之谈。[①]

象征暴力既可施加于人,也可施加于己;既可施加于集体,也可施加于个体。在本例中,正是由任昉对自身实施的"暴力"掀起了象征暴力。任昉认为,自己不以诗歌闻名,实为一大缺陷,不管这种感受是否合理,他觉得必须要对自己的诗歌加以完善。但诗歌不像体制散文,不能容纳那么多的典故,而在散文领域,任昉已经显示出了他的优越性。在表奏、诏令或者其他行政体裁中使用典故,可能是宫廷读者喜闻乐见的,但在诗歌中,这些典故则会招致反感。可见,任昉忽略了一条基本规则:在一种体裁中大获全胜的知识,可能会在另一种体裁中一败涂地。他想要避免的集体蔑视——对他缺乏诗才的集体谴责——恰恰就

---

① 《南史》59.1455。

是因为违背了文人世界所允许的体裁界限。

象征暴力潜藏在文人社交的所有领域:宫廷生活中有时几乎未曾明确的要求,他们既强迫他人,也遭受着强迫。但这种形式的心理暴力,并不局限于大臣和官员。即使是宫廷中最有权势的人物,也可能成为受害者:

> 高祖书素拙,穆之曰:"此虽小事,然宣彼四远,愿公小复留意。"高祖既不能厝意,又禀分有在。穆之乃曰:"便纵笔为大字,一字径尺,无嫌。大既足有所包,且其势亦美。"高祖从之,一纸不过六七字便满。[①]

这位刘宋王朝的缔造者,就算已经是东晋宫廷中最具权势的军事人物,也未能幸免于此种象征暴力,这在刘穆之的婉言相谏中得到了体现。字写得不好,就会失去威信;光靠武力是不够的。行政文书在大臣们——大多是门阀成员——眼前传递,将宫廷强者暴露在文人世界的严厉目光之下。故此,必须考虑如何隐藏书写上的缺陷。

刘裕在刘宋王朝建立之前的"缺陷",如同任昉在梁朝时期的"缺陷"一样,显然取决于文人世界评判对错的标准。而这些标准,正如我们将在后文指出的一样,并不是统一的。但是,针对这些"缺陷"的象征暴力,无论是在这一时期初,还是在这一时期末,都同样强烈。这种强度,可以用文人知识在获取权力地位方面的重要性来解释。

(2)言说限制

象征暴力也表现为**言说管制**的形式,这取决于陈述的情境。对参与者来说,陈述情境不会——而且永远不会——完全透明,因此,文人的出色之处不仅在于"善写"和"善言":他还必须擅长对情境的要求进行**阐释**;他必须擅长敏锐地理解隐含的和明示的意义,并且识别出例外

---

① 《宋书》42.1305;也见《南史》15.424—425。

的情况。当文人不能正确进行阐释时,对言说空间的潜在限制,就会以公开惩罚的形式出现:

> 会南东海太守陆澄①丁艰,淹自谓郡丞应行郡事,景素用司马柳世隆②。淹固求之,景素大怒,言于选部,黜为建安吴兴令。③

在这里,过多的言说——江淹的不当坚持——导致了惩罚。而在其他场合,怀疑的对象反而是言语不足者:

> 子良④尝启齐武帝论云为郡。帝曰:"庸人,闻其恒相卖弄,不复穷法,当宥之以远。"子良曰:"不然。云动相规诲,谏书具存,请取以奏。"既至,有百余纸,辞皆切直。⑤

谏诤是文臣谋士的职责。如果文人——出于含蓄的谄媚或害怕龙颜不悦——不敢进谏,那么他所冒的风险与提出谏言的文人同样多。他必须知道如何阐释人们对他的期望。

因此,对言说的限制处于两极之间。一方面,言语的绝对禁止:在某些情况下,在某些人面前,在某些地方,不得说。另一方面,言语的绝对必要:在某些情境中,必须说。这些限制所固有的模糊性,创造了一个可能性空间,这些可能性既不是事先确定的,也无法事先确定,而文人,通过对情境的力量进行阐释,会采取他认为最恰当的行动方针。

---

① 关于陆澄,见第六章。

② 柳世隆后来成为刘宋王朝和南齐初期的核心人物。沈攸之不满萧道成,率其追随者起兵造反,柳世隆在此次叛乱的镇压中发挥了重要作用。萧道成称帝后,因其军功显赫予以封赏。此外,柳世隆还是一位音乐家。见《南齐书》24.445—453。

③ 《梁书》14.249。

④ 关于萧子良,见第五章。

⑤ 《梁书》13.231—232。

（3）言说空间

与礼仪一样，宫殿建筑也具有表征功能：它通过空间划界和场所装饰，来表征帝国权威的优越性。但是，它也通过操纵物理空间，来定义语言的流通场所：从皇家宫殿到官员住所，建筑塑造了陈述的生产和流通渠道，无论是书面陈述，还是口头陈述。皇宫、内朝和外朝、东宫、大臣衙署、文武百官的私宅、门阀士族的别墅园林，甚至寺院①，所有这些建筑都决定了传播的范围和界限、言说和书写的形式、风格和主题。②建筑物所标定的这些社交空间，文人必须了解它们的隐性和显性规范。他必须知道不同场合下的许可和禁止，而在允许言说的领域，他必须知道如何说才是恰当的。这些建筑是文人权力和职责的标志；正是根据这些权力和职责，文人知识才有了它们的一般形式。

例如，东宫作为皇太子的居所，是一个具有自身言说限制的空间。与所有皇室建筑一样，它的建筑也受礼仪规范的约束：内部布局、大小和装饰，一切都有严格的规定。如果不遵守这些规范，即使是太子也会招致宫廷的谴责。此等事情就曾发生在齐武帝之子萧长懋（458 年—493 年）身上：

> 风韵甚和而性颇奢丽，宫内殿堂，皆雕饰精绮，过于上宫。③

皇帝是在儿子死后才发现这些"过"的。他虽为儿子哀悼了许久，但仍克制不住这一发现所激起的愤怒：

> 世祖履行东宫，见太子服玩过制，大怒，敕有司随事毁除，以东

---

① 关于寺院作为当时文人们的活动中心，见谢重光，2009 年，第 446—453 页。

② 朱大渭等，2005 年，第 116—129 页；陆威仪，2009 年，第 94—102 页。

③ 《南齐书》21. 401。

田殿堂为崇虚馆。①

皇帝大怒原因有二。其一，他反对奢靡：齐朝以节俭为治国根本，②对于这样一位皇帝来说，儿子的过度行为无疑是给了他一记响亮的耳光。其二，同样重要的是，对于违反礼仪规范的行为，他感到非常气愤：太子宫殿的奢华程度，是万万不能盖过皇宫的。③ 这不是父子之间的竞争问题。太子没有在自己的居所采用合乎其地位的礼仪规范，也就损害了礼仪的根本意义，即对皇帝与臣民、父与子之间的等级关系表示尊重，它们是孝道的两大支柱，更广泛地说，是帝国秩序的两大支柱。因此，太子破坏了良性秩序的形象，而为了稳固自己的统治，每个皇帝都必须确保这一形象。

然而，萧长懋把东宫改造成了传统的模样：太子为将来成为皇帝做准备的地方：

> 太子年始过立④，久在储宫，得参政事⑤；内外百司，咸谓旦暮继体。⑥

这段话证明了太子宫廷对文人未来的重要性。东宫的组织架构与

---

① 《南齐书》21.402。

② 关于萧赜崇尚节俭，见第三章和第四章。

③ 我们知道南齐保留了刘宋时期的一些礼仪规则，我们可以推测，其中的一些礼仪规范或其先例，可以在《晋东宫旧事》(《隋书》33.966)中找到，这部著作无疑与太子的宫殿有关。我们对这本书的了解，仅限于后世文献中引用的一些段落。

④ 字面意思是"他被确立下来"。该表达出自《论语注疏》2.2461c。当时约为488年。

⑤ "政"，常被译作"政治"的"政"(这也是我们采用的译法)，但正如我们在导论中所解释的，该词特指皇权对其臣民实施的道德修正。这种修正既是"政治的"，也是"伦理的"。

⑥ 《南齐书》21.402。

皇宫的行政和宫廷等级相似,它不仅是最尊贵的皇子宫殿,而且对于文人来说,它也是通往帝国高位的直接通道。太子属官的权力和未来,在一定程度上取决于他与太子之间的距离:或是由担任的职位决定的正式距离,或是由太子与官员之间的私人关系决定的距离。太子的青睐可以使官员成为重要的谋士,而这种垂青,通常会打开通往具有影响力的空间大门:

> 时东宫多士,约特被亲遇,每直入见,影斜方出。当时王侯到宫,或不得进,约每以为言。太子曰:"吾生平懒起,是卿所悉,得卿谈论,然后忘寝。卿欲我夙兴,可恒早入。"①

按理说,沈约入太子府,是为了处理文书。但他在太子宫廷的权力超出了这一任务范围:通过交谈,他获得了直接接触太子的机会,成为太子的优先对话者。与沈约有关的一切——尤其是他的文人知识——都获得了一种权威,而他身边的其他文人,无论多么才华出众,都不具备这样的权威。太子宫廷中的这种地位游戏,标志着宫殿边界的限制性,因为,关系的配置不可避免地涉及空间的配置。

2. 文人知识与武装力量

当文人知识得到大臣、诸王或皇帝的认可时,它们就变得"合法"了。但是,在这一语境下,我们应当如何理解"合法性"呢?如果我们将"合法性"归结为遵守某条"法则"、某套"规则"或某种"规范",就会忽略宫廷合法化的一个基本层面:规则,无论是习惯性规则,还是强制性规则,都会随着朝代更迭和官署交替而不断地发生变化,也就是说,会随着制定这些规则的人的更替,而不断地发生变化。其实,合法化只是**有效化**的一种形式。而我们这里所说的"合法性",包含多个层次的有效

---

① 《梁书》13.233。

化,它取决于有权进行"合法化"的人的角色、地位和权力。因此,一种知识对皇帝来说可能是"合法的",而对某位诸王来说可能是"不合法的",对某位大臣来说可能是"合法的",而对另一位大臣来说可能是"不合法的"。最稳定的知识,是那些通过了帝国机构中最重要的个人有效化考验的知识,从最低级到最高级都是如此。出于这个原因,我们将不会真正区分"合法化"与"有效化",而是将它们视为同义词。①

那么,是什么让处于从属地位的文人、被排斥的文人和不满的文人,接受上层对他们的知识进行合法化? 他们为什么要服从呢? 是什么阻止他们打破权势文人的象征暴力,而诉诸有形暴力来推翻宫廷的秩序? 事实上,一些被排斥的文人或者处于从属地位的文人,偶尔也会诉诸有形暴力来维护自己。但如果他们并不总是成功,那是因为门阀士族和皇室家族,能够以更强大的力量来应对他们,这种力量超出了他们所能施展的力量。有形暴力实际上是象征暴力中潜藏的暴力类型:最终是武力威胁支撑着整个帝国秩序,尤其是知识秩序。

宫廷精英使用有形暴力来威胁帝国机构的内外群体。在宫廷外部,宫廷精英们感觉到危机无处不在:周边帝国蠢蠢欲动,国内百姓处于半控制状态,饥寒交迫的农民掀起抗捐抗税斗争,道教徒发动起义②,边远省份的官员预谋造反——所有这些宫廷之外的权力源头,都在威胁着他们的特权地位。在宫廷内部,顶级门阀之间也存在着武装

---

① 我们将不再详述发生在宫廷之外的合法化过程。戚安道(2009 年)对襄阳精英的分析表明,这些机制是复杂的、非线性的。再者,从行动者自身之外的角度来谈论"合法"或"不合法"、"有效"或"无效"是毫无意义的。合法性是一步一步、一个群体一个群体地建立起来的,它从来就得不到保证——即使是在相对稳定的时期。但必须承认的是,门阀士族之所以保留了他们的管理权,那是因为他们的权力远远超出了宫廷,而且整个皇权的稳定在很大程度上依赖于这些家族。这一观点在魏晋南北朝史研究中相当普遍,见曹文柱,2008 年,第 396—397 页。

② 公元 5 世纪初,孙恩(? —402 年)及其妹夫卢循(? —411 年)的起义本可成功,而且随着建康被攻占,天师道(五斗米道)本可进入皇权中心。见陈寅恪,2007 年,第 140—147 页。

冲突的危机:朝廷军队有时不得不面对大量的私人武装,[1]甚至要与效忠于大臣或诸王的另一派朝廷军队对抗。在这种情形下,帝国机构中的任何角色、地位和特权的合法化,都是建立在默认宫廷中最有权势的人物之间,处于一种脆弱的力量平衡状态。正是这种平衡使某种现状得以维持。

然而,武力的在场仍是相对隐蔽的;只有在绝对必要时,才会展示其力量。正是文人知识,即"文",给门阀士族所谓的道德优越性提供了真正的象征基础;而武力,即便它们在场,也不应该被展示出来。这就是文人家族对武力的蔑视,他们看不起那些除了打仗、别无所长的人。所以,军事精英——也就是以军功入仕的这部分精英,但不一定是拥有最强大的军队——仍然处于一种从属地位;而文职和武职之间的地位分化,也从制度上反映了门阀士族蔑视那些仅靠武力入仕的人。随着南朝逐渐将地方行政机构非军事化,并且设立了更大的军区("都督区")[2],门阀士族甚至可以不接触军事问题而从事行政工作。意欲从文的名门子弟便得益于这种情形。[3] 久而久之,他们中的大多数人都担任了相对安宁的职位,用他们的话说,就是"清"职[4]——除非他们没

----

[1] "部曲"的相关问题,见何兹全,2001 年,第 451—458 页。关于"武力强宗",见王永平,2003 年,第 35—39 页。

[2] 实际上,晋朝就已经罢免了大部分州郡的军事权力。《南齐书》(16. 328)中写道,"都督知军事,刺史治民,各用人"。据此所言,假定这种情况继续存在,那么可以推断,大部分州(以及这些州所辖的郡)都没有它们自己的军事资源。另见严耕望,2007 年,第 113 页;胡阿祥也做了简明扼要的介绍,2007 年,第 126—127页。

[3] 侯文通,2008 年,第 136—137 页。

[4] 部分精英,特别是门阀士族成员,都会选择闲散的职位,不需要过分操心,也没有太多事务处理,甚至偶尔还可以娱乐休闲一下,参加职位职责之外的活动。见曹道衡,2004 年,第 30—31 页。另见颜之推的《涉务》一章,《颜氏家训集解》4. 315—326。这些官职被称为"清"官。阎步克(2009b,第 156—158 页)认为,"清"所指的官职类型不尽相同:靠近权力中心或位踞切要的重要职位("清要");没有日常繁杂事务的闲散职位("清闲");尤与写作相关的"文翰性"职位("清华")。关于这一问题,另见中村圭尔,1988 年,第 331—354 页。

有其他选择,不得不担任武职。① 既然德行在于"文",而不是"武",那么组织和领导军队又有什么意义呢?

鄙夷武力,并不意味着任何武职都完全没有威望。都督和都督中外诸军事之职通常授予心腹之人、重要大臣或王公②。野心勃勃的文人也会觊觎这些官职,因为获得这些职位不仅能证明皇帝的恩宠和信任③,还能掌控帝国的大部分军队。另一方面,对军事一窍不通,也不会受到宫廷精英的青睐。文人必须准备好履行军事职责,但同时也不能忽视证明其特权地位的文人知识。刘勰是这样说的:

> 文武之术,左右惟宜。邵毅④敦《书》,故举为元帅,岂以好文而不练武哉! 孙武⑤《兵经》,辞如珠玉,岂以习武而不晓文也!⑥

文人与武人之间的关系非常密切。即使对于士族子弟来说——至少就声望而言——做一个差劲的文人,也胜过做一个差劲的武人,像刘勰这样一个地位相对较低的文人精英,也深知武力的重要性:没有武力,何谈文人知识。没有武将的保卫,建康文人世界根本不可能存在。

---

① 丘灵鞠就是这种情况,我们在后面将会看到,他虽对武职不满,但不得不接受。见《南齐书》52.890。不过,正如侯文通(2008 年,第 136—137 页)所指出的,一些门阀士族不愿意担任武职,一般来说似乎是因为他们拒绝从事自己不喜欢的事情,而不是害怕处在一个地位更低的职位上,因为武职本身并不一定被鄙视。确切地说,门阀士族鄙薄的是那些胸无点墨的莽士武夫。

② 见严耕望,2007 年,第 113 页;戚安道,2009 年,第 27—28 页。南朝时期,都督主要由诸王担任。自王敦(266 年—324 年)起兵叛乱后,皇帝似乎更愿意将地方军权交到皇室成员手里——甚至不惜冒着叛变的风险,比如,八王之乱(291年—306 年)就极大地削弱了西晋王朝的统治力量。但是,皇帝的一些忠诚武将也可以担任都督一职,比如,王敬则就坐拥五州都督。见《南齐书》491。

③ 侯文通,2008 年,第 136—137 页。

④ 邵毅,人称"诗书元帅",熟读《尚书》和《诗经》。

⑤ 孙武,文武双全,因其《孙子兵法》而闻名于世。

⑥ 《文心雕龙义证》49.1891。

然而,我们不应认为文以武为基础:武同样也以文为基础。诚然,可能调用军事力量,就可能威慑迟疑徘徊者和拒不归顺者;但如果没有文人知识,没有千里之外抵达驻军的文本,除了某个强者麾下的私人小团体,任何超出这一规模之外的军事力量都无法被组织起来。通过文本的体现,"君上之言"和"臣下之言"得以跨越遥远的距离。帝国制度——包括军事——的存在,依赖于文人知识的存在,要创造出承载这些言语的文本,这些文人知识是必不可少的。

结语:文学路径的出口

一部建康文人世界的"文学"史是否可能呢? 当我们像田晓菲所建议的那样,深入实践和制度之中,"文学"思想就失去了它的认识论力量,把我们局限在一些并不属于这个遥远世界的问题中。在建康,文人知识并不生产"文学":它们是礼仪知识、行政知识和地位知识,写作之美在那里表现为一种社交形式的自然补充。因此,在我们看来,"文学"似乎是一种奇怪的思想。它似乎没有自己的制度,它甚至不作为一个词语而存在。但它为什么要存在呢? 我们为什么要不顾一切地,在建康的文人世界中,找到一种未知制度的蛛丝马迹呢? 最好是了解文人知识的合理化、组织化和有效化的特殊方式。如此一来,我们发现的,将不会是关于"文学"经验的和平商议;我们发现的,反而是纷争和冲突下的动荡不安。在建康,就像在其他任何地方一样,没有一份文明的文献不同时也是野蛮的文献:因为美丽和优雅并不能取缔暴力,而是掩饰暴力,让那些不愿正视暴力的人能够接受暴力。

第二章 文人知识的有效化：
透明、传统与魔力

从寒门人士到门阀士族，所有人都拥有某种文人知识：至少能读会写。但在建康，合法的文人知识如何定义？借助何种标准——显性的或隐性的——来区分知识的有效与无效呢？在本章，我们将分析其中的两个标准：官员的"透明"和圣贤的传统。这些标准并不明确：它们的表述、阐释和应用会引发分歧，使文人世界四分五裂。但它们毕竟是相对共享的标准，因此构成了共同的可理解性阈值，我们将在下文中尝试加以探讨。

一、透明与行政

在建康，每个文人都应该是透明的。实际上，我们在此谈论的是"情"与"文"、情感与文"饰"之间的延续关系。也有人说，"诗"表达或应当表达"志"。① 另外，"诚"或"真"的观念也被用来指一种德行，即一个

---

① 有关"情"和"志"这两种观念的参考文献众多。"情"一词更多地与情感相关，而"志"则与（合法的）野心或愿望相关。这两个词也唤起了两种不同的话语传统。"志"仍然依附于《尚书》中的"诗言志"（见《尚书正义》3.131c）；因此，它比"情"具有更强的正典价值，而"情"则与陆机《文赋》中的"诗缘情"联系更加紧密（此句收录于《文选》17.766）。廖蔚卿认为，这是当时盛行的观点。见廖蔚卿，1978年，第32页及以下；也见詹福瑞，2001年，第87—105页；关于"情"从三国至汉朝的语义演变，见程艾兰，1999年，第31—57页。关于这些问题的介绍，推荐阅读朱自清的经典著作《诗言志辨》（2008年）。

人在其所言或其所写背后,丝毫没有任何隐藏。① 这些"传统主题"各有其细微差别,但都关乎同一个问题:文人的透明问题。透明问题可能出现在一首诗歌、一篇论文、一封书信或一份表奏中;但也可能出现在所有的**写作形式**中,无论其体裁如何:一篇文本、一种风格、一个简单的隐喻,既可以揭示一个真诚、真实和纯粹之人的意图,也可以暴露一个献媚者、一个伪君子或一个说谎者过度的野心。所以,透明话语不仅涉及每个文本和每种体裁所运用的特定知识,而且还更广泛地涉及宫廷文人世界所接受的**知识类型**。

一些中国文学史认为,"诚""真"以及透明话语的其他核心观念,应该在艺术或文学理论的框架下进行诠释。这些观念将成为一种美学或文学话语的支柱,那是一种正在实现某种自主性的话语,例如,它们将成为一种"文学表现论"②的标志,或者一种诗性哲学的轴心。不过,当我们暂时抛开这样的想法,即在过去寻找一种纯粹美学话语的标志——当我们放弃这样的观点,即"文学"③才是对写作进行美学反思的优先框架——我们会发现自己面对的是一个不同的历史现实。文体之美,在建康宫廷对体裁和风格的思考中,无疑占据着核心地位。但是,现代所谓的"美学经验",非但没有过早地卷入一种"文学"或"艺术"的话语,反而嵌进了文人德行的制度性评判这一更加广泛的实践中。总而言之,要求"诚"和"真",就是要求行政透明,即我们在此定义为"透

---

① "诚"即 sincérité,也可译作 authenticité。但笔者更乐意将"真"译为 authenticité。无论如何,"真"和"诚"以及提到的其他术语——用程艾兰的话说——都属于同一个"观念群"。见程艾兰,1999 年,第 13 页。

② 刘若愚(James Liu),1975 年,第 63—87 页。

③ 尽管弗朗索瓦·于连(François Jullien)试图——无疑是成功的——使用概念工具,来防止比较文学中一些流派所产生的范畴出现物化的情况,但他还是被其主要范畴,即文学本身,所禁锢,他说"文学"的观念(或概念),最迟在公元前 3世纪左右,就在中国呈现出了清晰的轮廓。见弗朗索瓦·于连,2003 年,第 22—27 页。他将刘勰对文章的思考视为对"文学性"的思考,见弗朗索瓦·于连,2004年,第 153—156 页,尤其是第 154—155 页和第 159—161 页。

明规则”的基础。

1. 透明规则与知识的有效化

《毛诗序》和《尚书》中早已有透明规则的身影。根据这两部经学核心文本,诗歌是用来表达情感的,可以是理智的情感(观点、批评、志向等),也可以是简单的情绪(悲伤、愤怒、喜悦等)。有时,源于经学的这种话语仅仅是描述性的:任何文人都可以“被读出”,被破译为一个人,就在他所写的文本中。但有时,同样的话语也获得规范性:文人必须注意确保其自身情感的“可读性”。当透明话语具有规范性时,它就会以规则的形式出现。刘勰在《文心雕龙》的第二章中,同时以描述性和规范性两种方式使用透明话语。当他说,他的典范孔子撰写和编订的文本,可以从中使其真情实感“被读出”,他是在描述(以隐含的规范性方式)①;但当他以这位遥远的典范为基准,揭露某些文本矫饰造作,缺乏诚意和真实时,他又是在明确地使用规范性话语。以下是他对“赋”的写作,乃至所有文本写作的看法:

> 为情者要约而写真,为文者淫丽而烦滥。②

对于“表”这种行政体裁,他说:

> 恳恻者辞为心使,浮侈者情为文屈。③

---

① 刘勰实际上使用了《周易》的“传统主题”:“圣人之情见乎辞。”见《文心雕龙义证》2.33 和《周易正义》8.86b。再往下,在《文心雕龙义证》2.38 中,刘勰谈到了孔子对写作的适度使用:无论是自己撰写文章,还是(作为编订者)从儒家正典中摘录文字,他都喜欢简练而含蓄地提出自己的学说。

② 《文心雕龙义证》31.1161。在这段话中,“文”有双重含义:“文章”和“装饰”。我选择“装饰”,是为了更加清楚地凸显它与“情感”之间的对比。

③ 《文心雕龙义证》22.844。

刘勰不是唯一一个根据透明规则来评价文本的人。在《宋书·谢灵运传》(385 年—433 年)后所附文章中①，沈约回顾了文、志、情三者之间的密切关系。"志"一词使人联想到《尚书》，但对创作过程的解释则沿用了《毛诗序》——其核心观念为"情"：

> 夫志动于中，则歌咏外发。②

早在梁朝时期，萧子显(487 年—537 年)在其《南齐书》③中就说过：

> 文章者，盖情性之风标，神明之律吕也。④

在沈约和萧子显笔下表现为主张的东西，刘勰将其变成了一种责任：如果文本可以，那么它就必须向读者保证这些情感的"可读性"。⑤如果说这种"可读性"，这种透明性，对诗歌、辞赋和表奏都同样是强制性的，实际上是因为体裁——以各自的方式——在帝国制度中发挥着作用。所有体裁都受相同的透明规则所约束，因为它们受相同的行政伦理所支配。

为了理解透明规则的制度作用，我们建议详细讨论支撑它的实践：

---

①　译者注：即《宋书·谢灵运传论》。

②　《宋书》67. 1778。

③　我们不知道《南齐书》的确切成书时间。刘知几(《史通通释》12. 329)提到了《南齐书》的创作年代(梁朝天监年间)。《梁书》(511 年—512 年)中的《萧子显传》也没有给出更明确的时间。

④　《南齐书》52. 907。

⑤　关于诗歌与(理智的和情绪的)情感之间的关系嬗变总结，见王妍，2003年，第 94—98 页；毕万忱，1982 年，第 57—69 页；方泽林(Steven Van Zoeren)，1991年，第 99—103 页。

汉学研究称之为"品鉴学"①（caractérologie）。在官员的选拔和晋升中，这既是一种实践——对他人进行评判——也是一种话语——构成这种评判的语言。② 实际上，帝国官员们习惯于仔细评判其他官员或行政机构候选人：考察、思考、确立人与人之间的等级，都是他们日常职责的一部分。在汉代，品鉴学就已经作为与举荐相关的制度实践而存在，随着九品中正制的实行，即设立中正官，强化吏部作用，创建九品官阶，品鉴之学逐渐发展壮大。事实上，可以毫不夸张地说，九品中正制就是品鉴学实践在制度上的反映。③

---

① 一些作者已经指出了"审美"话语与品鉴学实践的融合。例如，李惠仪（Li Wai-yee）认为，品鉴学与"审美意识"的发展相吻合，并采纳了徐复观的看法，即"玄学"——一种贯穿汉代至南朝的思辨性思潮——导致品鉴之学失去了其制度功能，并在魏代之后，转变为一种对人物进行审美鉴赏的贵族艺术。见李惠仪，2004年，第259—263页和徐复观，2002年，第131页。在此，我们要说明的是，这种看似"审美的"话语形式非但没有失去它的制度依托，反而受制于精英们的制度实践强加给它的合理性；换言之，"审美意识"与"行政意识"或"宫廷意识"并不分离。

② 自汉代以来，中国就有了"品鉴学"的分类实践，其发展得益于"清谈"，特别是有关"性"与"才"之关系的思辨性话语。在这种实践的启发下，刘劭撰写了《人物志》，成为最早探讨此类题材的作品之一。这部著作成书于魏朝初期，勾勒出了品鉴学的总体架构，而在汉末，品鉴学就已开始被定义为官员任用实践中的一种独特话语。刘劭（生于168年—172年间，卒于240年—249年间）在魏朝推行九品中正制（即在行政机构中设立中正官和九品官阶）时，已经位列大臣。《人物志》的具体时间很难确定，但它是最能说明这一制度对品鉴学具有推动作用的作品之一。关于刘劭的生平，见《三国志·魏书》21.617—621。另见安妮-玛丽·拉腊（Anne-Marie Lara）的《人物志》法译本，1997年。

③ 在这一制度建立之前，即在汉代的荐举制度下，"品鉴学"就已经在官员任用中扮演非常重要的角色了：官员在挑选助手或举荐士人时，必须确保提名人选一旦上任，不会让他在同僚面前丧失颜面。但是，除了荐举制度以外，人物品评的制度根基并不牢固：实际上，在察举制中，特别是自汉顺帝（刘保，115年—144年；126年—144年在位）以来，提名人选必须通过确认性考试，其中人物品评的重要性比不上知识评估本身。这是一种书面考核：举"孝廉"入仕者测试经学，举"秀才"入仕者测试文书写作。见阎步克，2009b，第116—118年。不过，荐举实践一直都是选官用人的基础，早于考试制度，汉帝被废后，曹丕在陈群（？—237年）的建议下，正式确立九品中正制，可以说是将荐举集权化了。

我们已经解释过中正官和吏部官员的"品鉴学"活动:中正官草拟一份品状,描述被评人的德行和学识,并将其分为一至九品;吏部官员在参阅品状之后,将中选者安排在符合其才德的职位上。[1] 首先是在品状的制定中,其次是在职位的指派阶段,品鉴学受到了系统的应用。诚然,齐朝时,在皇宫近臣职位的分配上,相比吏部官员,中正官的介入更少。在门阀士族垄断大臣之职的背景下,评议优良的品状也不一定能保证寒门人士获得好的职位。但是,我们已经说过,制度的再生产不是自动的:存在着虚空和不确定的边缘;出身门阀的候选人可能是平庸之辈;有些大臣会保护他们自己的次等候选人,甚至是寒门候选人。面对如此情形,实在是难以做出抉择,况且吏部又没有机会对候选人进行个人化的评估,吏部的负责人有时——很有可能——不得不参考中正官撰写的品状。事实上,与品级(地位权利的抽象标志)不同,品状就有关候选人的学识和德行,提供了具体的信息(即使吏部官员无论如何都要查阅谱牒,以便核实其家世名声)。[2] 所以,纵然是在入仕权几乎世袭的情况下,品状在官员的选拔和晋升中似乎也发挥着重要作用:如果没有一份正面的品状,候选人可能会发现自己的职位低于自己的预期。[3]

---

[1]　正如宫崎市定(2008 年,第 63—64 页)所指出的,中正官给出的品级具有预测性:"中正品"或"乡品"实际上预示着候选人有朝一日会达到同等级别的官职。如果这种预测没有成为现实,那么负责考查被举人的官员则要尽力给出合理的解释,否则其声誉便会受到质疑。另见宫崎市定,2008 年,第 107 页。

[2]　朝代史鲜少明确征引中正官的品状,但我们不应由此认定此种实践正在消失。相反,我们可以认为,如果说宫廷的史学家们只是极为少见地从字面上对品状进行复述,那是因为品状不太值得关注,不足以在历史文本中原模原样地加以引用。实际上,不同于报告、诏书、诗歌或者其他可以鉴赏历史人物之才能的文本,品状在内容上极为"贫乏"。然而,它们无疑是宫廷史学家的一个重要资料来源。例如,像"善属文"这样的精练表述,就出现在朝代史中文人传记的开头处,这让我们可以设想文人品状中的用语。那么,我们不禁要问,吏部的品状是否不仅提供了人物总体品评的来源,而且还提供了人物传记描写的语言来源?

[3]　实际上,依唐长孺所见,吏部要求中正官提供的,一直是同样的材料:个人品状、品级和家世。品状应由吏部随意支配。见唐长孺,2000 年,第 101 页。

我们留存的品状数量有限,而且都是晋时所作,而非南齐。但从这些品状中,我们可以了解到中正官进行人物品评的类型。这些品状被简化为短句,或多或少带有刻板印象,突出的是候选人最显著的特征:

> 嘉叙茂①虽在上第,而状甚下,云:"德优能少。"②
> 楚③与同郡王济友善,济为本州大中正,访问铨邑④人品状,至楚,济曰:"此人非卿所能目,吾自为之。"乃状楚曰:"天才英博,亮拔不群。"⑤

在中正官方面,透明是其所拟品状之可信度的保证:中正官评议候选人时,必须准确、简明地表达自己的意见,并且为了行政机构运转良好,他不得在候选人的素质方面提供虚假线索。但中正官的实践并不总是符合这些透明职责:王济的情况——他亲自为好友拟状,并夸大其才能⑥——

---

① 吉茂(生卒年不详),三国魏冯翊郡池阳县人,出身冯翊吉氏,世为著姓。同郡的王嘉(生卒年不详)担任中正,负责品评吉茂的才干。

② 《三国志·魏书》23.660。

③ 王济(246年—291年),生于太原郡晋阳县,出自太原王氏,仕晋惠帝。关于王济,见《晋书》42.1205—1207。孙楚(218年—293年),西晋官员、诗人,与王济交好。孙楚是太原中都人,出身太原孙氏,与王济来自同郡。见《晋书》56.1539—1543。

④ "邑"可能指孙楚所在的县,属于郡中正的直辖范围。王济是州中正,也要参阅郡中正评定的品和状,并且有权对他认为不当或者不详之处进行修改。

⑤ 《晋书》56.1543。此段极有可能出自孙盛(302年—364年)的《晋阳秋》,今已失传。《三国志·魏书》14.462的版本略有不同;关于《晋阳秋》,见《隋书》33.958。

⑥ 不过,中正官必须确保他的品评对象能在其仕途中证明自己的才能,否则将有损于他的声誉。见宫崎市定,2008年,第107页。宫崎市定在讨论晋朝以后品状所采取的风格化形式时,引用王济为孙楚所写的品状为例,指出这些品状在官员任用中并没有发挥实质性的作用。但是,如果这些描述对他好友的未来并不重要,王济又何必在意呢? 因此,我们不能断定说,这些高度风格化的品状在吏部遴选官员时,已经失去了作用,尽管它们很简短。见宫崎市定,2008年,第99—100页。在我们看来,吏部可以在品状的体系化语言(使用乡品)中,找到对候选人的德行所做的有效总结,从而能够更加快速地做出决策。

与其说是例外,不如说是常规。因此,与王济同时代的刘毅(216年—285年),就以透明规则之名对这种行为提出了严厉批评:

　　　　今九品,所疏则削其长,所亲则饰其短。①

　　值得注意的是,中正官缺乏透明的问题,恰恰是用"饰"这一词语来加以表述的。正如我们上文所引关于文章的话语一样,这里的观点亦是,美被用来**掩盖**缺陷。"饰"这个共同词语,不仅反映了荐举制的制度实践,更广泛地说,也反映了荫护的人际关系:因为"饰"这一意象——或者说,与"饰"相关的观念群②——能够表明,语言和文字媒介的美化存在着固有的不透明风险。

　　刘勰对文章言辞过分修饰的批评,必须从此种话语出发来进行理解。刘勰的批评并非针对中正官,而是针对文人。然而,针对文人,其实就是针对真实的或潜在的行政人选,而且他还含蓄地提出了文人的德行问题,这些文人要么已经是执掌帝国权力的成员,要么打算成为其中的一员。因为,如同中正官的品状是候选人学识和德行的证明文件,文章,无论体裁如何,无论文人撰写者的地位如何,也是学识和德行的证明文件;如果有人能够证明,某位文人的美文实际上隐藏着不可饶恕之恶,那么他就会把这位文人归入——用刘勰的话说——"情为文屈"

---

　　①　《晋书》45.1276。人们每次想要抨击这种选官制度的时候,就会重提这种批评。例如,见沈约在《宋书》(94.2301—2302)中的批评(我们在本书第三章引用了此例)。

　　②　程艾兰建议使用"观念群"一词,来指在同一个话语中互相关联的观念集合:这些观念各不相同,也各有其语义上的细微差别,但它们都依附于一个总体的意象或观点,因而又具有统一性。见程艾兰,1999年,第13页。透明话语和装饰话语正好属于这样的观念群。在装饰话语中,"文"以及诸如"采"或"饰"等词的内涵,使我们有理由谈论同一个观念群,并且在必要的时候,采用同一个法语词来翻译它们。关于同一个词的不同译法,或反之,不同的词采取同一种译法,见毕来德,2007年,第49—58页和2010年,第11—29页。

的那类人。

因此，选官实践中的透明规则，得到了官员的任用和晋升实践的支持，或者换句话说，得到了制度性荫护实践的支持。它对中正官施加限制，中正官必须找到恰当的语言来描述他的候选人；它也对候选人施加限制，候选人必须言行透明。而事实上，它对执掌帝国权力的所有成员都施加了限制。但是，如何区分偏离的装饰与正确的装饰？如何猜出装饰之下的透明缺失？在这一方面，规则的适用标准不可避免仍然是不确定的，实际上，在实践中，自发的透明与巧妙的遮蔽之间，没有真正的差别。

2. 装饰与德行

就中正官的品状和行政文书而言，透明规则的制度基础并不难理解：官署之间的沟通，要求官员一言一行皆需透明。但是，如果诗赋与表奏等不同，在行政沟通中不一定发挥结构性作用，那么为什么还要坚持它们的透明呢？这一原因，与诗赋可以促成任用或晋升的原因，并无太大差异：它们与其他文本一样，也是文人德行的象征。如果文本显得不真诚，就会暴露出一种潜在的危险偏离；如果文本被认为是真诚的，但是缺乏思想，就会显示出一种深度的欠缺，不利于帝国的发展。可如果文本既美亦真，"饰"与"德"相得益彰，那么我们面对的，就是一位能够确保统治之繁盛的文人。文人必须努力做到，在取悦于人的同时又表现出真诚，不仅在行政写作中，而且在诗歌写作中。①

---

① "文"与"德"之间的关系是一个"传统主题"，由来已久，可以追溯到前帝国时期。见史嘉柏（David Schaberg），2001 年，第 57—95 页。在汉朝，王充已经从"文"与"质"（或"史"）的角度进行了讨论，其中"文"尤指文章，"质"尤指德行。他的论据有时与刘勰如出一辙：仅仅行为端正是不够的，还必须通过使用装饰来凸显自己。见《论衡校释》28.1149—1160。葛洪在《文行》一章中，从"文"与"德"的角度提出这个问题，并且得出了同样的结论："文"与"德"同样必要。见《抱朴子外篇校笺》，第 2 卷，45.445—448 页。在所有这些例子中，关键不在于主张德行，而在于将装饰性的写作视为德行的一个方面。

对诗歌的批评,尤其是对过度装饰的批评,通常是基于一种行政伦理提出的。实际上,齐梁两朝就因注重装饰、有损官员透明而为人诟病。例如,隋朝(581年—618年)的李谔(生卒年不详)就说道:

> 江左齐、梁,其弊弥甚,贵贱贤愚,唯务吟咏。遂复遗理存异,寻虚逐微,竞一韵之奇,争一字之巧(……)。世俗以此相高。朝廷据兹擢士。[1]

对装饰和诗歌的这种攻击,至少延续了刘宋时期以来的传统。梁朝时期,萧子显曾写道:

> 自宋以来,谢灵运、颜延年以文章彰于代,谢庄、袁淑又以才藻系之,朝廷之士及间阎衣冠,莫不仰其风流,竞为诗赋之事。[2]

这不是对装饰本身的攻击,而是对过度装饰的攻击。隋朝和南朝一样,针对的是装饰的类型和数量,而不是装饰文本这一事实。这并不是要丑化写作,而是要防止装饰——它们本身就是某种优越性的象征——造成写作与德行的分离。的确,如果这些装饰——在诗歌或优美的散文中——不符合真实的意图和情感,我们又怎能保证文人不会不忠呢? 如果说"国华"——用刘勰的话说——是体现帝国优越性不可或缺的东西,那么它们也总是有可能在宫廷内部隐藏叛徒。因此,当一

---

① 《隋书》66.1544。李谔不仅批评诗歌,还批评汉亡之后的所有"文"。他的结论是:"文笔日繁,其政日乱。"见《隋书》66.1545。在他看来,诗歌竞争不过是这种整体衰退的一个体现。

② 《通典》16.390。萧子显的担心(尽管他是这些文人风尚的热情继承者)也许只是针对盲目的模仿和狭隘的专业化:适度地写诗,将其作为阅读和评论典籍的补充,诗歌并不危险。正如他在《南齐书·文学传论》中对文体史所作的长评所示,他极为重视诗歌以及所有的美文知识。对该评论的精彩分析,见田晓菲,2007年,第150—161页。

个文人或一群文人,因各种各样的原因而受到怀疑时,诗歌往往会成为替罪羊,因为,正如它被视为高尚品德的完美表征一样,它也会被斥责为恶行的绝佳伪装。

因此,装饰必须符合难以把握的透明规则的要求。而这种透明,远非对文人的"审美意识"或"文学意识"的表达,只不过是一种受宫廷和行政启发的伦理之基础,或者更确切地说,是这样一种伦理的基础,它支配着皇权所基于的人际关系。①

透明规则建立在对可靠和忠诚的普遍需求之上,这正是建康透明与现代官僚透明的区别所在。民族国家的官僚必须遵守**非人格化的规定**,不得对行政等级中的上级有一丝一毫的隐瞒(换言之,他对上级本人不负有任何责任,而是对规定或法律负责),而建康宫廷的成员与民族国家的官僚不同,他的透明是对同僚和上级的一种**个人职责**:它是针对特定人物的一种忠诚要求。② 其实,无论皇帝还是王公大臣,所有的宫廷权贵都要求他们的官员和下属,不要对他们隐瞒任何事情,要对他们忠心耿耿,不要背叛他们或者在他们背后搞阴谋诡计。皇帝忌惮大臣权势滔天、诸王狼子野心;王公大臣则担心成为阴谋、谣言和诽谤的

---

① 来自行政的启发不仅涉及"诚"的要求:"品"——这种从一到九对行政人选的素质进行"评级"的方法——在有关诗歌、书法和绘画的话语中发挥着根本性作用。梁朝初期,钟嵘(468 年—518 年)的《诗品》、庾肩吾(487 年—551 年)的《书品》、谢赫的《古画品录》等,都显示了行政等级在这些话语中的渗透程度。在《诗品》中,诗歌被分为"上""中""下"三品。这种分类法源于《论语》(见《论语注疏》17. 2524b),但书题中的"品"字指的是行政上的分类实践,而这些做法,同样也受到了更早的分类实践的启发。关于这种等级划分及其在直至梁朝的中国历史中的连续性,见梅约翰,2003 年,第 101 页及以下;九品在人性话语中的重要性,同上,第 156—167 页。此外,钟嵘本人也明确阐述了行政分类方式与诗歌分类方式之间的关系。见《诗品集注》,第 66 页和徐国荣,2011 年,第 112—118 页。

② 正如越智重明所解释的那样,"忠"通常译作 loyauté,指的是对上级的忠心效力。实际上,在这个朝代不断更迭的时代,人们更看重的是真诚,而不是盲目地为一个朝代牺牲——因为这样的牺牲,会阻止该朝大臣们继续为下一个朝代效力。所以,忠诚与透明这两种德行是密不可分的。见越智重明,1991 年,第 67—69 页。

牺牲品。只有在这种互相猜忌的局势下,对透明的要求才有意义①:人们认为,写作与人格(ethos)、知识与德行之间的分离,会危及宫廷的秩序。外在的表现(montre)有可能掩盖真实的**存在**(est)。装饰,"国华",可以成为一种隐藏危险野心的手段。

这个问题有不同的表述方式。例如,刘勰曾说②:

> 故有志深轩冕,而泛咏皋壤③;心缠几务,而虚述人外。真宰④弗存,翩其反矣⑤。

借助"皋壤"的意象和假装遁世隐居之意,这些文人——并未点名道姓——虚伪地掩盖了他们对高官厚禄的热切野心。刘勰当然不是怀疑装饰;他担心的是装饰的使用方式:装饰不应用来掩盖野心,而应用来美化真正的德行。我们知道,刘勰认为,装饰是必不可少的。例如,他在《文心雕龙·情采》中说,"君子"应"文质彬彬"。他借用了《论语》中提出的一种理想,即注重装饰(即"文",在刘勰这里指文风;在《论语》中指表纹),并不一定意味着情感和德行的偏离⑥:

---

① 这种对忠臣的渴求,比汉朝时期还要重要。宫崎市定认为,这是九品中正制在汉朝灭亡以后才正式确立的原因之一。除了保证官员具有真"才"实学,曹丕还像他的父亲曹操一样,希望确定他的大臣们忠于他们的新主。设立"中正官"一职,正是为了确保一名接近皇宫的官员,能够仔细评估某个地方的人才选用。见宫崎市定,2008年,第60页。关于"诚"与"忠"的关系,见越智重明,1991年,第68页。

② 《文心雕龙义证》31.1164。

③ 这些意象出自《庄子》:它们是大自然中的超脱和沉思生活之意象。刘勰批评的是那些以超脱形象示人,却暗藏着仕途野心的文人。典故出处见《庄子集解》4.137和6.194—195。

④ 用典,见《庄子集解》1.12。

⑤ 用典,见《论语注疏》9.2491c。

⑥ 《文心雕龙义证》31.1171。

夫能设模以位理,拟地以置心①,心定而后结音,理正而后摛藻②。使文不灭质,博不溺心③,正采耀乎朱蓝,间色屏于红紫④,乃可谓雕琢⑤其章⑥,彬彬君子矣。⑦

只要"心"与"饰"之间是一种有机互补的关系,那么缺乏透明的危险就会消失。所以,刘勰并不要求过分的朴实无华:装饰与透明同样重要,因为它是对德行的补充。实际上,语言表达的优雅必须与写作所传达的情感相辅相成⑧:

———————

① 也就是说,如果我们建立了明确的思考模式。见《文心雕龙义证》31.1171,注释1。

② 换句话说,如果思路清晰,就能更容易地处理韵律、修辞格和其他的文体装饰。《文心雕龙义证》31.1171,注释3和4。

③ 《庄子集解》4.136。《庄子》提出了同样的主张:如果过度使用博学和文饰,就会模糊文本的思想和意义。

④ 这个典故出自《礼记·玉藻》,指颜色的正确使用:上衣宜用朱色和蓝色,下裳宜用红色和紫色。见《礼记正义》29.1477b。但这也可能是《论语》中的典故(《论语注疏》17.2525;詹锳似乎没有注意到这一点)。在《论语》的这段文字中,孔子不仅斥责了颜色和音乐的不正确使用,还痛心于巧言令辞("利口",指能言善辩,从字面上看,即口齿伶俐)"覆邦家者"。

⑤ 《毛诗正义》16.3.514c。

⑥ 我译为 ornement 的词语之间显然存在差异。"采"与颜色有关;"章"表示服装上的徽章或装饰,但也让人联想到文本中的某一部分或乐曲中的某一片段;"文"表示装饰图案(以及文本本身)。我将它们都译为 ornement,这是一种必要的简化,可以显示出它们的共同之处:指文本的装饰,或引申为经过装饰的文本本身。刘勰将所有这些词语放在一起,是因为它们都具有装饰的内涵,而且刘勰还采用不同的用语来明确它们的典故(即使原典文本使用这些"装饰性"词语的含义,有时与文本装饰的理念相去甚远)。

⑦ 《论语注疏》6.2479a。借用《诗经》和《论语》中的典故,它们表达了同样的意思:要使"文"与"质"兼备得当,也就是说,准备好思想,为它提供正确、优雅的文本表达手段。

⑧ 《文心雕龙义证》2.37。

　　然则志足而言文，情信而辞巧，乃含章之玉牒，秉文之金科矣。[1]

　　我们可以看到，刘勰的批评并非针对装饰本身；相反，他主张装饰、情感与德行之间的和谐统一。一位优秀的文官不会写出过于粗野的文章，因为"无文，行而不远"[2]。实际上，这意味着与刘勰同时代的人，都不会因为装饰文章而遭到攻击：除非他们缺乏透明，否则他们文章的装饰性不能被视为隐藏恶行的标志。

　　裴子野从不同的视角出发对"饰"进行了论述：

　　学者以博依为急务，谓章句为"专鲁"，淫文破典，斐尔为曹；无被于管弦，非止乎礼义，深心主卉木，远致极风云，其兴浮，其志弱，巧而不要，隐而不深，讨其宗途，亦有宋之遗风也。[3]

　　同样，我们在此看到的，依然是对过度的批评，而非对装饰本身的批评。虽然裴子野提到了山水诗、咏物诗、辞赋或骈文的文体资源，但他针对的，不一定是体裁，不一定是经过装饰的文体，而是不加限制地利用装饰性文体来掩盖他眼中的庸人之志或谄媚阴谋。在形式上，裴子野的批评与刘勰的批评相差不大。但在贯穿建康文人世界的对立背

---

　　① "含章"一词出自《周易》：指美而不过分。见《周易正义》1.18b。"秉文"可能是《诗经·清庙》"秉文之德"的典故。见《毛诗正义》19.1.583。这里的"含章"和"秉文"均指写作。"玉牒"和"金科"让人联想到皇权："玉牒"是盛放皇室先祖玉简文书的盒子，也指历代皇家族谱，而"金科"则指法规律例。这个词语游戏具有多层语义，但归结起来就是：书写优美的文章，并以透明的方式表现高尚的情感，就会装饰帝国。

　　② 这是孔子对子产辞令出色的称赞。刘勰在《文心雕龙》第二篇《征圣》中也谈及了这一问题。见《文心雕龙义证》2.36；典故见《春秋左传正义》36.1985。

　　③ 《通典》16.389—390。《通典》中专门论述官员选拔的章节特别引用了裴子野的这段文字。我们将在第三章详细分析裴子野的文本。

景下,裴氏的批评似乎是针对某些人物的。众所周知,裴子野对"竟陵八友"抱有某种嫉妒之心,而且与以诗歌见解著称的沈约关系紧张①;就算我们承认他不一定是在攻击这些人物,他也是在批判建康文人世界从刘宋王朝继承下来的不良之"风",也就是说,对诗歌和美文的过度崇拜。由此,他为所有文饰都蒙上了一层怀疑的面纱:在他看来,在任何情况下,装饰本身都绝不可能是德行的标志。正如他在谈及官员选拔时说道:

> 夫厚貌深衷,险如溪壑②;择言观行,犹惧弗周。③

我们稍后将讨论,裴子野如何反对将选官程序简化为阅读候选人的文章;在此只需指出,在他看来,装饰不足以破译文人的德行。他并不否定装饰本身——其实,他写的是一篇辞采秀美的骈文,还创作了几首诗歌④——但他试图将装饰降低到文人德行评价中更加边缘的地位。

---

① "竟陵八友"由竟陵王萧子良宫廷中的八位文坛领袖组成。他们以文章著称,重视各类文人活动,尤其是诗歌和佛学。这一集团的成员包括:萧衍(未来的梁武帝)、沈约(将在后面章节中谈论)、任昉、王融、谢朓、萧琛、陆倕、范云。他们经常聚集于萧子良的"西邸"。虽然这些文人之间的关系相当密切,但这个"集团"也可能是后来的史学建构。关于"八友"一词的内涵分析以及该集团成员的介绍,见刘跃进,1996 年,第 28—39 页;托马斯·扬森,2000 年,第 69—75 页;《梁书》1.8。

② 这是《庄子》的典故。见《庄子集解》8.283。在这段话中,孔子告诫说,不要把表象("厚貌")看成人的本质(人可能有"隐藏的意图",《庄子》作"深情",裴子野作"深衷"),也就是说,不要把外在与内在混为一谈。孔子评价一个人的标准与裴子野列出的标准非常相似。

③ 《通典》14.334。

④ 逯钦立编录了裴子野的三首诗歌,其中一首是当时非常流行的咏物诗。显然,裴子野掌握了宫廷中盛行的诗歌知识。见《梁书》14.1790。裴氏文章的装饰性显而易见,后来,在唐朝,刘知几说裴子野所撰《宋略》不免"务饰虚词"。《史通通释》6.154—156。

　　为了说明刘勰和裴子野的立场可能产生的实际后果,我们以"八友"集团中最有名的文人之一王融的一首诗为例,设想他们可能对此做出的解读。以下是《芳树》的前四句,属于"乐府"①体裁,采用了宫体诗特有的主题:

> 相望早春日,
> 烟华杂如雾。
> 复此佳丽人,
> 含情结芳树。②

　　这四行诗取自一首八句诗。每句包含五言(这是自汉末发展起来的一种形式),用词清丽简约。前两句突出了春日景象之细节。它们似乎没有暗示某种神秘的力量(例如,受"玄学"影响的山水诗便会如此③),也没有使用世象虚幻这样的佛学"传统主题"(即使佛教可能有助于巩固宫体诗中对物的想象④)。它们的存在,是为后两句诗中的场景赋予意义。树上的花朵纷繁交织,与薄雾混为一体;丽人情意深藏,疏离冷淡,美丽芳香犹如早春之树,这样一来,芳树的意象与高傲佳人的意象在诗人身上产生了同样的效果。一瞬间,超脱、沉思、再现,我们远离宫廷的喧扰烦杂,只有意象之美存在于诗人的世界。

　　不过,正如吴妙慧所说,这些描写所包含的意义,仍然与宫廷生活

---

　　①　关于"乐府"诗以及这类诗歌自汉代以来的演变,见宇文所安,2006 年,第301—307 页。

　　②　也可见马瑞志(Richard Mather)的译文,2003 年,第 2 卷,第 308 页。这首诗总共八句。

　　③　例如,在郭璞(276 年—324 年)的"游仙诗"系列中,山水意象隐藏着超越意象本身的含义。关于这类诗歌的概述,见刘跃进,2005 年,第 24—25 页。

　　④　然而,正是这一代诗人以佛教为特征更新了诗歌想象。见田晓菲,2007 年,第 234 页。

密切相关。① 风景不仅指少女的美貌,更重要的是,还指凝视风景并在思绪中再现少女之人。诗人出现在凝视中:再现的愉悦,通过一首诗,得以与其他宫廷人士共享。虽然这种愉悦成分是创作这首诗的动机之一,但同样真实的是,作为一种有待分享的情感,它也受到他人的细致品评:超脱世外的沉思之乐,就像一个符号一样,诉说着"君子"的品格。因此,用"自主性"或"审美意识"之类的词语,来解释这些诗句中沉思超脱的动机是不准确的。在一种以文"读"人的体制下,沉思的意象有助于完善行政文本排除在文本使用之外的东西,即宫廷纷扰之外的体验:幸而有诗歌,"沉思生活"(*vita contemplativa*)得以与"行动生活"(*vita activa*)保持关联。文人的这一生活层面,我们在喧嚣的宫廷事务中是看不到的,而想象的私人经验以诗歌的形式呈现在宫廷的文人世界中。②

如果让他们来评价这首诗,裴子野和刘勰会有两种截然不同的态度。刘勰只会批评王融缺乏透明,如果他表现得像一位不惜一切代价谋取职位的野心家。那么,芳树和佳人这些静谧、沉思的意象,就不是高尚品德的真正标志,而是虚伪语言的装饰,目的是欺骗读者,让读者误解文人的真实意图。但只要王融不是邪恶之人,装饰就足以显示他的德行。而裴子野则是将意象本身作为怀疑的对象:这些优美的语言,这些优美的意象,总是可以遮蔽浅薄,或者更糟糕的是,掩盖隐藏的邪

---

① 见吴妙慧,2010 年,第 100—101 页。也见陈威(Jack Chen),2010 年,第 210—227 页。

② 诗歌也在这种行政合理化形式中发挥了作用,这一点不足为奇。正如马如丹所指出的,在春秋时期的"诗歌外交"角逐中,诗歌就已经扮演了政治角色:诗歌是让邻国了解宗主国意图的一种手段,正因为如此,诗歌的真诚性才会受到赞赏。见马如丹,1992 年,第 586 页。但是,在春秋战国时期,诗歌扮演了至关重要的外交角色,而在帝制时期,与这一角色相关的礼仪被君臣之礼所吸收——就像各诸侯国被统一的帝国所吸收一样。由于帝国行政的需要,外交透明也被行政透明所吸收。关于"诗歌"与"政治"的这种不加区分在中华帝国的延伸,见费飏(Stéphane Feuiuas)的思考,2004 年,第 5—11 页。

念。美学上的精致应该引起宫廷读者的这些怀疑；它们本身不仅不足以让文人信服，而且，由于我们面对的是一种诱人的语言，就更有必要将其与行为进行仔细对照。

裴子野的言论足以令宫廷文人们闻风丧胆，因为，一旦任何装饰性文本引发了对撰文官员德行的追问，那么无端的指控就会层出不穷，而装饰则可以被援引为加重罪责的理由。"八友"集团之一的谢朓（464年—499年），就是此类指控的一个著名案例。谢朓被杀的经过如下：始安王萧遥光、大臣徐孝嗣（453年—499年）等南齐权贵，图谋废黜皇帝萧宝卷（498年—501年）（史称东昏侯；499年—501年在位），改立萧宝玄（？—500年）为帝。谢朓获悉此事，似乎已经准备揭发他们的秘密，但萧遥光及其同谋先发制人，联名上书给廷尉，弹劾谢朓①。这份弹劾奏章如下所示：

> 公等启事如此，朓资性轻险，久彰物议。直以雕虫薄伎，见齿衣冠②。昔在渚宫，构扇蕃邸，日夜纵诵，仰窥俯画。及远京师，翻自宣露，江、汉无波，以为己功。素论于兹而尽，缙绅所以侧目。去夏之事，颇有微诚，赏擢曲加，逾迈伦序，感悦未闻，陵竞弥著。遂复矫构风尘，妄惑朱紫③，诋贬朝政，疑间亲贤。巧言利口，见丑前志④。涓流纤蘖，作戒远图。宜有少正之刑⑤，以申去害之义。便可收付廷尉，肃明**国典**。⑥

---

① 《南齐书》47.827。

② "见齿"意为"嘲笑"。

③ 《论语注疏》17.2525。"妄惑朱紫"，隐喻用法，指不加区分合乎礼仪与于礼不合的行为。

④ 《论语注疏》17.2525。"巧言利口"通常用来指阿谀奉承。

⑤ 孔子在鲁国任官时，认为少正卯（？—498年？）是"乱政者"，因而将其诛杀。见《史记》47.1917。借用少正卯的典故，即可请求判以斩首之刑，而无需提及处罚名称。

⑥ 《南齐书》47.827。粗体为本书作者所加。

联名上书者要求判处死刑。为了证明这一要求是正当的,除了指责谢朓缺乏透明,他们还列出了其他更加严重的罪状,比如谋反、渎职和贪污。谢朓不仅被控告滥用职权,还被控告在虚假的言辞背后隐藏**事实本身**:谢朓"巧言利口""**雕虫**薄伎"(即过于装饰文章)。"**雕虫**"是一个相当常见的表达。这是扬雄(公元前53年—公元18年)的一个典故,他在《法言·吾子》中谈到了辞赋的艺术:

> 或问"吾子少而好赋"。曰:"然。童子**雕虫**篆刻。"俄而,曰:"壮夫不为也。"或曰:"赋可以讽乎?"曰:"讽乎!讽则已,不已,吾恐不免于劝也。"①

对扬雄来说,辞赋是少年之事;一旦成年,他便不再作赋。实际上,辞赋要运用大量的知识和才华,而扬雄认为,这使得辞赋——和一般的诗歌——失去了其主要功能之一:谏诤②。根据《毛诗大序》以及整个帝国传统,诗歌和辞赋(也引申为任何美文佳作)应该是一种向皇帝谏言献策的仪式化手段③;如果不能保证文本透明,建议和批评——用扬雄的"讽"来说——就会变成一种"鼓励",而非真正的谏言。美文若无谏诤之效,则不过是奸佞之言,因为,如果文人用装饰来美化文本,却无益于更好地表达自己的观点,那么,他唯一的目的似乎就是取悦他的君主,用华丽的文章迷惑他,从而提高自己的地位,而不是提醒他的过失,以免将来发生不幸。

扬雄的这句话,不仅成为批驳辞赋的一个"传统主题",也成为指摘文本装饰过度的一个"传统主题",因为这些文本不但忽略了自身的批

---

① 《法言义疏》2.45。法语翻译采用了罗逸东(Béatrice L'Haridon)的译文(2010年,第13页),有细微修改。粗体为本书作者所加。

② 关于言谏制度在中华帝国的长期形成,见汪德迈(Léon Vandermeersch),1994年,第31—45页。

③ 《毛诗正义》1.1.271b。

判功能，而且还掩盖了某种浅薄，甚至更恶劣的是，遮蔽了不正当的野心。这正是弹劾奏章借用这一典故的用意所在。"雕虫"在这里强化了谢朓玩弄文字、暗藏祸心的印象；他被指斥利用文章的华丽有余，来转移本该集中在他的官员行为上的注意力。① 由此可见，同样的文辞雕饰，曾经帮助谢朓仕途亨达，如今却让他蒙冤受屈，而且他为官时所行所做的一切，都受到了质疑。这就是为何弹劾者要求对他判处死刑。②

　　因此，文本的透明，是在文官人格（*ethos*）这一更加广泛的框架内进行评价的：正是他的行政和宫廷行为提供了一个框架，在此框架内，无论书面还是口头语言，都被判定为"真诚的"或"欺骗的"③。如果他"清廉正直"，装饰性的写作就是他的德行标志；但如果他并非如此，那么装饰就会成为加重恶行的罪证。如此一来，文人们被逼到了墙角，处于无路可退的境地：写作的装饰可能铺就一条光明的仕途之路，但又如何能保证它们定会受到赏识，而不是引起猜疑呢？ 如何使朝廷显贵们相信，装饰展现的是美德，而不是潜藏罪恶？ 这就是透明规则的矛盾之处：因为，什么是合法的装饰，什么不是合法的装饰，其标准因文人而异，只有那些迎合已经生效的装饰的文人，或者更好的是，那些制定有效化标准的文人，才相对安全，不会因为缺乏透明而遭受最严苛的责难。

3. 礼仪与透明

　　透明不能被归结为一个纯粹的行政问题：它同样是一种礼节和仪式要求。我们已经看到：行政机构被视为一整套礼仪制度，因为它展现了寺庙空间中的仪式或宫廷空间中的礼节，是如何将特权、地位和职责体现在仪态、语言、空间和器物上的。接下来，我们将说明，透明规则如

---

①　见陈美丽，1999 年，第 305—322 页。

②　见《南齐书》47.827。

③　见林童照，1995 年，第 80—96 页。林氏认为，文章反映了文人的政治才能。

何根据礼仪话语实现自身的合理化,以及这一合理化又是如何反过来塑造写作话语的。

(1) 透明与仪式的有效性

任何宫廷仪式都以某种形式的透明为前提:其有效性取决于参与者对彼世力量的真诚尊重,无论是对祖先,还是对宇宙力量。在这种仪式背景下,所有写作都必须比别处更严格地遵循透明规则:只有透明之人撰写的文章,才能确保仪式的有效性。[①] 这种有效性对于维护政治秩序是绝对必要的:因为,如果文本潜藏不敬的态度,如果仪式因此失败,皇权就可能会遭"天谴",并随之崩塌。

写作在仪式中发挥着特殊作用。为太庙、郊庙或明堂的仪式而创作的诗歌就是一个有力的例证。这些诗歌可能来自以前的朝代(它们给当朝留下了现成的诗歌材料),也可能是在上一个朝代失去"天命"后,重新组织仪式时创作的。在创作新诗时,一般由身居要职的文臣负责,例如王俭和褚渊(435 年—482 年),他们都是齐朝重臣和门阀成员。[②] 王俭曾为城南郊庙所行祭祀仪式创作诗歌,下文即为前几句[③]:

> 太祖高皇帝配飨,奏《高德宣烈之乐》。此章永明二年造奏。
> 尚书令王俭辞。

---

①　见马塞尔·莫斯(Marcel Mauss),2006 年,第 134—136 页。为了突出其他巫术形式的特性,莫斯采用了美拉尼西亚语和波利尼西亚语中的"玛纳"(mana)观念。同上,第 101—115 页。在此,我们不再使用这一观念,而是局限于莫斯对"巫术"所作的解释:巫术是一种"有效的技术"(technique efficace),其结果是通过该技术之外的手段获得的。另外,我们对写作的神奇功效所作的分析,与莫斯对口头仪式所作的分析也有一些共同之处。同上,第 47—53 页。

②　关于创作这些仪式诗歌的文人所处的阶层,见柯马丁(Martin Kern),1997 年,第 65—66 页。除梁代,南朝时期的诗歌名称及其功能并未发生重大改变。同上,第 77 页及以下。

③　萧子显在《南齐书》中简述了诗歌自汉至齐的延续史。见《南齐书》11.167。

飨帝严亲①，

则天光大。

铍弈前古，

荣镜无外。②

王俭的这首诗采用四言体，沿袭了《诗经》中的《雅》传统。诗歌语言简约、明晰，但诗句的形式(取效《诗经》中颂赞诗的形式)以及描写威严的传统隐喻，都给人一种古朴之感。不过，正是这种拟古风格，使诗歌的语言与功能恰好契合:皇帝向祖先献祭时，营造一种庄严氛围。这类诗歌，在接待神灵时，在迎接皇帝时，在开展仪式的其他关键环节时，会随着器乐之声而加以吟诵。③ 可以说，它们属于一种传统的巫术技术，可以确保仪式的有效性:在特定的地点，按照特定的程度吟诵这些文字，就能获得作用于宇宙力量的权力。④ 或许正因如此，诗歌的创作需指派给宫廷中的高级文人:王俭是公认的礼仪专家，他不仅具备撰写此类诗歌所需的知识，而且还凭借自己的声誉和地位，为仪式施事(performance)中的这些文字元素增添了合法性。王俭既是"文人"又是"政治家"，同时还是一位"巫师"，因为他的为臣之学和家族地位，使他有资格决定仪式诗歌的合法写作形式，并比其他人更好地保证仪式

----

① 该仪式由齐武帝萧赜主持，祭祀公元 482 年驾崩的南朝齐开国皇帝萧道成。

② 《南齐书》11.169。"无外"指帝国。最后两句诗几乎原样照搬谢庄的《宋孝武帝哀策文》。见《全宋文》35.9a—10a。

③ 关于朝廷中诗歌与巫术的关系，尤其是南齐时期，见玛丽娜·克拉夫佐娃(Marina Kravtsova)，2001 年，第 161—168 页。

④ 这种巫术技术让人想起皮埃尔·布尔迪厄(2001 年)所说的"社会巫术行为":"婚礼、割礼、衔称或勋章授予典礼、骑士晋封仪式、职位或职务任命仪式、荣誉颁授仪式、签章仪式、签字或签约仪式"(第 185 页)，在所有这些情况下，制度性仪式都魔法般地赋予地位并建立区别。同上，第 185 页，以及第 175—186 页;也可见皮埃尔·布尔迪厄，1989 年，第 140—162 页。我们可以说，文字的魔力是这种"巫术"的一种极端形式，而这种"巫术"今天仍然作为一种真正的力量存在于某些社会行为中。

顺利开展。在其他社会形态中，"宗教"权威常被授予某个独立于君权之外的专家或机构，但在这里，它被交给了一个人物，兼具"政治家"和"学者"的角色，亦可说是一位"术士"。

实际上，如果展示的文本不是以完全透明的方式书写，仪式就无法进行。根据《文心雕龙》，祝文之所以有效，靠的正是"诚"：

> 凡群言发华，而降神务实，修辞立诚，在于无愧①，祈祷之式，必诚以敬；祭奠之楷，宜恭且哀：此其大较也。②

透明是仪式有效性的核心之一。这段话使用了"装饰"的词汇来表达"有形"（visible）与"无形"（invisible）之间的张力：刘勰谈到了"实"与"华"（即给树木带来美感，但不一定实用的装饰）之间的关系。"华"与"实"之间的对立，等同于"文"与"质"、装饰品（无论文章，还是容器）与构成装饰品的物质之间的对立。在这段话中，"实"或"质"指的是真诚和尊重；"华"或"文"则是文章。如果表现与感受之间，文与质之间，没有对应的关系，仪式就不会生效，也就无法维持人与彼世力量之间的和谐。③

（2）透明与礼节的有效性

透明不仅在仪式中发挥重要作用，在礼节中也是如此。因为，在中

---

①　"愧"同"愧"，意为"感到内疚、悔恨"。

②　《文心雕龙义证》10.375—376，《祝盟》篇。

③　文章有效性与仪式有效性之间的这种关系，可以追溯到中华帝国历史上的一个古老观点。普鸣（Michael Puett）在他的著作《成神》中，专门用一节来分析战国末期，约公元前 3 世纪，《荀子》中"文"（他将其译为"文化形式"［cultural form］）与"礼"（他将其译为"模式"［pattern］）之间的关系。他认为，在《荀子》中，"文"对应于礼仪文化，象征着一种秩序模式：如果诸侯或君王按照"文"的秩序使用上天赐予他们的东西，那么他们就能使天下井然有序。普鸣认为，对荀子来说，"人并不像天一样，而是扮演着上天赋予的角色，为世界带来秩序"。见普鸣，2002年，第 188 页。几个世纪后，刘勰——他认为"文"的核心在于写作——将类似的推理应用于文章：如果人真诚地运用写作，那么他的文章，就能像他的礼仪一样，有效地帮助维持世界的秩序。

华帝国,仪式之礼(rites cérémoniels)和礼节之礼(rites d'étiquette)紧密结合,属于同一个概念:"礼"。正如我们在上一章中看到的,"礼"同时也包括行政写作规范。在下文中,我们并不打算将行政简化为礼仪,将礼仪缩简为仪式,或将仪式归结为行政,而是说明关于仪式、礼节和行政的实践和话语有何共同之处,甚至是什么将它们统一为一种实践和一种话语。[①] 透明规则,无论在有限的写作领域,还是在广泛的行为领域,它之所以存在,正是因为礼仪与行政汇聚于宫廷空间中。

一般的礼仪,尤其是礼节——无非是宫廷社交的仪式化——《礼记·礼运》对它们的作用和起源进行了解释。根据这一章,"礼"的出现与一种原初和谐的丧失有关。在上古圣王时期——一个以"大同"为特征的神话时代,人们本应过着无需约束的和谐生活:他们会自发地接受人际关系的等级制度。但"大同"一旦消失,要接近原初的和谐,唯一的办法就是建立"小康",即制定一套礼仪规范,指出每个角色、每种地位的权限和职责。[②] 通过标明这些等级,礼仪减少了冲突的可能性,从而维护了帝国秩序的某种和谐。

写作与礼节之礼,二者之间的关系是双重的。一方面,作为一种施事,写作本身就是一种礼节之礼:文人必须根据自己的地位,遵循仪式化的语言交际模式;另一方面,写作和礼仪都受话语支配,而这些话语我们可以认为是趋同的。事实上,关于写作的话语和关于礼仪的话语之间,可以说有着一种"考古学"[③]的关系,因为它们提出问题和解决问

---

① 戴梅可列举了一系列礼仪活动和文本生产在古代中国的关联模式:文本和礼仪都与权力以及权威的合法化有关;它们都涉及"命",一种具有神奇效果的书面命令;两者都是行动者赋予意义并在其中累积意义的施事;两者都能产生更加生动、简洁的现实体验和现实表征;两者援引的形式模式,有时倾向于仿古,有时又倾向于"经典"风格;两者都被认为是天赋异禀者才能掌握的绝妙技能。见戴梅可,2005 年,第 8—11 页。在本章中,我们将增加透明这一维度:书写和仪式都需要透明。

② 见《礼记·礼运》开篇部分。《礼记正义》21.1413c—1414c。

③ 我采用的是福柯意义上的"考古学"概念,即对话语中的同构现象进行分析。

题的方式是一样的。透明规则正是这些共同要素之一。①

　　正如在写作领域中，"情"与"文"相互对立一样，在礼仪领域中，透明问题也是以这样的冲突形式被提出的：情感的自发性与规范的强迫性彼此冲突。直到东晋，这一冲突被表述为"名教"与"自然"之争②——这种竞争，在余英时看来，蕴藏着帝国和家族制度崩塌的风险。③"名教"坚定地传承了"正名"思想，要求每个人在每种生活境况中，都要遵守相应的礼仪规范，甚至不惜对自己施加一定程度的暴力。④但"自然"则通常是"名士"的特权，它假定智慧直接来源于人的本性，而规范——无论何种规范——都应在个人行为中无拘无束地表现出来。

　　因此，"名教"派指责"自然"派想要破坏那些使"小康"成为可能的规约，"小康"正是由礼仪来管控人际关系的；"自然"派则批评"名教"派虚伪行事，背离本心，从而危及帝国的秩序，换句话说，他们指责"名教"派违反透明规则。在这种形势下，真情实感与礼仪职责之间的关系成了宫廷争论的焦点。葛洪（283 年—343 年）在《抱朴子》中的评论，可以让我们更清楚地了解这个贯穿于整个"中世纪"的问题：

　　　　抱朴子曰：安上治民，莫善于礼，弥纶人理，诚为曲备。然冠婚饮射，何烦碎之甚邪！人伦虽以有礼为贵，但当令足以叙等威而表

---

　　①　这并不是文本和仪式之间的唯一关系。见柯马丁，《早期中国的文本与仪式》，2005 年，第 7—27 页。

　　②　见马瑞志（1969—1970 年），第 160—180 页。

　　③　见余英时，2003 年，第 357—391 页。关于"名教"与"自然"之争引申为南朝的"情"与"礼"之辩，尤见于第 371 页及以下。余英时采纳了唐长孺（2001 年，第 298—336 页）的一些假设。

　　④　根据《论语》中的"正名"说，要成为真正的儿子，就必须履行与儿子这一角色相关的职责。就"名教"派而言，这意味着父亲去世后，儿子必须守孝三年。这一学说是司马家族在公元 3 世纪夺取皇权时合法化的基本要素。见达米安·肖桑德（Damien Chaussende），2010 年，第 104—108 页。关于"名教"，见程艾兰，1997 年，第 325—326 页。

情敬，何在乎升降辑让之繁重，拜起俯伏之无已邪？往者天下乂安，四方无事，好古官长，时或修之，至乃讲试累月，督以楚挞，昼夜修习，废寝与食。经时学之，一日试之，执卷从事，案文举动①，黜谪之罚，又在其间，犹有过误，不得其意。②

在葛洪看来，礼仪和仪式中的过多细节，以及由此带来的漫长学习过程，只会让人们与仪式行为的意义拉开距离。葛洪恐怕难以认同扬·阿斯曼所说的，从"仪式一致性"（cohérence rituelle）到"文本一致性"（cohérence textuelle）③的转变：宫廷成员不得不通过文本，尤其是通过对这些文本的评论，来学习前人的礼仪，他们压抑了本应与仪式施事相伴而生的情感，从而将规范强加于自己。他们并不崇尚自然，也未将姿势动作减少到与真情实感相容的最低可控程度，而是在文本传统的驱使下，被迫接纳违背自己本心的行为，并最终使自己远离了仪式的真正意义：表达情感和尊重。在刘宋时期，傅隆（369 年—451 年）也发表了类似的观点：

> 原夫礼律之兴，盖本自然，求之情理④，非从天坠，非从地出也。⑤

余英时认为，傅隆的观点与建康宫廷解决礼仪规范与情感自然对立问题的方法如出一辙，文人世界会得出这样的结论：仪式施事若要有

---

　　① 字面意思是："他们废寝忘食地阅读大量经卷典籍，按照文本提供的模式行事……"由于这两句话的意思非常相近，我在法文中决定将它们翻译成一个句子。

　　② 《抱朴子外篇校笺》31. 80—82。

　　③ 扬·阿斯曼，1992 年，第 87—103 页。

　　④ 这里的"情理"指的是"情感和智力活动"。我选择了法语中的 sentiments 一词，因为它与情感和智力活动都有关。

　　⑤ 《宋书》55. 1550。

效,就必须有情感为伴。① 宫廷要求仪式的执行——地位的展演(mise en scène)——要真诚;帝国行政机构,一台以礼仪和仪式为标志的机器,它建立在尊重和情感的基础之上,这种尊重和情感是维持其成员之间的等级所必需的。如果施事不真诚,礼仪标志就会失去其价值;虽然有各种礼节姿态,但在这种情况下,礼仪就会成为一套荒谬的空洞姿势,不再反映遵守等级制度、维护皇权稳定的用意。因此,面对礼仪活动与真实情感的脱节风险,宫廷并没有提出废除礼仪秩序,相反,它要求帝国官员更加努力地做到透明。宫廷非但没有废除一种无法发挥其原初功能的秩序,反而通过对行为,对意志,对情感,对内心施加压力,来强化礼仪中最具约束性的层面。②

那么,宫廷如何判断某个仪式行为是否真诚呢? 其挑战与判断一篇精美文章是否透明是一样的:只有那些行之有效的装饰,那些宫廷认为理所当然的装饰,才不会引起怀疑。以礼仪为例,宫廷通常遵循最有权势的门阀家族制定的标准。褚渊和王俭——二人均为顶级门阀成员——不仅被认为是完美契合礼节规则的行为楷模,而且还是唯一有能力推行新典范的人,这绝非巧合:

(……)渊美仪貌,善容止,俯仰进退,咸有风则。③

而王俭:

---

① 余英时,2003 年,第 377—383 页。

② 还需扼要指出的是,梁朝时期出现了简化某些礼仪的趋势。例如,《隋书》6.110 中关于减少祭品的讨论:三献为"文",即饰物,而一献为"质"。"质"足以表达虔敬。显然,皇帝及其言官关心的是如何找到在庆典上表达敬意的最合适的方式。

③ 字面意思是:"抬头或低头('俯仰'),前进或后退('进退'),他永远都是风俗('风')规范('则')的大师。"《南齐书》23.429。

作解散髻,斜插帻簪,朝野慕之,相与放效。俭常谓人曰:"江左风流宰相,唯有谢安。"①盖自比也。②

来自南方世族的丘灵鞠则:

蓬发弛纵,无形仪,不治家业。③

这三个描述相当能够说明问题。褚渊和王俭是举止文雅、仪态端庄的典范;他们的容貌、衣着和仪态都为人称赞;他们甚至有能力对宫廷礼节进行创新。但是,对丘灵鞠的描述却并不友好:他是一个粗枝大叶的人,未将行为自然与衣着得体有机地结合。由此看来,根据史学家的描述,礼仪的真诚与高门世族的自然洒脱、风度翩翩不谋而合:琅邪王氏或河南褚氏掌握着礼节形式的有效化标准④。

礼仪的透明规则与行政的透明规则有着相同的基础:真诚是维护帝国制度的必需品。礼仪,确如美文一样,它们本身就被视为装饰:就像文人们常说的,礼仪是行之"文"。正如行政文书赋予帝国一种等级凝聚力,礼仪——即仪式化行为的日常展演——同样也赋予整个宫廷一种等级凝聚力。要想避免礼仪沦为虚假行为的装饰品,透明是必不可少的。因为,就像写作的装饰一样,礼仪的装饰也应该是德行的象

---

① "风流"是对魏晋名士的称呼。他们有一种不同于普通百姓的言谈举止。玛丽娜·克拉夫佐娃认为这个词语体现了"诗人"与"官员"之间的恒定张力,也就是"自然"与"名教"之间的对抗。见玛丽娜·克拉夫佐娃,2001 年,第 94—97 页及第 88—103 页。钱志熙认为,后晋时期,"自然"与"名教"之间开始寻求调和。见钱志熙,2005 年,第 258—279 页。

② 《南齐书》23.436。

③ 《南齐书》52.890。

④ 传统家族通常是礼仪的楷模。但这些家族的所有成员并非都是典范:部分成员就以挥霍无度和放荡不羁闻名于世。例如,本书第 5 章将谈及的王慈(451 年—491 年)。

征:宫廷成员必须让人信服,他在自己的礼仪施事中所标示的等级,他是真正相信的;否则,优雅的礼节姿态就会像文本的装饰一样,成为隐藏意图的狡诈掩护。刘勰和裴子野从文章的角度,葛洪和傅隆从礼仪的角度对此进行了说明:唯有透明才能使写作或仪式的施事合法化。这两种活动虽有不同,但又密不可分,而透明规则在它们中间发挥着相同的作用:维护皇权的稳定。

礼仪之争与文本之争不仅具有相似性,文人的透明问题,也会专门以仪式透明的名义提出来。正如我们所见,刘勰在《文心雕龙·情采》中就提出不少论据来证明文人透明的重要性:装饰固不可少,而情亦不可悖。为了解释"情"与"饰"的统一性,刘勰借用了一个比喻:

> 夫铅黛所以饰容,而盼倩生于淑姿,文采所以饰言,而辩丽本于情性。①

这里的意象出自《诗经·硕人》,该诗是为了赞美齐国公主的美貌:

> 巧笑倩兮。
> 美目盼兮。②

但刘勰不只参考了这首诗,在引用这两句诗的同时,他还提到了《论语》中子夏(507年—不详)与孔子的对话:

> 子夏问曰:"巧笑倩兮,美目盼兮,素以为绚兮。③ 何谓也?"子

---

① 《文心雕龙义证》31.1157。
② 《毛诗正义》3.2.322b。
③ 《毛诗》中未含该句,可能出自《鲁诗》(到汉代由《毛诗》取代)。见《诗三家义集疏》3.283。

曰："绘事后素。"曰："礼后乎?"子曰："起予者商也! 始可与言诗已矣。"①

关于这些诗句的讨论其实涵盖了好几个层次：首先是少女的形象，她用白色凸显深色的绚烂；其次是孔子的解释，他略过少女的容貌，以影射的方式从整体上谈论颜色的恰当顺序；最后是子夏对孔子的回答进行诠解：礼仪调和行为，就像白色衬托女子的美丽。在这一训诂传统中，《诗经》实际上是在讲授"礼"的使用。

不过，至少自汉以来，孔子的回答就提出了诠释的问题："绘"和"素"究竟所指为何？ 到底哪一个对应所隐喻的"礼"？ 郑玄(127 年—200 年)注：

> 绘，画文也。凡绘画先布众色，然后以素分布其间，以成其文。喻美女虽有倩盼美质②，亦须礼以成也。③

梁朝皇侃(488 年—544 年)也给出了类似的解释：

> 绘，画也。此上三句是明美人先有其质，后须其礼以自约束，如画者虽布众采阴映，然后必用白色以分间之，则画文分明，故曰绘事后素也。④

在这两位评论家看来，使用白色这个**事实**，也就是说，减少多余的"文"(于女子而言，"文"即装饰；于画家而言，"文"即色彩和图案)，才是合适的礼仪行为。换言之，代表"礼"的不是白色或深色，而是**避免**过度

---

① 《论语注疏》3.2466b—c。
② "质"，指未经雕琢、不加粉饰的东西。
③ 《论语注疏》3.2466b。
④ 《论语注疏》3.7b。

装饰这一事实本身。在《文心雕龙·情采》的语境下,借用《诗经》的典故也就意味着蕴含所有这些诠释的层面。就像化妆能够提升女子的天然美一样,文采也要凸显文人的"天然美",即他们的真实情感;就像孔子所设想的画家一样,文人也必须遵守礼仪规约,以便在他的华丽语言与真情实感之间维持一种恰当的关系。

通过引用这些《诗经》中的句子,也就是孔子和子夏从礼仪角度进行诠释的句子,刘勰把文人的透明问题置于礼仪的透明问题之中,他暗示,写作过程本身就应该遵循更为普遍的礼节规则。就像所有的行为细节一样,写作活动也受制于某种仪式化,它应该建立在情感与装饰之间的密切联系之上,情感不得僭越写作的强制性框架,装饰则仅限于创造一种雅致的文风。礼仪活动与写作活动之间的界限,以及二者话语之间的界限,由此变得模糊不清,在孔子、子夏和刘勰那里可能被解释为"审美体验"的表述,实际上是对绘画和书写的艺术,或者干脆对为人处世的艺术,进行伦理和礼仪上的鉴赏。① 既然指导文章话语的原则,不仅借自选士话语,还来源于礼仪话语,那又如何谈得上"审美意识"或"文学意识"的"觉醒"呢?

礼仪话语更加精细、更加古老,为文章话语提供了一个传统的提问框架。同时,它与行政话语和行政实践融为一体,加强了透明规则在文人世界中的分量。

二、回溯传统

透明规则对写作的限制,并不是文人知识面临的唯一挑战,它们还要表现出与古代圣贤的传统相吻合。原则上,这一传统的精髓可以在儒家正典中找到,因为这些"经"包含了圣贤们的知识。通过阅读这些

---

① 《毛诗大序》在诗歌与礼仪之间建立起直接联系,为刘勰提供了主要论据。见《毛诗正义》1.1.272a。

正典,文人塑造他们的话语和实践,建立他们的责任意识和休闲观念,树立他们的是非观——总之,他们从这些经书中汲取了一种共同语言来表达他们对于世界的体验。但是,对于同一传统的共同参照,并不能排除不和的存在:因为这种"传统"实际上是由不断的改写构成的,它们本身就蕴藏着分歧的种子。

1. 传统之源:"经"

刘勰把"经"作为验证文人知识与圣贤传统之间关系的最高标准。他认为,这些典籍既是**规范**,又是**祖先**:

> 三极①彝训,其书言经。经也者,恒久之至道②,不刊之鸿教也。故象天地,效鬼神,参物序,制人纪③,洞性灵之奥区,极文章④之骨髓者也。⑤

"文章之骨髓者":"经"是一切文人知识的首要来源,它们既是起源,也是永恒的典范。不仅在中国,乃至在大部分东亚地区,儒家正典对于精英的培养都是极其重要的。那么,这些典籍究竟是什么呢? 纵观中华帝国历史,这些经书受到历代文人的极力尊崇,奠定了帝国制度组织的基础。按照刘勰的说法,这些正典共有五部(数量随时间推移而变化),囊括上古至汉代不同时期的多种文本。因此,要确定它们的年

---

① "三极"或"三才"指天、地、人。该词的用法来自《周易》。见《周易正义》7.77。"彝训"这一表达出自《尚书》,指祖先的教诲。见《尚书正义》14.206b。

② 引用了《周易》的典故。见《周易正义》4.47b。

③ 詹锳认为,刘勰的参考来源是《礼记·礼运》篇。见《礼记正义》21.1415a。

④ "文章"通常指实物文本,但也可以像本段中一样,以更加抽象的方式指代文本的书写艺术。

⑤ 《文心雕龙义证》3.56。

代是一项复杂的任务。① 这些典籍的主题各不相同：从占卜到诗歌，从
行政到仪式，不一而足。《尚书》汇集了古代圣王至周代的制度文本，是
中国制度组织的范本。《周易》本是一部占卜之书，同时也包含许多富
有哲理的思辨类文本，涉及宇宙秩序的一般性问题。《春秋》记录了公
元前 722 年至公元前 481 年鲁国——孔子的故乡——的国史；所附注
解——其中最重要的一部大概要数《左传》——从这些史官实录中汲取
政治美德的教益。《礼记》包括三部著作——《周礼》《仪礼》和《礼
记》——对礼仪、仪式和制度等问题进行了阐述。最后是《诗经》，它包
括公卿列士和民间之诗，还记载了举行仪式庆典时的颂歌。而作为第
"六"经的《乐记》，要么在刘勰时期就已失传，要么收入《礼记》（其中有
一篇正好题名为"乐记"）。② 相传孔子编定这些文本的目的，是为后世
树立一个伦理和政治之"德"的标杆，③ 而刘勰在著作中对孔子的一切
征引，都意味着对这种正典权威的征引。

　　刘勰以类比的形式构想"经"与世界秩序之间的关系。作为一种说
理方法，类比是在两个异质同构的事物之间，指出二者的相似之处，在
刘勰那里，类比建立在这些相似之处的"现实性"（réalité）上，也就是

---

　　① 在中华帝国，经部典籍可追溯至上古圣王和夏、商、周三代圣王，也有一
部分文本由孔子本人所作。另外，孔子还对这些古籍文献进行了编订，使之成为
正典。最近的研究表明，作为最古老的典籍之一，《尚书》所载文本最早可追溯到
公元前 4 世纪。见戴梅可，2001 年，第 133—134 页。
　　② 关于"经"的数目以及它们在中国历史上的地位，见程艾兰，1984 年，第
9—26 页。
　　③ 戴梅可（2001 年，第 8—10 页）对孔子与"经"之间的关系进行了概括。是
否可以把刘勰的"孔学"视为一种以"经"为代表的意识形态？ 戴梅可（2001 年，第
3 页）对此提出了有力的论证："事实上，是善意的中国阐释者［……］创造了'孔子'
和'孔学'这两个术语来翻译中国的儒家。最初，儒家（经学家）并不指一种确定的
道德取向或一套思想学说，而是一种以服务国家为总体目标的职业培训。"另见程
艾兰（2001 年，第 101—118 页）关于汉儒的论述。因此，说刘勰是一位"孔学家"或
"儒学家"毫无意义，倒不如以更具体的方式，说他发表的话语将文人知识的合法
性建立在宗经的传统之上。

说,这些相似性实实在在地存在于相似的对象之中,而不是存在于类比提出者的想象之中。正是基于这种类比性,圣人传统才可以用来验证新的知识:因为既然"经","象天地","效鬼神","参物序",又尤其"制人纪",那么若不立足于天、地、人"三才"合一的基础,任何知识在宫廷中都不会是合法的。正是出于这些原因,刘勰才确立了"经"在制度组织中的核心作用。刘勰以一种近乎"书写中心主义"①的权力观(这种观点认为写作,特别是正典的写作,构成了帝国的存在之基),提出这些经书具有宇宙、伦理和制度的作用:宇宙作用,是因为它们比其他任何文本都更好地阐明了宇宙秩序;伦理作用,是因为"经"涵盖了符合道德规范的行为准则;制度作用,是因为它们是帝国存在的条件。② 由于它们为伦理、制度和宇宙的有效性提供了绝对的标准,所有的知识都必须建立在这些经籍之上,它们体现的是宇宙的秩序。③

---

① 君权与写作之间的联系由来已久:据说圣人发明文字以记载皇室管理事宜。见《周易正义》8.86 和 8.87b。从孔安国(生卒年不详)的《尚书序》到刘勰的《文心雕龙》,再到萧统(501 年—531 年)的《文选序》,这段历史一再被重提,将写作置于君权组织的中心地位。

② 这是从汉代流传下来的一种古老的政治宇宙观:若不遵循圣人的传统,就会动摇权力的稳定性。关于这一命题,可见程艾兰,1997 年,第 298—306 页。程艾兰总结了这一宇宙观的主旨思想:"在相应的宇宙观中,人不仅从宇宙中解读出结构原则,还解读出应该遵循的行为准则。"(同上,第 302 页)

③ 蔡宗齐(Cai Zongqi)在 2000 年发表的一篇文章中指出,刘勰的"文"与《周易》的卦爻一样,都是"物化的"。也就是说,它代表了一种书写形式。这种书写形式不是图像文字式,而是卦爻符号式。它通过类比对"三极"(天、地、人)的通用文字进行了浓缩处理。而这种通用文字,就是"文",尤其是经籍中的"文"。见蔡宗齐,2000 年,第 11 页。经籍与世界之间的类比关系继承了《周易·系辞》中的宇宙观。《系辞传》认为,《周易》一方面记录了古代圣人对天地万象的观察,另一方面也是后世圣贤研习的典范。因此,《周易》不仅是一切知识的源头活水,而且它本身就是一门知识:卦爻既再现了宇宙的秩序,同时还对这一秩序做出了解释。见普鸣,2002 年,第 195 页。《周易》卦爻与宇宙秩序之间的类比关系对皇权具有直接影响,因为,正如普鸣所说,"图像与宇宙的枢纽是连续的,但人类与枢纽却是分离的,他们只有服从于这些图像才能正确地行动"。皇权只有"服从于这些图像"才能存活下来。见普鸣,2002 年,第 189—190 页。

　　除了经部典籍与宇宙秩序之间的类比,还必须加上另外一种类比:血缘关系的类比。对刘勰来说,他的同时代人所实践的文本类型以"经"为"祖先",就像门阀士族会将杰出人物视为自己的祖先一样。下面这段话实际上就出自题为《宗经》的篇章:

> 　　论、说、辞、序,则《易》统其首;诏、策、章、奏,则《书》发其源;赋、颂、歌、赞,则《诗》立其本;铭、诔、箴、祝,则《礼》总其端;纪、传、盟、檄,则《春秋》为根:并穷高以树表,极远以启疆;所以百家腾跃,终入环内者也。[①]

　　如果断言,该篇标题中的"宗"——我们在此将其译作"视为祖先"——肯定在血缘关系,和文本类型与经书典籍的生成关系之间,建立起一种"真实的"(存在于事物中的)类比关系,这或许是轻率的。但是,无论这种类比是真实的,抑或仅仅是隐喻性的,"宗"都无疑是以家谱概念为基础的[②]:位于谱系源头的,是作为"祖先"的"经"。就像所有血统关系一样,这一谱系并非以重复的方式无限延续下去,而是由后人

---

　　①　《文心雕龙》3.78—79。我在法语译文中尽量突出每种体裁的特点。体裁的分类依其经籍起源而定,这也意味着体裁的功能与其经籍生产者的功能相关。《周易》,尤其是《十翼》,是关于某个主题的思辨性文章;《尚书》汇集了古代圣王及其王国的体制组织的相关文献;《诗经》是一部诗歌总集,包括民间乐歌、宫廷乐歌、祭祀颂歌;《春秋》记录鲁国国史,为君权提供了效仿的范例。因此,《周易》产生了论辩性和思辨性文本;脱胎于《尚书》的文本供机构使用(无论是否用于论证);诗歌由《诗经》发展而来;由《礼记》演变而来的文本适用于仪式典礼(无论是否采用诗歌形式);源于《春秋》的文本则与历史撰写实践有关。总之,每种体裁的地位都取决于它在帝国机构中所处的位置,以及它的经籍起源。

　　②　这一类比使我们注意到家族组织——以血缘关系为基础——在人口结构化和帝国制度建构方面的重要性。根据李卿(2005年,第19—22页)的研究,"宗"指祖先,"宗族"则指具有五代以上的世系关系。宗族又是家族的基础(同上,第26—27页;关于这一时期家族的运行,另见姜士彬,1977年,第89—119页)。刘勰在"宗经"这一表述中使用"宗"字,无疑是受到这种围绕同一宗族团结起来的家族观的启发。

将其赓续传承。尽管后人的容貌和性格各不相同,却都与祖先保持着一种"家族相似性"。因此,宫廷中的书写文本,从奏章到诏令,从诗歌到颂歌,都一定不会以副本形式再现它们的经籍"祖先",而是将"祖先"的印记清晰地留存下来。"经"是难以企及的理想,是受人敬仰的完美祖先;宫廷体裁则代表着不完美的后代,它们享受着无上血脉带来的荣耀。只有从祖先那里汲取灵感,后人才能立志成贤。不过,后人常常是忘恩负义之徒,祖先要么被遗忘,要么被忽视。因为,总有其他更近的祖先,比如《楚辞》或汉赋。

> 励德树声,莫不师圣;而建言修辞,鲜克宗经。是以楚艳汉侈①,流弊不还;正末归本,不其懿欤!②

刘勰提出要像"莫不师圣"一样"宗经":开山祖师还在继续启迪着后世。文人必须充分理解圣人的教诲,并将经书典籍视为以后写作的唯一祖先;而处在这一传统中间位置的文本,无论多么有趣,都无法抹消掉宗系真正创始人的记忆③。

通过宗系的类比,刘勰可以从家族传承的角度来构思宫廷文本和

---

①　"楚艳"指《楚辞》。它是一部诗歌总集,其中最重要的一首是屈原(公元前340年—公元前278年)的《离骚》。楚辞是汉赋的前身,字句艳丽,形象生动,是中国诗歌史上的一个转折点。刘勰在《文心雕龙》的第五章中专门对《楚辞》展开论述。汉赋承袭了楚辞的传统,为描写性和叙述性诗歌,文采华丽,追求铺陈。从汉代的司马相如到梁代的沈约,这种体裁在整个汉代和中世纪时期取得了极大的发展。

②　《文心雕龙义证》3.85。

③　这里可以理解为刘勰运用了历史性体制:过去既是现在的起源,也是现在的模型,而未来则是循环中的一点。这个循环的一般形式或许可以把握,但其细节却完全无法探得。文人知识属于这一历史性的体制,或者更确切地说,它们使这一体制成为可能,因为它们确保了经典模式的永久性。关于"历史性体制",参见弗朗索瓦·阿赫托戈(François Hartog),2003年,第11—30页;2010年,第766—771页。

经书典籍之间的关系。作为原始家族,各"经"之间是一种互补的关系:"《易》惟谈天","诂训同《书》","《诗》主言志","《礼》以立体","《春秋》辨理,一字见义"。① 每一部"经"都传递出一种特定的教益,而以每一部"经"为宗所诞生的体裁,作为后人,都带有与其相应的祖先的印记。实际上,这表示宫廷中的体裁属于同一个大家庭、同一个家族,它们彼此之间紧密关联,能够掌握所有这些体裁的文人,也就掌握了整个家族的传统。

　　于刘勰而言,"经"的权威性就在于它与宇宙和宗系的双重类比。建康的书写文本没有达到这些典籍的至善至美。但这一事实在刘勰看来丝毫没有贬低它们的价值,相反,祖先的隐喻将宫廷和行政的写作形式视为**不可避免的**。的确,当下的文人知识,因其构成的不完美,可以依循祖先的模式,追求写作的无限完善。只要文人们不忘"经"典——他们的文人知识的发源地——他们就可以无所顾忌地投身于当下的写作秩序。蔡宗齐已经注意到刘勰的这种计谋:对"经"典宗系的肯定,使他可以赋予文人世界一个更高的宫廷地位。② 由于"经"典将自己的知识传递给了它们的整个宗系,这一文人世界的文本继承它们祖先的声誉,成为其"家族"传统的唯一守护者。

2. 类比问题:"文"与"笔"之间的区分挑战

　　在建康文人世界,援引"经"典以使知识生效,并非特例,而是惯例:无论以何种方式,所有文人都必须使用"经"典。当然,与传统的联系并

---

　　①　《文心雕龙义证》3.63—76。

　　②　见蔡宗齐,2000年,第15—17页。在蔡宗齐看来,这种论述使《文心雕龙》有别于同时代的另一个篇幅较短的论著,即任昉的《文章缘起》(时称《文章始》):刘勰的著作推重当时的文章秩序,而任昉则仅限于以简单的谱系兴趣来确定每种体裁的渊源。不过,刘勰和任昉的目的可能相差得并不那么遥远。因为任昉与沈约,即刘勰的护主,关系非常密切,我们更应该认为,任昉作品中的隐含动机其实就是刘勰在作品中明示的动机:抬高文人知识在宫廷中的地位。关于任昉作品的年代和真伪问题,参见吴承学、李晓红,2007年,第14—25页。

不总是用同样的语言表达出来,而表述上的差异又常常会引起争论。因此,经书典籍与宇宙秩序之间的类比关系,虽然为刘勰提供了一个论据来调和文人的某些有效化标准,但也使他不得不拒绝其他的标准。

"文"的观念构成了《文心雕龙》全书的基石①,而这,正是因为该词聚集了多种不同的意义,不仅包括文人知识和文本,而且正如我们所见,还包括礼仪或仪式的"装饰"等文本外现象。"文"在历史上的初始意义是"花纹""装饰"或"饰物",在此基础上,它又获得了"写作"和文人知识的含义,因为,写作要么被视为某种载体的装饰,要么作为知识,被视为饱学之士的"装饰"②。因此,"文"所基于的观点是,文本是人的优先表达,因为文本不仅涵盖全部的写作及写作的知识,同时也包含礼仪行为(礼之"文")、制度(周之"文"③)和宇宙秩序(道之"文")。

由于"文"这一观念既可指语言现象,又可指语言外现象,刘勰便再次借助类比,将二者联系起来。《文心雕龙·序志》篇将"文心"界定为"文之用心"(此处的"文"同时具有"文本"和"文采"的意思④)。但在第一篇《原道》中,"文"却包罗万象:

> 文之为德⑤也大矣,与天地并生者,何哉? 夫玄黄色杂⑥,方

---

① 刘勰说:"夫文以行立,行以文传,四教所先,符采相济。"见《文心雕龙义证》3.85。典故见《论语注疏》7.2483b。"四教"指"文""行""忠""信"。

② 见李惠仪,2001 年,第 193—225 页。关于"文",尤其是"文章",自战国至汉代的概念演变,参见柯马丁,2001 年,第 42—91 页。关于这一时期"文章"和"文学"的语义变化,以及"文"在这些表达中日益重要的地位,见兴膳宏,1992 年,第 110—122 页。

③ 孔子在《论语》(3.2467b)中说:"周监于二代,郁郁乎文哉! 吾从周。"

④ 《文心雕龙义证》50.1898。

⑤ "德"同时指政治和道德方面的美德。

⑥ 在传统宇宙观中,"玄"代表天,"黄"代表地。两种颜色相混合就产生了"文"。见《周易正义》1.19b。

圆体分①,日月叠璧,以垂丽天之象;山川焕绮②,以铺理地之形③:
此盖道之文也。仰观吐曜,俯察含章,高卑定位,故两仪既生矣;惟
人参之,性灵所钟,是谓三才。为五行之秀,实天地之心。心生而
言立,言立而文明,自然之道也。④

　　"文"是宇宙秩序的类比表达:"道之文"将天、地、人,世间万物的
"文"都汇聚于自身。但在《文心雕龙》的第二篇,即《征圣》篇中,刘勰又
回到了"文"的狭义上:"文"在这里指"文本"和"文人知识",孔子赋予其
三重功能:

　　　　是以远称唐世,则焕乎为盛⑤;近褒周代,则郁哉可从⑥。此
　　政化贵文之征也。郑伯入陈,以文辞为功;宋置折俎⑦,以多文举
　　礼。此事迹贵文之征也。褒美子产,则云:"言以足志,文以足

---

①　传统宇宙观认为,天是圆的,地是方的。

②　在法语译文中,为了遵守对偶的形式,我把"焕"当作动词性形容词,"绮"
作名词。我没有翻译"以",它在原文中表示结尾的分句。

③　运用了《周易》典故。见《周易正义》7.76a。

④　《文心雕龙义证》1.2。

⑤　《论语注疏》8.2487b。孔子称颂尧说:"其有文章。"这里的"文章"指圣王
尧制定的礼乐制度。刘勰引用了这段话,赋予"文章"更为具体的"文本"的含义。

⑥　《论语注疏》3.2467b。"可从"字面意思是:"可以效仿(的典范)。"孔子在
此赞扬周朝"文""郁"。在《论语》的原文出处中,"文"指礼乐制度。刘勰借此谈论
作为文本的"文"。

⑦　这里有两处用典。子产前往晋国说服他们承认郑国打败了陈国。晋国
的大臣们开始还心存戒备,在听了子产的巧言善辩后,就接受了郑国的胜利。见
《春秋左传正义》36.1985c。第二个典故:据《左传》记载,宋平公设宴款待晋国赵文
子(公元前598年—公元前541年),席间宾主言辞富有文采,孔子特命弟子记下席
间宾主的言辞,因为它们可以作为在礼仪场合发言的范本。见《春秋左传正义》
38.1995c。

言。"①泛论君子,则云:"情欲信,辞欲巧。"②此修身贵文之征也。③

在这段话中,"文"不是人类活动的一个"领域"、一种职业、一门(现代意义上的)艺术或一门科学,而是制度和个人修养的共同要素,是孔子之"道"④——简言之,圣贤传统——的最高表现形式。类比始终是"文"延续圣人知识的基础。宇宙的每一个组成层次——天、地、人——都充满了各种各样的形式。它们在不同的尺度上再现着同样的形态。这一形态汇聚于道之"文"中,特别是圣人之"文"中,而孔子就是其中的集大成者。所以,圣人之言为"文"的正确使用提供了线索。这种使用可以维持天、地、人三者之间的和谐。⑤

但是,这种类比的"文"与另一种形式的"文"形成对比,后者在公元5至6世纪的文人世界中呈现出越来越清晰的轮廓,可以将其称为"分析性"的"文"。这种分析性的"文"指的是"经过装饰"的文章,对立于"笔"所指代的文章,或者更直白地说,"毛笔"之文。在这种分析性差异中,文章体裁被划分为两类:"笔"一般指议论类文章或所有类型的行政

---

① 《春秋左传正义》36. 1985c。

② 《礼记正义》54. 1644a。

③ 《文心雕龙义证》2. 35—37。

④ 蔡宗齐(2000 年,第 11 页)认为,刘勰故意采取了一种不合时宜的做法,赋予经书典籍中的"文"以"文本"或"书写"的意义,尤其是对于《周易·系辞》篇中所使用的"文"。因为,无论是在《周易》,还是在其他经典中,"文"都不具有(后来的)"文本"的意义。关于"文"在与书写相联系之前的意义,请参阅柯马丁,2001年,第 42—91 页。这种不合时宜是通过类比方法实现的:正是借助"文"的类比运用,不同的事物才能汇聚在同一个词语之中。

⑤ 这是一个线索推理的例子:我们在文本中寻找线索,寻找隐藏现实的痕迹。关于线索推理的根源以及这种推理法对于现代史学的方法适用性,参阅卡洛·金茨堡 1986 年的著名文章。

公文(诏书、奏章、史传等),而"文"则通常指诗歌和辞赋。① 这种"文"不再是众生秩序中随处可见的装饰,而只是文采华丽的文章,或者更狭义地说,它只是诗歌。这种分析性区别在当时是相对较新的,而在刘勰看来,它有可能会破坏"文"所属的类比构型。②

刘勰作《文心雕龙》(公元 5 世纪末)时,"文"与"笔"的区别尚不明确,直至公元 6 世纪才变得清晰起来。这种区分在梁朝诸王的宫廷中不足为奇:萧绎(梁元帝,508 年—554 年;552—554 年在位③)就用它(很可能借用了齐朝时就已有的观点)来区分政事类散文("笔")和诗歌类文本("文")。④ 但在公元 5 世纪,这些观念还尚未依据一种如此明确地区分它们的话语。例如,在刘宋时期,重要文人颜延年(384 年—456 年)区分了"言"与我们所提到的两种书写形式:"文"和"笔"。学者们对这一划分的解释并不一致,我们在此采纳罗宗强的观点⑤。他认

---

① 这种划分在当时的文学界是很常见的。"文"有时可由"诗"替代。比如,"任笔沈诗"就指当时散文和诗歌的"两座高峰"。这一表述寓有深衷,很好地说明了公文体裁(任昉以此名世)与沈约诗歌之间具有同样的象征等级。见《南史》59.1455.刘勰也说,"笔"为"无韵"而"文"为"有韵"在当时是司空见惯的(但他并没有遵循这一区分)。见《文心雕龙义证》44.1622—1623。

② 梁朝萧统后来对"文"的概念做了更狭义的解释,他把经籍、大臣列传或诸子论著排除在外。这种排除并不是基于对这些文本的排斥,相反,他之所以将它们置于"文"之外,要么是出于尊重(不能为了列入选集而对经典进行删减),要么是因为它们的主要关注点不是美文(如大臣列传)。正如我们在序言中提到的,大部分宫廷和行政体裁仍然属于"文"的范畴。见《文选》2—3;马如丹,1984 年,第58—59 页。

③ 萧绎出身兰陵萧氏,属于齐、梁两朝的皇室。他是梁朝时期的文豪之一,藏书甚丰,门下聚集了一批文人。

④ 这种分类法见于《金楼子·立言》篇。萧绎区分四学:"儒",即对儒家经典和文本的研习;"文",即文体修饰、情感表达、音韵节律等写作知识(尤以"诗"和"赋"为代表);"学",即博学多通;"笔",即行政和制度类体裁。萧绎认为,这种四分法与古代的"儒""文"二分形成鲜明对比。但是,罗宗强(1996 年,第 274—275页)指出,这种文笔之分在当时与其他区分一样,不过是一种选择,而且它并不十分精确。见《金楼子》,4.189—190。

⑤ 罗宗强,1996 年,第 277 页。他继承了饶宗颐和范文澜的观点。

为，"言"为口述，"笔"指评论和传记，"文"指诗歌。由于经书典籍为圣人之言，故不属于颜延年所区分的"文"。因为，在颜氏那里，"文"首先指的是诗歌。

尽管存在差异，但显而易见的是，刘宋时期的颜延年和梁代的萧绎都更加关注分析，而非文本的类比组合。他们并不排斥囊括各种书写形式和文人知识的"文"；他们无须放弃知识"装饰"文人的观念，甚至也无须放弃经书典籍与宇宙秩序之间的类比观念。然而，他们位于另外一个话语层面上：在这一层面上，"文"指的是那些讲究文采的文本。

刘勰在这种分析性视角中察觉到了一种危险，即破坏"文"的类比基础。实际上，这种破坏可能最终会将"经"排除在"文"之外。[1] 然而，"文"之所以受到敬仰，不仅因其文本的形式，还因其是道的至高表达形式。所以，刘勰试图证明，如果赞同"文"在分析层面上和类比层面上共存，那么，前者最终会驱逐后者。在《文心雕龙·总术》篇中，刘勰批评了颜延年的观点，指出圣人之言——颜延年将其视为普通的"言"——也应该属于"文"的范畴：

> 颜延年以为："笔之为体，言之为文也；经典则言而非笔，传记则笔而非言。"请夺彼矛，还攻其盾矣。何者？《易》之《文言》，岂非言文！若笔果言文，不得云经典非笔矣。[2]

刘勰提出，颜延年的划分势必导致一个矛盾：如果"笔"是由圣人之"言"（"经"）加上"文"而成，那又如何能够证实"经"（圣人之言）不是"笔"，因而也不是"文"呢？换句话说，如果圣人之言产生写作，而写作

---

① 刘勰说，在他所处的时代，"文"往往被认为是韵文，而"笔"则为非韵文。他反驳了这一观点，认为"文"包括《诗经》和《尚书》，即韵文和非韵文。他还说，这种分类是新近才有的，表明他偏离了圣人的传统。见《文心雕龙义证》44.1627。随后，他开始对颜延年展开批评。

② 《文心雕龙义证》44.1627。

本身就是一种装饰，或者用颜延年的观念说，如果"言"产生"笔"，"笔"产生"文"，那么，所有圣人之言都是有文采的，所以它们都是"文"。①类比优先于我们试图在"文"的内部建立起来的任何断裂。

刘勰的批评或许是基于一种特殊的制度秩序观。虽然类比是一种有力的机制，能够将宫廷中实践的所有体裁全部归入圣贤传统之中，但对体裁进行分析性区分，即使是在初始阶段，也会产生体裁之间的一种"分工"，进而可能造成文人知识的各种形式出现地位分化。其实，梁代萧绎提出的区分方式会提高诗歌在体裁秩序中的地位；而颜延年却似乎意在区分——也许是分离——圣人之言与他们在建康宫廷的远方后裔之言：这种分离固然进一步提升了原始时刻的地位，在当时，圣人们是第一次传授教益，但它也对建康的宫廷写作产生了一定的解放作用。因为，此时此刻，圣人比以前更加遥远了。刘勰不能接受远离圣人的这种方式，他可能也不会接受萧绎的分类方式：作为无法超越的优越"祖先"，"经"必须遥不可及，但作为永恒的写作典范，"经"又必须近在咫尺；诗歌必须具有优先地位，但诗歌装饰的地位却不应超过其他体裁。只有类比的统一性(unité analogique)才能在"文"的所有表现形式之间维持有机的一致性。

3. 传统与"变"

如果我们想让某种文人知识合法化，而且我们知道，这种文人知识在传统中并"不在场"，那么会发生什么呢？这是困扰文人世界的一个问题：既然与"经"的延续性确保了知识的有效性，那么在引入"变"时就不得不向传统妥协。正是出于这个原因，文人世界尝试将一切"变"保持在圣贤传统的框架之内——即使在实践中，这种"变"意味着无声的

---

① 刘勰有时候自己也使用"文""笔"之分。但是，正如罗宗强(1996年，第276—277页)所言，《文心雕龙》对"文"和"笔"的区分只是文学话语中一种屡见不鲜的修辞手法，而不是刘勰所反对的严格分类法的核心支柱。关于"文""笔"之分的其他用法，见罗宗强，1996年，第273—278页。

断裂。

(1) 创新的有效化:"明释"传统

对于那些提出文人知识新形式的人来说,援引传统作为有效化标准需要解决诸多非常棘手的问题。沈约及其文友在提出"四声说"和"声律论"时,就遇到了这种情况。这两种知识彼此之间紧密关联:区分四声(与现代汉语的声调并不一致)使得格律规则的建立成为可能,而这些规则亦有助于避免后世传统所称的诗词和骈文①的"八病"②。在中国历史上,"四声说"和声律论完全是一个真正的新事物。它们是对语言特性进行深入思考的结果;虽然它们不可避免地属于中国古典写作的悠久传统,但它们同样也是研究如何恰当地翻译和诵读佛经的成果。③然而,正因为这些知识是全新的,所以很难成为圣贤传统的一部分:古代的圣人和过去的贤人从未谈及这些知识。那么,如何才能保持

---

① 声律论不仅针对诗歌,也针对散文。根据吴妙慧(2010 年,第 21—39 页)的分析,它甚至还针对口语。有关声律原则运用到散文上的例子,参阅周振甫,2005 年,第 142—143 页。这些原则对于中国精英文本的历史具有不可估量的重要价值:它们是建立在声调基础上的原则,并为此对声调进行了辨别和系统化,在当时和后世都起到了规范诗歌,甚至散文创作的作用。吴妙慧指出,这些原则并非抽象的要求,而是有助于更好地掌握语言的节奏和音韵特性,从而开辟新的可能性,而不是用生硬强制的规则将它们封闭起来。沈氏的原则是一种技术**辅助**,是对语言特性的深层次探索,而非诗歌创作的必要条件。吴妙慧(2010 年,第 25—30 页)在分析"知音"一词(她将其译为 knowing sound)的基础上,建议将声律论作为一个概念,而非形式规则来研究。

② "四声说"的相关问题可参阅马如丹,1990 年,第 67—78 页。与声调有关的四病的详细说明,见托马斯·扬森,2000 年,第 125—129 页;对八病的经典解释,见马瑞志,1988 年,第 57—59 页。这"八病"在隋朝才开始被提及,而直到唐朝,沈约才与"八病"的提出联系在一起。有关这一问题的讨论,见卢盛江《文镜秘府论汇校汇考》的注释 13,第 887 页(注释 13 位于第 893—895 页);另见刘跃进,1996 年,第 353—363 页。

③ "声律论"和"四声说"似乎与佛经的翻译和诵读有关。关于这一点,参阅陈寅恪的经典文章,2007 年,第 307—312 页;曹道衡,2004 年,第 18—23 页;葛晓音,2007 年,第 186—188 页;托马斯·扬森,2000 年,第 119—121 页。

与这种传统的联系,为文人知识提供一个可理解的并且有效的框架?沈约采取了一种特殊的有效化策略来应对这一困境:即以**明释**(explicitation)传统的形式提出创新。

最初,关于声律论之新意,沈约自负甚高,他在《宋书》中说:"自骚人以来,此秘未睹。"这些规则不是传统留给他的,而是他和友人们发现的一个前人几乎未曾察觉的秘密。此番言论让宫廷中人感到不悦,他们在这种过度的骄傲中看到了对传统的某种蔑视。陆厥(472年—499年)虽对新知识持开放态度,但仍给他去信,断言古人早已掌握了这些规则:

> 愚谓前英已早认宫徵①,但未屈曲指的,若今论所申。至于掩瑕藏疾,合少谬多,则临淄所云"人之著述,不能无病"者也。非知之而不改,谓不改则不知,斯曹、陆又称"竭情多悔,不可力强"者也②。今许以有病有悔为言,则必自知无悔无病之地,引其不了不合为暗,何独诬其一合一了之明乎?③

他指出,在沈约提出这些规则之前,曹丕和陆机就已经意识到了他们的声律错误。所以,沈约并没有发现什么:这一知识早已存在于传统之中。针对这些批评,沈约不得不澄清自己的言论:

> 自古辞人,岂不知宫羽之殊,商徵之别。虽知五音之异,而其中参差变动,所昧实多,故鄙意所谓"此秘未睹"者也。以此而推,

---

① 沈约是"四声说"的最早提出者之一,但他并没有使用专门的术语来表示这四种声调。他把声调和宇宙秩序相类比,用音符来指代声调,就像他使用四方四时一样。陆厥也使用了同样的词语。关于四声与五音之间的协调难题,见马如丹,1990年,第71—73页。

② 曹丕之言见《文选》52.2271;陆机之言见《文选》17.773。

③ 《南齐书》52.899。另见马瑞志(1988年,第49页)对此段的英译。

则知前世文人便未悟此处。①

　　沈约无法容忍这种打破传统的看法,他在明释中找到了话语工具,使他能够通过完善的方式来传承创新:新规则的有效性正在于它们澄清了古人已有的知识,并且借此方式使其更加易于理解。沈约认为,声律论的价值并不在于它们揭示了新的写作形式,而在于它们明释了前人本欲获悉的"秘"。沈约说,其他时代的人凭直觉掌握了声调之间的区别,但他们还未"悟"出这些规则。"悟":规则并非创"作"(création)而成,而是在圣人知识的传递链上进行的一种必要提炼。②

　　沈约把声调的顺序与季节、方位、颜色,简言之,自汉代流传下来的整个宇宙观③,都联系了起来,这就更不是一个"作"——新事物对世界的侵袭——的问题了。以类比为基础,声律论**明释**了一种秩序,这种秩序不仅是古人知识的一部分,同时也是宇宙的一部分:

　　　　昔神农重八卦,卦无不纯,立四象,象无不象。但能作诗,无四声之患,则同诸四象。四象既立,万象生焉;四声既周,群声类焉。经典史籍,唯有五声,而无四声。然则四声之用,何伤五声也。五声者,宫商角徵羽,上下相应,则乐声和矣;君臣民事物,五者相得,则国家治矣。作五言诗者,善用四声,则讽咏而流靡;能达八体,则陆离而华洁。明各有所施,不相妨废。昔周、孔所以不论四声者,正以春为阳中,德泽不偏,即平声之象;夏草木茂盛,炎炽如火,即上声之象;秋霜凝木落,去根离本,即去声之象;冬天地闭藏,万物尽收,即入声之象:以其四时之中,合有其义,故不标出之耳。是以

---

　　①　《南齐书》52.900。
　　②　关于战国至汉代"作"的概念讨论,见普鸣,2001年。关于中国的"作"及其与圣人的承接关系,同上,第141—176页。
　　③　这种宇宙思想构思于春秋战国时期,定型于汉代,对其概述见程艾兰,1997年,第250—267页。

《中庸》云:"圣人有所不知,匹夫匹妇,犹有所知焉。"①

古代圣人,尤其是孔子和周王,都已经意识到了四季的更迭:他们又怎会不知道声调的有序交替呢? 只是他们无需解释这种关系,因为这种关系就体现在自然秩序之中,已经成为他们直觉的一部分。但是,沈约并不认为自己是"制作者",也没有自称为"圣人"。于他而言,圣人的显而易见对于建康文人世界来说却并非如此。因此,必须对这种显而易见加以明释。如果他想避免自己与传统之间已经非常灵活的关系发生偏差或者出现断裂,就必须证明,他的规则是在延续前代圣贤和英才的知识。沈氏还必须表明,他的规则铭刻于宇宙之中,铭刻于古人的实践之中,是传统知识的**结晶**。

(2)"变"的制度

要在传统内部合理地"变",另一个例子就是"通变",这种观念在使创新成为可能的同时,又不会破坏文人知识与"经"典祖先之间的衔接纽带。②《文心雕龙》辟专篇探讨了这一观念。刘勰或许不是第一个将它运用于文本史的人,但在迄今留存下来的文献中,要数《文心雕龙·通变》篇对这一观念论述得最为详尽。

刘勰对"通变"观念的解释无疑是基于他的文人知识类比观,但正

---

① 《文镜秘府论·天卷》,第 303 页。

② 这一概念既见于《周易》,也见于帝王史书。《周易》中的卦象组合虽多,但数量有限(《系辞》篇是《通变》篇的主要参考),是一种始终囿于命理学框架中的变化形象。帝王史书则描述王朝的兴衰周期,并且从道德的角度解释变化。对于帝王史书而言,变化虽是不可避免的,但仍受限于行为的道德可理解性和道德模式的重复性。道德模式与王朝兴衰同样是轮回往复的。帝王史书(从《史记》到《南齐书》)和《周易·系辞》中出现的"通变"概念,实际上是对这种循环而开放的变化观的综合。

如我们在沈约那里已经看到的,它同时也基于向传统的妥协考量[1]:

> 夫设文之体有常,变文之数无方,何以明其然耶? 凡诗、赋、书、记[2],名理相因,此有常之体也。文辞气力,通变则久,此无方之数也。名理有常,体必资于故实;通变无方,数必酌于新声。故能骋无穷之路,饮不竭之源。[3]

具体的文本与文本所属的体裁(提到的四种体裁实际上代表了刘勰在前面篇章中所论及的 81 种体裁[4])之间是一种模棱两可的关系。一方面,文本必须服从所选体裁的特定限制:体裁体现了由"经"典衍生而来的"定法"。另一方面,文本必须适应各个时代的具体经验所造就的取之不尽、用之不竭的可能性。传统在此以"名"的形式发挥作用:正是体裁的名称安排并控制着历代文本的生产流程,但它们并不决定新情况的各个细节。传统就是织布机上的经线,它可以编织出各式各样的纬线而不会断裂[5];它是一匹骏马,在无数条道路上奔腾;它是一个人,汲取一池永不枯竭的泉水。传统在总体上统辖变化,但并不要求同一个文本随着时间推移而无限重复:一旦找到了永恒的运用法则,文本就**必须**使用环境赋予的新的可能性。

事实上,"通变"观念依托于一种特殊的看待文人知识和皇权之间

---

[1]　我从周勋初(2000 年,第 79—102 页)那里借鉴了刘勰的"折衷"说,但与他的"折衷派"意义不同。田晓菲(2007 年,第 125—161 页)对周勋初的观点进行了批评。

[2]　杨明照认为,分别列举《文心雕龙》所分析的前两种和后两种体裁——诗、赋、书、记——说明刘勰意欲以此涵盖该书论及的全部体裁。见《文心雕龙义证》29.1080。

[3]　《文心雕龙义证》29.1079。

[4]　关于《文心雕龙》所论体裁数量,见罗宗强,1996 年,第 183 页,注释 2(第 190 页)。

[5]　程艾兰,1984 年,第 13—26 页;戴梅可,2001 年,第 10—12 页。

关系的方式。根据这种观点,帝国——这台文本的生产机器——不会建立在静态的、相同的知识之上,不会在无始无终的链条上无限重复:文人知识**必须**改变。不过,它们必须按照圣人流传下来的秩序进行改变:一方面,必须尊重"经"的永恒规范;另一方面,必须适应新的环境。在这一观点中,文人知识找到了不断重构的可能性,同时也保持了与圣贤传统的连贯性。

三、文字的魔力

文人知识的另一个有效化标准,我们可以称为"言语的魔力"(magie de la parole),也就是说,一种语言、一种文字或一种文人知识的合法化,是凭借其魔法或"灵晕"(auratique)特征而实现的。这个标准支撑着我们已经讨论过的两个标准:传统和透明,因为,以传统和透明为基础而建立的伦理具有一种固有的"魔力",正是这种"魔力"使人、天、地之间得以保持和谐。

1. 言语的征用

文人精英不仅传播或生产知识,而且在面对儿童、"百姓"或逝者时,他们还征用知识。儿童和"百姓"的言语(他们的知识在朝廷中毫无价值),或者逝者的言语(他们已不存在,无法对就其言论所做的任何误解进行质疑),以这样一种方式在宫廷中被重新使用,从而使这些言语更加符合从圣贤传统中继承下来的知识;被排斥者或逝者口中所说的话,是他们主动使用自身所特有的知识的产物,一旦被征用,就会转变成对上天的自发言语的被动表达。梁代所撰《南齐书·五行志》就为我们提供了很好的例子:其中有一部分专门讨论"言"——有时是一首歌

谣,有时是一首诗歌——据说这些"言"预示了齐朝的未来①。以下为其中三例:

> 元徽中,童谣曰:"襄阳白铜蹄,朗杀荆州儿。"后沈攸之反,雍州刺史张敬儿袭江陵,杀沈攸之子元琰等。②
>
> 永明初,百姓歌曰:"白马向城啼,欲得城边草。"后句间云"陶郎来"。白者金色,马者兵事。三年,妖贼唐㝢之起,言唐来劳也。③
>
> 文惠太子作七言诗,后句辄云"愁和谛"④。后果有和帝禅位。⑤

第一个例子是一首童谣。仿佛宇宙可以通过儿童的嘴巴说话,童言成为上天传递的预言。民谣同样也是出人意料的天命征兆:大家不会想到,"百姓"之歌竟然可以预示叛乱。迄今为止,这些"言"遵循的都是《诗经》模式:民谣间接地表达了"百姓"对王国状况的看法⑥。但是,根据刘歆(? —23年)的权威观点,只有"百姓"迫于皇权的压迫而不得不创作"怪谣"时,这些民谣的魔力才会显现:

> 《言传》曰:"下既悲苦君上之行,又畏严刑而不敢正言,则必先

---

① 萧子显在其《南齐书》中多次引用刘歆的《言传》,现已失传。见《汉书》27.1377。就像所引段落一样,萧子显记载了所有借由语词表述的怪谈奇象。

② 《南齐书》19.381。这首童谣指张敬儿在萧道成击败刘宋保皇派沈攸之的过程中发挥了关键作用。见戚安道,2009年,第58—59页;《南齐书》25.472。

③ 《南齐书》19.381。唐㝢之暴动是齐武帝时期的一次大规模叛乱,参阅王仲荦,2003年,第408—409页。这里的文字游戏在法语中是难以理解的。如果去掉"陶"(tao)的o,"郎"(lang)的l,就会得到"唐"(Tang),也就是叛军的姓氏。

④ "谛"译自梵文 *satya*,佛教用语,意为"真理""准确""实在"。文惠太子与僧侣交好,笃信佛教,他使用这个术语并不稀奇。

⑤ 《南齐书》19.382。

⑥ 它们可以表达平民百姓的心声。见《毛诗正义》1.1.272a。

发于歌谣。歌谣，口事也。口气逆则恶言，或有怪谣焉。"①

　　上述所引前两例中，"百姓"与孩童的作用相似：他们与自然现象同化，创造出关于权力运作之好坏的天象。② 在《毛诗大序》的话语中，民众的表达之所以具有效力，只因其是关于权力的看法，与此不同的是，歌谣在这里只是一种简单的预兆，与其他自然力量融为一体。"百姓"之言与精英之言的距离是难以逾越的：精英们所认为的知识，于"百姓"而言，只不过是他们无法了解的事物的被动表达。

　　史学家萧子显将"怪谣"视为上天之征兆，以此将民间言语整合进他的史学话语，并且通过这种方式，赋予民间言语一种使梁朝权力合法化的作用。然而，他没有将民间言语作为一种需要倾听和理解的言语，作为一种意在传递信息的动机性言语，而是将其作为一种无目的、无理由的被动表达，好像正是上天在通过百姓或孩童说话一样。所以，聆听这些言语，就是聆听上天，而不是聆听世人。这就是"怪谣"的政治价值。③

　　当然，这种**无意识**的魔法言语也可能出现在精英阶层中，但必须为此带有某种奇特的灵晕。上文所引第三个例子中，萧长懋的诗就是如此。这位英年早逝的储君笔下的诗歌，在其字面意义之外，还有另外一层含义：它体现了上天的预兆，而萧氏在作此诗时必然还没有意识到这一点。因此，引用的诗句就和民间歌谣一样，表达的是天意，而非人意。

---

　　① 《南齐书》19.381。

　　② 对(社会或自然的)离奇现象进行政治解读是一种古老的实践，但将其中一些现象与**积极**事实(比如盛世之兆)联系起来，大概是在王莽时代(公元前45年—公元23年)才固定下来。见鲁惟一(Michael Loewe)，1994年，94—97页。

　　③ 孟子曾引用《尚书·泰誓》的"天视自我民视，天听自我民听"。见《孟子正义》9a.2737b；《尚书正义》11b.181c。这句话并不一定能让"民"成为皇权的参与者。南朝的文人精英极易将其解释为："民"不过是一种预兆的**来源**，与自然力量具有同等的地位。我们认为，这正是《南齐书》在《五行》篇中编入民间歌谣的隐含意义。

现在看来,如果萧长懋无意间说出了上天的预兆,那并不是因为他与
"百姓"同化了,也不是因为他生前具有超自然的特质,而是因为他不幸
的、意外的命运表明,即使他是一位充满"灵晕"、注定要早亡的人物,
也不得不揭示上天之秘。早亡总是一种无法解释的命运征兆,而在这
里,由于它涉及的是皇太子,也就成为王朝覆灭的征兆。与民谣或童谣
一样,萧长懋的这首诗表达了另一层隐含意义,这是词语的字面意义无
法明示的。因此,一位不幸的精英成员的文本——比如这首诗——可
以在不被承认任何政治意图的情况下,进行政治整合。

　　不过,这种逝者言语的政治整合不同于对民谣的整合。皇子的魔
法元素与他个人的"灵晕"状况有关,而民谣的魔法元素则来自"民众"。
换言之,悲情皇子的魔力是个人的,而被压迫的百姓的魔力只能是集体
的。精英的诗歌,只有在创作者的命运赋予它"灵晕"色彩时,才具有预
兆意义;而民众的诗歌,只有在它体现集体的命运时,才具有预兆意义,
而在这种集体命运中,个人与"百姓"这个模糊的整体融为一体。

2. 文字的魔力

　　我们已经看到透明如何赋予仪式文本那样一种能力,一种对宇宙
的无形力量产生魔法效果的能力。然而,在宫廷的背景下,这种仪式的
合法性也可以赋予文字**本身**一种魔法功效。刘勰在下面这段话中就提
到了这一点:

　　　　牺盛惟馨,本于明德,祝史陈信,资乎文辞。①

　　在刘勰看来,祝文的魔法效果不仅取决于德行,还取决于"文辞",
如果没有"文辞",仪式上的文本就无法召唤神灵。正是通过文字,祝文

---

　　① 《文心雕龙义证·祝盟》篇,10.355。关于我们对这段话的理解,尤其是文
字在祝文中的使用,参阅詹锳《文心雕龙义证》10.357—358,注释6。

才能忠实地表达内容,并使召唤和仪式成为可能。当文字在适当的语境中被使用时,它本身就包含着魔法的特质。

我们在钟嵘(468 年—518 年)的著作中也能找到类似的观点。根据他的《诗品序》,仪式诗歌的魔法效果体现了诗歌**体裁**(尤其是"诗")的魔法特质:

> 气之动物,物之感人,故摇荡性情,形诸舞咏。照烛三才,晖丽万有,灵祇待之以致飨,幽微藉之以昭告。动天地,感鬼神,莫近于诗。[①]

钟嵘关于诗歌的这些看法来自《毛诗大序》:诗歌源于个人(或一些人)的情感"摇荡";它使天、地、人("三才")熠熠生辉,令宇宙艳丽多姿(我们可以说,它既表征宇宙,又装饰宇宙);它还可以用来招魂唤神("灵祇""幽微")。一方面,诗歌是对人、物互动的自发表达;另一方面,它也是一种"动天地""感鬼神"的积极力量。与刘勰一样,钟嵘选择性地挪用了《毛诗大序》中的一些元素,以唤起书面语言,特别是诗歌的魔法力量。

在刘勰那里,"文辞"赋予祝文魔法的力量;在钟嵘那里,"诗"的特质赋予仪式有效性。对他们来说,魔法的功效在于文字本身,而非仪式。因为,如果说没有仪式,文字就不能用来祈求神灵,那么同样地,没有文字,仪式也就不是有效的。基于此,刘勰赋予文人知识一种普遍的魔力,一种《周易》所说的,能够"鼓天下"的魔力。

> 《易》曰:"鼓天下之动者存乎辞。"辞之所以能鼓天下者,乃道

---

① 《诗品集注》,第 1 页。《诗品》德文全译本,见傅熊(Bernhard Führer),1995 年。

之文也。①

　　再一次，这里的魔力属于文字本身，而不仅仅是在仪式场景中所用的文字。"能鼓天下"的，是文字本身。但为什么文字拥有这些能力呢？因为它是圣人的创造。《周易》认为，文字可以追溯至伏羲时代。相传他受天象、地形和鸟兽足迹（"文"）的启发，创造了占卜八卦，并用结绳记事的办法管理政事②；"后世圣人"基于这些最初的文字形式，发明了真正意义上的文字以取代结绳之治③（我们有时用仓颉来指代这些圣人，他是黄帝时期的史官，根据龟背纹理和鸟兽爪痕创造了文字）④。无论文字的神话起源如何，它的"魔法"功效与圣贤传统的固有功效并无二致。同样，正是对传统的正确使用，才能够——以"魔法"的方式——再现宇宙秩序中的和谐。因此，文人知识的"魔力"与圣贤传统的固有功效合二为一了。

结语：文人的有效化与得当的伦理

　　透明和传统构成了一种真正的文人伦理的支柱。毫无疑问，这种"伦理"会牵涉到"好"与"坏"的问题，但也更加接近它的古老意义：对风俗的反思，对宫廷这个相对封闭的空间中的"得当"（convenable）的反思。这种得当伦理要求掌握一整套的规范，以此来确定一门知识——一种文体或一条规则——是否符合文人的真实情感和圣人的传统。它要求既要**是**"善"，也要**表现**"善"。在这个宫廷社会中，每个人都在观察

---

　　①　《文心雕龙义证》1.28。引文出自《周易·系辞》。见《周易正义》7.83a。

　　②　《周易正义》8.86b。有时也认为神农氏是最早使用绳网的人。见《说文解字注》15a.753.1a。

　　③　《周易正义》8.87b。

　　④　《说文解字注》15a.753.1b。另见刘勰在《文心雕龙》的第一篇《原道》中的论述：《文心雕龙义证》1.11—28。

别人,也在被别人观察,仪式化的行为方式是必不可少的。如果不采取得当的自我呈现方式,就有可能让人怀疑自己的品节。所有的文人知识都必须符合这种得当伦理,因为,只有遵守透明规则和圣人传统的知识,才能成功地维护皇家权力与宇宙力量之间的和谐。

第三章　装饰与得当

我们刚刚看到,在建康文人世界中,关于阅读和写作的话语受一种得当的礼仪伦理的支配。宫廷与行政的统一建立在礼仪的基础之上,这种礼仪既包括礼节和仪式,也包括行政沟通,而这,就意味着文人知识不仅仅是一种技术能力,它们还必须是帝国之德的显著体现。这些知识的有效化取决于对这种德行进行得当表征的定义;但是,它也取决于——正如我们在下文将要说明的——这些知识在帝国的等级秩序中必须承担的角色和意义。

一、文本:文人的人格符号

根据透明规则,每一个文本都是撰写它的官员的人格符号:文体、题材、隐喻、对比、用典都可能成为严格评判的对象,以此确定文人情感的"可读性"标准。在这种情况下,文人不仅要学会根据这些标准进行写作,还要学会根据可说或不可说来评价他人的文本。关于对文本进行伦理解读所依据的标准,刘勰的《文心雕龙》再次为我们提供了良好的范例。我们将在下文中对其进行分析。

1. 比兴

"比"和"兴"在《文心雕龙》中占据了整整一章的篇幅。这并不让人觉得奇怪:毕竟,它们在《诗经》这部儒家正典中有着非同寻常的地位;而且,由于刘勰忠实于自己的宗经观,他不允许任何文人因一时兴起而随意地使用它们:他要求这两种表现手法遵循圣人的模式。

对于现代读者来说，"比"和"兴"只是隐喻的两种变体。但对于建康的读者来说，它们却远不止于此。根据刘勰的解释，"兴"是指通过意象含蓄地唤起一种情感、思想或感觉。他用《诗经》的第一首诗来说明了这一点：

> 观夫兴之托谕①，婉而成章；称名也小，取类也大②。《关雎》③有别，故后妃方德；尸鸠贞一，故夫人象义④。义取其贞，无从于夷禽⑤；德贵其别，不嫌于鸷鸟⑥。明而未融⑦，故发注而后见也。⑧

以下是《关雎》一诗的前几句，也是刘勰以之为范本的经典起兴之作：

> 关关雎鸠，
> 在河之洲。
> 窈窕淑女，

① 这里借用了《左传》的典故。《左传》认为，《春秋》用含蓄典雅的语言表达深明大义。《春秋左传正义》27.1913c。其实，"兴"并不是诗歌的专属，而是圣人书写的基本手法之一（特别是《春秋》，简练的记事语言中隐含着丰富的义理）。

② 《周易正义》8.89b。语出《周易·系辞》篇。

③ 第一首诗中提到的鸟的种类至今仍有争议。感谢马如丹对这首诗的法语标题翻译提供建议。

④ "兴"的经典例子就是《诗经》的第一首诗。诗歌的注释中还用"兴也"指出了使用起兴手法的其他例子。但"兴"的界定标准因时代和阐释者而异。见《文心雕龙注释》36.399—403。

⑤ "从"实为"纵"，意为"舍弃"。

⑥ 换言之，尽管它们都是平凡普通的飞禽，但"兴"依据的却是这些鸟类能够使人联想到后妃德行的那一个方面。不能因此就将这些鸟类与后妃们**等同**起来，两者不是在所有方面都具有可比性。见宇文所安，1992年，第258页。

⑦ 《春秋左传正义》43.2040c—2041a。

⑧ 《文心雕龙义证》36.1344。另见宇文所安，1992年，第258—259页。

君子好逑。①

在这首诗中，雎鸠并不完全对应君子和他的伴侣：它是一个过渡意象，让读者为下一个意象做好准备。在起兴手法中，意象与意象之间不是一一对应的关系，而是通过一个意象唤起另一个意象②。

而对于"比"这种手法，刘勰认为，它基于类比的刻意制造：在进行比较的元素之间必须存在一种形式上的等同。刘勰以《诗经》中的《蜉蝣》一诗为例，对"比"进行说明：

蜉蝣掘阅，
麻衣如雪。③

第二句诗运用了"比"：衣服如雪，洁白而干净。与"兴"不同，衣服的洁白与雪的洁白之间是一对一的关系，因为这两个意象都有白色。相较于"兴"，"比"似乎更具反思性和思想性："兴"在两个意象之间建立的是一种相对任意和自发的关系，而"比"建立的则是一种概念性和反思性的关系。④

不过，刘勰并不满足于描述这两种表现手法：他对它们进行了评判。由于比兴在《诗经》中占据着核心地位，所以它们的使用不能失当，不能偏离"经"的传统。他认为，"兴"的问题比"比"要稍少一些："兴"是对意象的自发反应，它可以确保文人的透明。但"比"则很可能陷入歧

---

① 《毛诗正义》1.1.272。在这首古诗中，"君子"指的是古代贵族成员。但自孔子之后，尤其是在中国封建王朝时期，该词失去了这种严格意义上的身份内涵，而泛指有德行的人。

② 参阅周振甫在《文心雕龙注释》36.399中对"兴"的解释。

③ 《毛诗正义》7.3.384b。《文心雕龙义证》36.1354。

④ 对"比兴"的进一步深度思考，可参阅弗朗索瓦·于连，2003年，第175—188页。

义,偏离"经"的模式;因为它更多的是反思,而不是自发的,所以很容易造成装饰与德行的分离。因此,《诗经》中的诗人成功地以得当的方式运用"比",而汉代的文人们却更注重博学,而非透明,他们困在这一手法固有的潜在偏差之中了。

炎汉虽盛,而辞人夸毗,讽刺道丧,故兴义销亡。于是赋颂先鸣,故比体云构①(……)

一旦写作失去了劝谏功能,一旦文人关注于取悦权力,而不是批判权力,"比"这种智力手段就取代了"兴"。"比",虽然无益于真情实感的表达,却是展示博学和智慧的更佳方式;而"兴",因其透明,所以简单而纯粹,但若一心只想在王公或帝王面前显摆自己的才华,它就不那么有用了。所以,自汉代以来,这些文人一直在计算自己的文章对皇帝的影响,"兴"在他们笔下是越来越少了。为了结束这种偏离,刘勰建议回归《诗经》的正典模式,在这种模式中,"比"与"兴"是和谐统一的。当文人忘记了这种体裁的正典起源时,他就会陷入过度和肤浅。反之,当他回归正典时,他就回归了正道。

2. 夸饰

"夸饰"②同样也是以得当伦理为依据的思考对象。在专门论述这一修辞手法的篇章中,刘勰提出了孟子的观点作为原则:

说《诗》者不以文害辞,不以辞害意。③

---

① 《文心雕龙义证》36.1356。

② 尽管此篇有时候分开使用"夸"与"饰",但我们认为可将两者结合起来,译作法语中专指"夸张"这一修辞手法的词语:hyperbole。见沈谦的论证,1988年,第1和10页。它实际上表示的是"对夸张的装饰"。

③ 《文心雕龙义证》37.1385。见《孟子正义》9a.2735c,《万章》篇。

正如解说《诗经》者一样,不能拘于"文"(此处指华丽的语言)而曲解词句,也不能拘于词句而扼杀文人的本意。每篇文章都必须是情感的透明标志:这一原则既适用于读者—评注者,也适用于写作者。所以,夸饰等手法的使用不应超出语言表达之需所设定的限度:

> 然饰穷其要,则心声锋起;夸过其理,则名实两乖。若能酌《诗》《书》之旷旨,翦扬马之甚泰,使夸而有节,饰而不诬,亦可谓之懿也。①

夸饰不应让对象变得难以辨认;如果这样为之,"名"就无法表现"实":它将"实"遮蔽起来。这种"实"具有两重维度:一方面,它由被夸饰歪曲的指称物构成;另一方面,它由文人与这一指称物之间的关系构成,也就是"情"。二元对立总是遵循相同的原则。名与实,装饰与德行,规范与情感:问题始终在于指称物、情感与写作之间自发的连续性关系,只有一种以透明和正典模式为基础而建立的伦理才能确保这种关系。夸饰是写作的装饰之一,而写作,一旦脱离这种伦理,就破坏了文人与世界之间这种和谐、连续的关系。

刘勰以司马相如的《上林赋》为例说明夸饰的过度使用。以下是他提到的诗句:

> 离宫别馆,弥山跨谷(……)
> 奔星更于闺闼,宛虹拖于楯轩。②

这种雄伟壮观的意象超出了刘勰认为可以接受的限度:读者不仅

---

① 《文心雕龙义证》37.1399。

② 《文选》8.367。此赋的完整译文参阅康达维(David Knechtges),1987年,第2卷,第73—114页(关于本段,见第89页)。该赋所引刘勰著作典故,见《文心雕龙义证》37.1386。

有巍然之感,还会产生一种近乎不可能的、离奇而虚幻的宏大之感。对刘勰来说,这些诗句明显打破了《诗经》中节制有度的夸饰手法;并且,为了突出它们对正典模式的偏离,刘勰列出了《诗经·崧高》中的一例夸饰:

　　崧高维岳,
　　骏极于天。①

　　这首诗没有对山的意象夸大其词。如果说《上林赋》中,一连串的夸饰反而阻碍了天子上林真实规模的具像化表达,那么《诗经》的这首诗则简明而直白:它既表明了山的雄壮,又没有超出可以容忍的限度。事实上,"更于闺闼"的流星或"拖于楯轩"的彩虹破坏了上林的真实规模,而《诗经》中"骏极于天"所指的意象,却以具象化的方式将天空与山峰完美地联系在一起。在司马相如的笔下,夸饰是隐藏和变形;但在《诗经》中,夸饰是再现和伴随。司马相如的诗歌世界是想象的、壮丽的,与《诗经》中简单的、联想的世界形成了鲜明的对比。

　　同样,《诗经》——如他所言,还有《尚书》——都是应该效仿的典范。正如儒家正典表达了古代圣人的真情实意,并且与宇宙秩序保持着一种模仿和延续的关系,文人也应该真诚地表达自身感受,并且尊重他所命名的"实"的本质。如果文人在事物的真实比例上都弄虚作假,他又能有多少真实性呢? 这些夸张的意象难道不会让人怀疑是在阿谀奉承,企图讨好皇帝或王公大臣之类的主子吗? 回归正典的美学尺度,与其说是确保文本本身的美感,不如说是确保这些"华"采的得当使用,毕竟,它们对于美化文本、个人和王国来说是必不可少的。

---

　　①　《毛诗正义》18.3.565c。

3. 瑕疵

《文心雕龙·指瑕》篇很好地说明了"瑕"是如何被解释为失当的：

> 潘岳为才，善于哀文，然悲内兄，则云感口泽①，伤弱子，则云心如疑②。《礼》文在尊极，而施之下流，辞虽足哀，义斯替矣。③

潘岳歪曲了《礼记》的原义，违反了礼仪规则。孔子在《檀弓》中说："其往也如慕，其反也如疑。""如疑"这个表达是用于父母的。但潘岳却在《金鹿哀辞》④中用它来悼念自己的儿子，因而，他尊卑不分，违反孝道。在另一首诗中，他也犯了同样的错误，通常用于父母的哀悼之词被他用在了妻子的兄长身上⑤。礼仪秩序被情感所颠覆：这里的问题并不是缺乏真诚（比如，"夸饰"或"比"的情况），而在于过度的自发性违背了正典中的语言在礼仪上的得当使用。《毛诗大序》云："发乎情，止乎礼义。"⑥潘岳不能保持在礼仪规则所要求的范围之内：他重蹈了自然派拥趸者的覆辙，不能协调礼节与透明之间的关系。透明必须是情感与写作之间的平衡，而不是因情绪强烈所致的写作规范的混乱。如果我们违背了这些规范，我们就破坏了等级制度，脱离了圣贤传统确立的固定框架。

《楚辞》中的"瑕疵"更为复杂：

---

① 《礼记正义》30.1484b。

② 《礼记正义》7.1283b。

③ 《文心雕龙义证》41.1533。

④ 《全晋文》93.1997.5a—b。这可能是刘勰搞混了。虽然他指出的错误是在《金鹿哀辞》中，但他似乎引用的是另一首诗《伤弱子辞》。

⑤ 该诗已经失佚，据说取自《礼记·玉藻》篇。根据此篇的规定，禁止使用亡母的酒杯饮酒，因为"口泽之气存焉尔"。潘岳就是用这些词来形容其妻兄的酒杯。

⑥ 《毛诗正义》1.1.272a。

将核其论，必征言焉。故其陈尧舜之耿介①，称禹汤之祗敬②：典诰之体也③。讥桀纣之猖披④，伤羿浇之颠陨⑤：规讽之旨也。虬龙以喻君子⑥，云蜺以譬谗邪⑦：比兴之义也。每一顾而掩涕⑧，叹君门之九重⑨：忠怨之辞也。观兹四事，同于《风》《雅》者也。至于托云龙⑩，说迂怪，丰隆求宓妃⑪，鸩鸟媒娀女⑫：诡异之辞也。康回倾地⑬，夷羿毙日⑭，木夫九首⑮，土伯三目⑯：谲怪之

---

① 《文选》32.1489。关于唐尧和虞舜，见人名汇编。

② 《文选》32.1496。关于商汤和夏禹，见人名汇编。

③ 《尚书》中的《尧典》和《汤诰》篇。

④ 《文选》32.1489。关于夏桀和殷纣，见人名汇编。

⑤ 《文选》32.1496。也见《文心雕龙义证》5.140,注释4。关于后羿和寒浇，见人名汇编。

⑥ 《文选》33.1527。

⑦ 《文选》32.1499。

⑧ 《文选》32.1492。

⑨ 《文选》33.1537。

⑩ 《文选》32.1506。

⑪ 《文选》32.1500。"丰隆"，云神，一说雷神。"宓妃"，洛水之神。根据黄叔琳(1672年—1756年)的注释(引自詹锳)，"宓妃"比喻隐退的贤臣。见《文心雕龙义证》5.149,注释3。因此，"丰隆"指求贤尚才的君主。

⑫ 《文选》32.1500。我们采用的是詹锳的异体字，他沿用的是唐代手稿。"娀"即有娀氏，上古五帝之一，帝喾之妃。她是贤臣的象征。见《文心雕龙义证》5.149,注释4。

⑬ 《楚辞补注》3.91。也见《文心雕龙义证》5.149,注释5。"康回"，共工的名字(见人名汇编)。

⑭ 《楚辞补注》3.96。相传十日当空，造成了地球的干旱，神射手后羿张弓射落了其中九个。我们在此选用了詹锳的异体字。见《文心雕龙义证》5.149—150,注释6。

⑮ 《文选》33.1542。指的是神话中拔树的九头巨人，他能拔起九千棵树。见《文心雕龙义证》5.150—151,注释7。

⑯ 《文选》33.1543。"土伯"，传说中的神仙，三目九尾，虎首牛身。见《文心雕龙义证》5.151,注释8。

谈也。依彭咸之遗则①，从子胥以自适②：狷狭之志也。士女杂坐，乱而不分，指以为乐③；娱酒不废，沉湎日夜④，举以为欢：荒淫之意也。摘此四事，异乎经典者也。⑤

《楚辞》——尤其是屈原（公元前 340 年—公元前 278 年）的《离骚》和宋玉所作诗文——与儒家正典具有四个相似之处，也有四个相异之处。它们相近的地方在于：它们都歌颂了古代圣王的伟大，它们都均衡地使用了比兴手法，它们都表达了坚定的忠诚之心，并且提出了真诚的劝谏之言。但是，刘勰依次称为"诡异""谲怪""狷狭""荒淫"的四个要素，则使《楚辞》背离其正典先例，并且预示了汉赋的缺陷所在：它们主要在于，滥用非正典神话和破坏得当规则。故而，刘勰认为，在自古以来"文"的历史上，《楚辞》构成了一个拐点：它标志着另一种写作形式的肇始，这种写作在坚持正典模式的同时，还致力于追求意象的不同凡响和过度夸张。一种张力的历史便发端于《楚辞》，这是一种随时代变迁而不断深化的张力：一种透明的职责与获得地位的需求之间的张力。在这种张力中，文人必须保持警惕，因为，如果登顶高位的野心超过了透明的职责，文本就会沦为谄媚之辞，甚而危及皇权的立身之本。

---

① 《文选》32.1492；《文心雕龙义证》5.151，注释 10。

② 《楚辞补注》4.161；《文心雕龙义证》5.151，注释 11。与大臣伍子胥一样，屈原也逝于江水之中。与屈原一样，伍子胥也是忠臣遭到君王背信弃义的典范。

③ 《文选》33.1548。

④ 《文选》33.1549。除了部分用语来自宋玉的《招魂》以及《九章》和《九辩》，其他均出自《离骚》。

⑤ 《文心雕龙义证》5.146—148。关于"四同"和"四异"，见牟世金，1995 年，第 226—230 页。

二、装饰的伦理

与欧洲前现代时期的语言艺术一样,建康文人世界使用"装饰"隐喻,不仅是为了将"美学"之美化概念化,而且同时也是为了将"伦理""社会"和"政治"之美化概念化:一种对应帝国之德的美化。这一隐喻隐于"文"字,显于写作与手工艺的诸多比较,是有关文人知识的话语的基本枢纽之一。[①]

1. 官员的装饰

在《文心雕龙·程器》篇中,刘勰将"文士"比作"相"和"将"。二者的区别正在于装饰,文人以之为特点的装饰:

> 周书论士,方之梓材,盖贵器**用**而兼**文采**也[②]。是以朴斫成而丹雘施,垣墉立而雕杇附[③]。而近代词人[④],务华弃实,故魏文以为古今文人之类不护细行[⑤],韦诞[⑥]所评,又历诋群才,后人雷同[⑦],混之一贯,吁可悲矣!
>
> 略观文人之疵:相如窃妻而受金,扬雄嗜酒而少算(……)文既

---

① 在欧洲历史上,装饰观念不仅在视觉和造型艺术话语中,也在演讲和诗歌话语中具有核心地位。见瓦迪斯瓦夫·塔塔尔凯维奇(Wladislaw Tatarkiewicz),1980年,第165—168页。

② 粗体为本书作者所加。

③ 《尚书正义》14.208c。

④ "词人"指擅长文辞之人,包括骚赋诗词。但下一句是适用于所有"文人"的结论。后文段落证明刘勰谈论的是普遍意义上的文人。

⑤ 取自曹魏的开国皇帝魏文帝曹丕(187年—226年)写给友人吴质的一封书信,《与吴质书》:"观古今文人,类不护细行。"见《文选》42.1897。

⑥ 韦诞是著名书法家。关于韦诞的评论,见《三国志》21.602。

⑦ 《礼记正义》2.1240。该句是说所有人都重复、附和别人的话。感谢华蕾立提出的法语翻译建议。

有之，武亦宜然。古之将相，疵咎实多：至如管仲之盗窃①，吴起之贪淫（……）

盖人禀五材②，修短殊用，自非上哲，难以求备。然将相以位隆特达，文人以职卑多诮，此江河所以腾涌，涓流③所以寸折者也（……）。

盖士之登庸，以成务为用。鲁之敬姜，妇人之聪明耳；然推其机综，以方治国④。安有丈夫学文，而不达于政事哉！彼扬马之徒，有文无质，所以终乎下位也（……）。

文武之术，左右惟宜。郤縠敦《书》，故举为元帅，岂以好文而不练武哉！孙武《兵经》，辞如珠玉，岂以习武而不晓文也！

是以君子藏器，待时而动⑤，发挥事业，固宜蓄素以弸中，散采以彪外，梗楠其质，豫章其干⑥，摛文必在纬军国，负重必在任栋梁⑦，穷则独善以垂文，达则奉时以骋绩，若此文人，应梓材之士矣。⑧

华蕾立形容此文为"立场性的"（partisan）⑨。实际上，这是一篇为

---

① 春秋时期，齐国宰相管仲在获得官职之前非常贫穷。为了生存，他与朋友鲍叔牙合伙做生意，但他欺骗鲍叔牙，把钱据为己有。见《史记》62. 2131—2132。

② 詹锳对这"五材"提出了两种可能的解释。第一种指它们对应自然界的五行：金、木、水、火、土。第二种是指五种美德：勇、智、仁、信、忠。见《文心雕龙义证》49. 1885。

③ "涓流"指地位不高的人。见《荀子集解》7. 209。

④ 鲁国的敬姜用织布作比，向其子解释治国之道。见《国语集解》5. 193（《鲁语下》13）。

⑤ 《周易正义》8. 88a。该句出自《系辞》。

⑥ "梗楠"和"豫章"都是适合做梁柱的木材，故取此隐喻。

⑦ "栋梁"比喻担负国家重任的人。

⑧ 《文心雕龙义证》49. 1867—1895。

⑨ 她在一篇尚未发表的文章《文学荣誉与道德恶名：文人的仕途波折》（"Gloire littéraire et infamie morale：les aléas de la carrière des gens de lettres"）中使用该词。感谢她将此文寄送予我。

文人辩护的文章:刘勰力图证明,人们常说的文人缺陷与他们的知识特性毫无关联。盗窃、通奸和贪污,并不比大臣或将军更像是文人的过错;这些缺陷也不是产生于某种活动,就像部分人以为的那样,而是源于任何文人或将相都可能存在的德行缺失。

对文士的这种辩护,同时也是为作为活动的"文"的平反,对刘勰来说,善读和善写是为帝国效力的必要条件,正如管理部门和指挥军队的才干和能力必不可少一样。不过,这并不意味着,掌握这些知识中的任何一项技能就足以成为一名良士。鉴于每位朝廷官员都要先后承担内廷、军事或行政方面的事务,刘勰反对任何的"专业化",主张《尚书》之理想,即"全面的"(complet)理想官员,一种不缺乏任何知识的"完整的人"(homo integralis)。因此,刘勰并不赞成除了读写、别无长处的文人;但他也不认同蔑视文人知识,或者根本不具备文人知识的朝廷官员——因为,后者与前者一样,都是"不全面的"。实际上,一些宫廷供职的武人几乎不通读写,而一些文人——诸如微官末职和部分中书舍人——也写不出文采飞扬的文章。正是基于这种意义,刘勰在这里采取了一种"拥护"的态度:对他来说,文人知识增加帝国威望,"装饰"帝国,因此是应用于宫廷和行政制度中的所有其他知识的必要补充。

"士""文士""文人",这些词语之间的细微差别难以在翻译中体现出来。刘勰以为,《尚书》中的理想之士,就像一件精美"器物",不仅"实用",还兼具"华采";他既要能为国效力,又要能"美化"自己,也就是说,他同时具有管理内政、带兵出征和妙笔生花的才能。因此,在《文心雕龙·程器》篇中,刘勰使用"士"而未明确"文",是为了援引正典模式的典范权威。"文人"则意味着些许的衰退,他已经远离了《尚书》的理想,只留下文人知识的"花果",而没有树干和根茎。"文人"是肤浅的、不全面的,他或许能够写出华丽文章,却不知如何尽忠于皇帝;他保留了器物的华采,却未保留它的功用。

如果说文士没有达到儒家正典中理想之士的标准,那些知识有限、无法用精美的文章来装饰自己和国家的将相们,也就并没有更接近于典范了:尽管他们在各自的活动领域中能力突出,但他们的知识通常是不完整的。无论如何,他们都不是全面之人。有鉴于此,就像文士需要接受武器操作和政务管理方面的培训一样,将相也应该接受"文"的培训——根据刘勰的解释,这正是《尚书》要求理想之士的装饰或"华采"。只有集军事、政务和"文"这三种知识于一身的官员,才是符合圣人典范的"士"。因此,《程器》既是一篇反对"专才"的宣言,但同时,它也是一份维护文人的辩词,它控诉其他"专才"未能履行自己的职责,没有掌握管理帝国行政机构所必需的全部知识。①

2. 装饰与地位

根据刘勰对《尚书》中所用隐喻的解释,文人知识是士之"文采",就像各色花纹装饰器物一样;而文士,则像华美的器物,反过来也装饰着帝国。这其实是同一种观点的不同版本:文人知识是身之文,是国之华。②

这些地位内涵不仅是语言装饰所固有的,它们还对应于身体和物品的不同佩饰。无论是在建康宫廷社会的想象中,还是在它的实践中,任何饰物——建筑的、服装的、仪式的——实际上都是一种**地位标志**:它标志着等级、任务、特权,总之,人与人之间的地位差异。个人与其身体、用物及住宅装饰之间的这种关系由来已久,包华石(Martin Powers)已经指出,在春秋战国时期,物品上装饰的质量、数量和类型与所有者的地位密切相关。③ 中世纪中国宫廷中装饰的地位使用只是

---

① 文中的"器"暗指"君子不器"(《论语注疏》2. 2462b)中的"器"。根据阎步克(1997 年,第 285—302 页)的分析,这一表述意味着"君子"的职业恰恰不是单一的:他必须能够管理一切,并且在他所管辖的不同领域之间维持一种协调。换言之,"君子"的"非专业化"实际上是君主机构普遍事务的"专业化"。该文的讨论可追溯至马克斯·韦伯(如 2000 年,第 229—230 页)。

② 这种观点植根于中华帝国以前。它认为,个人是"器物",而"文",既是个人的"饰物",也是其地位的礼仪体现。见史嘉柏,2001 年,第 58—65 页。

③ 包华石,2006 年。

这种古老用途的发展。例如,下述即为适用于宫廷服饰的规则,尤其是用于系在身上的印绶颜色:

> 绶①,乘舆黄赤绶,黄赤缥绿绀五采。太子朱绶,诸王纁朱绶,皆赤黄缥绀四采。妃亦同。相国绿綟绶,三采,绿紫绀。②(……)

文中还列出了针对封爵官员、后宫妃嫔、皇子亲王以及其他大臣官吏和宫廷成员的规定。这些颜色的规定使地位差别显而易见。就像他们身上或住宅中的其他装饰一样,颜色从视觉上区分了皇帝、王公、后妃和大臣,从而使他们之间的等级差异一目了然。

不过,装饰不仅仅是地位的标志,正如我们所看到的,它也可以是道德优越性的标志。这种现象在帝国之前的时代就已经存在了。《论语》中有一段经典对话是这样谈论装饰的:

> 棘子成曰:"君子质而已矣,何以文为?"子贡曰:"惜乎! 夫子之说,君子也。驷不及舌。文犹质也,质犹文也。虎豹之鞟,犹犬羊之鞟。"③

此处,"君子"不仅因其地位而与众不同,亦因其行为之美、德行之礼而为人称颂。孔子及其弟子当然不会忽视地位等级,比如,遵守礼仪是建立在遵守社会角色的基础之上的。但是,"装饰"——这里很可能指礼节——对于他们来说是独立于社会地位的。正如德行不一定存在于地位更高者身上一样,装饰也属于自我道德转变的一部分,并非某一

---

① "绶"是系于宫廷成员衣服上的一种腰带。腰带上系有印章。见吴爱琴,2005 年,第 80—81 页。

② 《南齐书》17.342—343。这些规则位于《南齐书·舆服志》。

③ 《论语注疏》12.2503b 和《论语义疏》12.28a,《颜渊篇》。也可参阅程艾兰的翻译,1981 年,第 81 页。

家庭或某一社会阶层的特权。

然而，在公元 5 至 6 世纪的建康宫廷中，《论语》中的这段话有时会被单纯地从地位角度进行解读：自我装饰被视为一种与社会和制度地位相关的义务。南朝梁的皇侃在其所著《论语义疏》①中，对这段话做了如下阐释：

> 鞟者，皮去毛之称也。虎豹所以贵于犬羊者，政以毛文炳蔚为异耳。今若取虎豹及犬羊皮，俱减其毛，唯余皮在，则谁复识其贵贱，别于虎豹与犬羊乎。譬于君子所以贵者，政以文华为别。今若遂使质而不文，则何别于君子与众人乎。②

在皇侃看来，"文"或"文华"可以区分君子与凡人、贵与贱。他的注解与《论语》引段的不同之处也正是在于"文"或"文华"。子贡认为，"质"（淳质、质朴，需要进行加工和装饰）不一定与等级中的地位有关：它是一种道德基质。但皇侃却把"质"与"贵"等同起来：有待装饰的"质"，既是道德上的，也是地位上的。

这种"贵族化"解释无疑与知识、家族和地位的认同有关，也正是这种认同塑造了南朝时期建康的帝国制度。由于宫廷精英——特别是门阀士族——拥有入仕为官的权力，控制着人才的录用机制，并且规定了知识的有效标准，宫廷成员（大臣的子孙，或至多是大臣、诸王或皇帝的门生）所谓的优越性大部分来源于其家族地位。取士从制度上体现了道德品质的传承取决于门第出身这一观念。皇侃只不过证实了这种观念；但是，同时他也提醒我们，只有当宫廷成员努力展现这些品质时，这些品质才会显示出来。"质"是遗传的，"文"是生产的。对于身居高位

---

① 关于"义疏"体这种注解体例，以及皇侃生平，见梅约翰，2003 年，第 80—95 页。

② 《论语义疏》12.28a，《颜渊篇》。

者而言,这种装饰生产是必不可少的。若无装饰,君子便与贱民和"众人"无异;若无装饰,达官贵人与贩夫驺卒无异,虎豹与犬羊亦无差别。要想成为老虎,而不是弱犬,光有"皮"是不够的,还必须有一身漂亮的毛纹。换句话说:光有归属是不够的,还必须**表现**出你的归属。①

皇侃捍卫的是一种"贵族"伦理,根据这种伦理,一个既是**继承的**,又是**配得的**位置必须伴有独特的地位符号。② 而恰恰是在"继承"与"配得"之间,在"贵族"与"官僚"之间,才会产生宫廷文人伦理的巨大张力。

3. 装饰与文人知识

在皇侃那里,装饰既涉及身体和物品,也涉及空间和活动。但在刘勰那里,装饰更确切地说指的是文人知识,是士不可或缺的"文采"。因此,刘勰对《论语》中子贡所谓的动物贵贱之分,做了自己的解释:

> 圣贤书辞,总称文章③,非采而何? 夫水性虚而沦漪结,木体实而花萼振,文附质也。虎豹无文,则鞟同犬羊④;犀兕有皮,而色资丹漆⑤:质待文也。乃综述性灵,敷写器象,镂心鸟迹之中,织辞

---

① 这些社会区分的前现代形式与皮埃尔·布尔迪厄在《区隔》(1979 年)一书中描述的其现代形式,两者之间的差别在于,前者不仅建立在对体制中地位差异的明确接受之上,而且还以一种话语为基础,这种话语使得这些地位差异在伦理上适用于维护人类秩序和宇宙秩序。而现代形式虽然在社会上是明确的,却隐藏在法律平等的后面。关于 20 世纪 70 年代法国社会中生活方式的区隔运作分析,见皮埃尔·布尔迪厄,1979 年,第 189—248 页。

② 这种贵族化地位并不一定与其他尚贤式地位相矛盾。可见梅约翰,2003年,第 162—167 页。

③ 刘勰在这里使用了"文章"的双重含义:一方面,指文章或文章艺术;另一方面,指装饰。他的论点在于,装饰是文章艺术所固有的,因为表示装饰的词语本身就包含了装饰的概念。

④ 《论语注疏》12.2503b。

⑤ 《春秋左传正义》21.1866c。

鱼网之上①，其为彪炳，缛采名矣。②

该段是我们在上一章中看到的类比论述的一部分：正如虎豹以其皮毛之美而异于犬羊，花朵映衬出树木的光彩夺目，浪花塑造无形之水于有形变化中，"文"——既是写作的装饰，也是作为装饰的写作——也是"道"施展类比的自发表现之一。装饰固有于宇宙秩序中。这种观点在《文心雕龙》中并不是第一次提出，该书一开篇就已论及此点。但在这里，重点是"文"—饰所产生的分化效果，实际上，它既区分不同的生命（虎与犬），又区分这些生命所经历的不同状态（无花之树与有花之树），并由此表明，"道"施展类比的这一过程，同时也是宇宙构件的分化过程，尤其是"文"的装饰与宇宙的其他装饰之间的分化。这种分化不是中性的。装饰建立差异，而差异则使等级成为可能，无论是在人类之间，还是在非人类之间：装饰实际上是道德和宇宙优越性的符号。在不同的装饰形式中，写作的装饰——如果适度地使用——标志着君子的优越性。

因此，就像在皇侃那里一样，装饰承担了区分标志的角色。这一角色在《文心雕龙》中似乎更加深刻，因为它是由"道"的秩序自发产生的。但矛盾的是，在这里，装饰与地位之间的联系不如皇侃所认为的那般密切。其实，刘勰似乎并不关心地位区分本身：如果考虑他在《程器》篇中的论述，他的目的应该是，要将文人知识提升到君子不可或缺的装饰地位，并且要求这些知识在皇权秩序中享有特权地位。刘勰并不否认皇侃所说的地位与装饰之间的必要结合，但他似乎颠倒了二者之间的关系：他并不认为装饰是地位的补充，而是认为装饰是地位的基础。装饰不是结果，而是获取高位的合法理由之一。换言之，通过明确君子若想

---

① 也就是说，用文字表达自己的感受（"鸟迹"）并将其写于纸上（"鱼网"）。"名"同"明"。《文心雕龙义证》31.1151（注释5）。也可见宇文所安的翻译，1992年，第240页。

② 《文心雕龙义证》31.1148—1150。

被视为君子，就必须显露出来的装饰类型，刘勰将文人知识等同于一种能力：成为建康文人社会的一员所必需的最起码的知识。不是所有知识都足以证明一个人的地位是当之无愧的；只有文人知识才能做到这一点，只有写作才能证明官员配得上他在宫廷中的地位。显然，等级思想不曾改变。但重心的转移打开了一扇通向另一种等级制度的大门，一种不同于皇侃从《论语》中解读出来的等级制度：一种基于知识而非地位继承的等级制度。

在这个意义上，刘勰似乎有一种"官僚"话语对立于皇侃的"贵族主义"。他采用的——若是将他的话语推向极致——似乎是一种考官的视角，考官要求所有考生，无论其家庭地位如何，都必须掌握获得官职品阶所必需的文人知识；即使这种考试的题目无论如何都是由出身名门的"贵族"来制定的，除了那些具备成为贵族所必需的能力的人，刘勰也想不出其他"贵族"了。这种"官僚"视角当然与现代官僚制度的原则毫无关系：知识的合法性远未建立在规章制度的非人格化标准之上，而是始终由"君子"的个人标准来界定宫廷所允许的"装饰"。不过，刘勰把文人知识作为良士的必备能力，就是将这些装饰从门阀士族的一时兴起中分离出来，并将其置于一种恒定的秩序中，不再依赖于这些家族之间的关系格局：文人知识是任何官员，无论出身显贵或贫贱，都不可缺失的装饰。唯一能够保证这些装饰持续存在的是皇帝，其次是那些能够将自己的标准强加于门阀士族的王公大臣。正是从这个意义上说，刘勰比皇侃更加"官僚"。

贵族和官僚之间的对立并不像人们想象的那样泾渭分明。出身名门的文人可以被视为"贵族"，因为他继承了自己的家族地位；但反过来，他的家族又凭借其成员在帝国机构，即"官僚"机构中所处的地位而获得权力。其他人可能会在世族文人身上看到一种"官僚"；然而，就算这位文人的地位来自他在帝国机构中的品级，但他的品级仍要归功于其家族，并且他还会把入仕为官的权力传给自己的子孙后代：归根结底，他也是一位"贵族"。那么，如果一个官职既是家族的遗产，又是依附帝国行政机构的结晶，又该如何区分"官僚"与"贵族"呢？这是否意味着只有寒门人士才能成为纯粹的"官僚"？也许是。但与此同时，这些身份低微的人不过是"侍从"而已，他们依附于世家大族——或是"家"囊括了整个帝国的皇室家族，或是家庭空间与行政空间部分重叠的门阀士族。那么，如何从根本上区分"官僚"与普通仆人呢？

文人人格的某些方面使我们可以谈论"官僚"与"贵族"之间的对立，正如我们对皇侃和刘勰所做的那样。不过，若要避免因这两个观念的不当使用而引起误解，我们必须重新界定它们之间的对立关系。

三、官僚主义与贵族主义

"官僚"和"贵族"是中世纪精英研究中的常见术语，我们从社会历史的角度对它们进行定义，在这一研究视角下，建康文人或被视为"官僚"，或被视为"贵族"。通常来说，这两个术语是互相排斥的。欧洲宫廷的贵族为研究这些文人提供了范例，因而不乏可以类比之处：对血统的重视、制度上的特权、通过教育和礼仪追求与众不同，所有这些因素似乎都证明选择"贵族"一词来描述他们是正确的。一些作者还进一步明确了术语，将代表"地方贵族"的文人和代表"宫廷贵族"的文人区分开来，前者涉及的是地方的利益，后者涉及的是皇权的利益。① 但是，若以"现代官僚制度"为模型，建康文人则被描述为一群为帝国服务的

---

① 由于相关参考书目众多，我们只列出部分名字和流派。京都学派以及之后的许多日本汉学家大多谈及"贵族"。这一观点可追溯至内藤湖南。见施寒微（Helwig Schmidt-Glintzer），1989 年，第 397—425 页，特别是第 402—405 页对这一范式进行了综述；另见 1991 年，第 107—109 页。伊沛霞认为，门阀士族与其他社会中的"贵族"相似，即使它们有其特殊性；包弼德也采取了类似的视角，建议在六朝语境中将"士"译为"贵族"。见伊沛霞，1978 年，第 2 页；包弼德，1992 年，第 33 页。有关该书目的讨论，另见梅约翰，2003 年，第 156—167 页；丁爱博，1990 年，第 1—29 页。关于"地方贵族"与"宫廷贵族"之间的区别，见托马斯·扬森，2000 年，第 155 页。

"官僚"①。其实,在唐以前,中国就出现了许多"尚贤制"(méritocratiques)
话语,这些话语表明,存在着一种知识的统治(典型的"现代官僚统
治"),以及一种能力在理论上高于社会出身的现象(虽然制度的实践具
有"贵族主义"性质)。这些要素呈现出一种"迷失的现代性"②雏形,让
我们可以将建康的所有大臣和官员视为一个超前的"官僚体系"。例
如,阎步克就将中古时期的中国行政机构视为官僚制度的一个特例。
以当时的"贵族主义"为前提,他认为南朝在某种程度上比中世纪早期
的王朝更加官僚化,因为它们加强了书院和考试机构(自梁朝始,允许
自由参加考试),因而向考试制度迈进了一步。③

既然建康文人可以被描述为官僚,也可以被描述为贵族,那么,到
底应该选择哪一种术语呢? 为了摆脱这种困境,最好超越对这些精英

---

① "官僚"一词通常指两种不同模式的官员:"侍从"和真正意义上的"官僚"。
在韦伯社会学中,"侍从"与其主子(皇子、诸王、皇帝)之间是一种个人的"世袭"关
系,就好像他是其主子的"领地"管理者。见马克斯·韦伯,1995 年,第 1 卷,第
301—320 页。"官僚"则是一种完全不同的管理者:他与上级之间没有私人关系,
而是按照非人格化的章程来管理协会或社团。同上,第 290—301 页。韦伯所称
的"世袭侍从"是传统型统治所特有的,而"官僚"则出现在一种合法型统治之下。
阎步克(2010 年,第 9—10 页)就毫不犹豫地使用"官僚制"来谈论中国的帝制官僚
体系(在中文里有两种译法:"官僚制"和"科层制"),但他受韦伯的政治社会学启
发,揭示了构成这种行政管理体系的父权关系(同上,第 64—74 页)。我们将赋予
"官僚"一个特殊的含义,即忠诚的侍从,他通过服务主子使自己的知识合法化,而
不是仰仗其家族传统(见下文)。

② 关于此种看法,参见伍思德(Alexander Woodside),2006 年。他认为"迷
失的现代性"不是始于南北朝,而是唐朝。

③ 阎步克,2009a 年,第 204—222 页。姜士彬(1977 年,第 5—17 页)将"士"
分析为简单的"办公人员",无明确的归属标准。他在定义门阀士族的地位时,强
调他们在帝国行政管理中占据着优先位置,正是这使他们成为"官僚";但由于他
们在一定程度上垄断了职位,他建议将其描述为"寡头"。该词的灵感明显来自其
针对拉美精英的用法。关于他对"贵族"或 kizoku 的批评,姜士彬,1977 年,第 1—
4 页,另见同上,第 19—31 页,第 153 页,注释 1。葛涤风(Dennis Grafflin)则认为
要相对地看待门阀士族构成"贵族"这一观点(这是内藤湖南的发明)。见葛涤风,
1981 年,第 65—74 页。

的综合描述，而将"官僚"和"贵族"视为在每位文人身上都会发挥作用的两种力量。文人的人格其实是模糊、矛盾的。一些人情愿或者别无选择地采取"官僚"态度：他们永远是大臣、诸王或皇帝的忠实"侍从"。另一些人则可以采取一种更加自豪、更加自主、更加"贵族"的态度：诚然，他们是天下的君父，即皇帝的"侍从"，或者是诸王的"侍从"，但他们尤其忠于的，是自己家族的父权人物——他们自己也是其中之一。"官僚"和"贵族"通常是同一类人：只有在特定的情况下，他们才会将自己呈现为其中的一种。虽然出身高门的文人倾向于以"贵族"自居（作为文人，他们的地位取决于其家族地位），出身寒门的文人倾向于以"官僚"自居（作为文人，他们的地位取决于与上级领导之间的关系），但地位并不决定自我呈现模式的选择，归根结底，这一选择往往取决于在宫廷中的定位所涉及的利害关系。

　　自我呈现直接影响着知识在宫廷中的有效化。那些将自我呈现为"官僚"的人，会从这一定位和这些标准在帝国制度的框架内对其上级的直接效用出发，将他的文人有效化标准合法化：他首先考虑的是帝国角色，然后才是家族地位。而那些将自我呈现为"贵族"的人，则会将他们的标准合法性建立在自己的家族地位上：他首先考虑的是家族地位，然后才是帝国角色。因此，"官僚主义"和"贵族主义"指的是在宫廷中自我呈现和自我定位的两种不同策略。"主义"指的是行动者本人在面对宫廷权贵及其家人时，赋予自身言论和举止的基调，而不一定是指这些人物的既得地位，因为"官僚主义"和"贵族主义"通常共存于同一个人身上，并且根据上下级之间力量关系的特定格局所提供的可能性或限制性而表现出来。

1. 寒门人士

　　萧道成、萧赜父子——南齐前两任皇帝——以俭朴著称。在登基之前,已经权倾朝野的萧道成就曾上疏奏请缩减奢侈品开支。[①]　即位后,他便切实执行了这一政策。据说萧道成曾言:"使我临天下十年,当使黄金与土同价。"[②]他的儿子萧赜在位期间,虽然帝国的财富不断积累,但他仍保持着与父亲相同的节俭态度。然而,这种俭朴不仅仅是"物质的",更可以说,它攻击的是一切被视为"多余的"东西。所以,萧道成和萧赜也将矛头指向了文人活动,任何无法证明自己对帝国制度具有直接用处的文人活动都遭到了攻击。这两位皇帝都偏爱研究、注解和讨论正典传统:在圣人之书中,帝国的所有问题都能找到答案。而且,他们倚重"吏事",这种形式的文人知识直接满足了解决行政和制度问题的需求,实际上,这是一种最起码的知识,但对于帝国制度的日常运行来说是必不可少的。

　　因此,朝廷——以及一些王公的宫廷——都笼罩在一种俭朴节约的氛围中,正是在这种背景下,寒门人士获得了权势地位。这些人——我们已经看到——要么出身于相对富裕的家庭,但被排斥在门阀的圈子之外;要么出身于几代衰落的门阀士族(即长期不担任要职)。传统家族绝对依赖于自己的主公或领主,这些寒人为他们所鄙夷,但是寒人能保证向皇帝提供无条件的忠诚;作为交换,他们有时会积累大量财富,打破对奢华的限制。[③]　部分寒人凭借深厚的文人知识赢得尊重,从而在仕途上平步青云;但他们中的大多数人之所以能够跻身于皇室宗亲门下,是因为他们并不刻意炫耀自己的非凡学识:他们默默无闻地从事行政工作,无声无息地耐心等待机会,以便获得更具吸引力的职位。

　　这些寒人地位卑微,是建康文人世界中真正的官僚力量。在这些官僚强加的文人质朴制度下,一切知识都单纯地沦为了效忠皇帝的工具。正如我们所看到的,寒人有时在"帝王之言"的生产中发挥着核心

---

　　①　《南齐书》1.14。此文由江淹所作,收入《全梁文》36.6b。
　　②　见《南齐书》2.38—39。
　　③　比如,吕文度就是一位寒门巨富。见唐长孺,2000 年,第 567—568 页;《南史》77.1928。

作用,尤其是当他们在中书省担任中书舍人时。皇帝本身也为他们获得这些职位提供了便利:作为皇帝亲信,他们构成了抵御士族大臣的一道壁垒。起初,他们的权力是相对非正式的,但随着时间的推移,这些权力逐渐在制度上得到了体现:

> 齐初亦用久劳,及以亲信。关谳表启,发署诏敕。颇涉辞翰者,亦为诏文,侍郎之局,复见侵矣。建武世,诏命始不关中书,专出舍人。省内舍人四人,所直四省,其下有主书令史,尽用武官,宋改文吏,人数无员。①

侍郎(通常由士族文人担任)的边缘化,以及舍人属下文官的增多,都是宫廷寒人权力增长的标志,因为"亲信"一般来自声望不高或没有声望的家族。然而,对于寒人来说,尤其是担任舍人一职的寒人,有两个条件是必不可少的:一是至少要掌握行政文书的规范和风格,二是必须表现出绝对的忠诚可靠。

皇帝萧赜尤其偏好这些人物。刘系宗(419 年—495 年)就是一个有力的例证:萧赜将刘系宗的效用与"学士"的无用进行比较:

> "学士辈不堪经国②,唯大读书耳③。经国,一刘系宗足矣。沈约、王融数百人,于事何用?"其重吏事如此。④

---

① 《南齐书》56.972。

② "经国"的意义比单纯政治上的"治理"概念更加广泛:指的是根据经典传统的原则对政治和道德进行规范和调整。我们知道,"经"依据的是织布机的"经线"概念,我们经常用类比来谈论这一传统。

③ "大","认为重要",在这里具有动词意义。该句字面意思是"他们认为只有读书(或研书)是重要的"。

④ 《南史》77.1927。我们是从《南史》中摘录的此段文字,该句出自萧赜之口。《南齐书》也收录有类似段落,但称这一评论为齐明帝萧鸾所言,也并未提及王融和沈约(萧鸾在位时,王融已经去世)。见《南齐书》56.976。就像点校者在注释中指出的,《南齐书》中的该段文字属于讹误。因此,我们认为《南史》中的版本更为可靠。

　　刘系宗是寒门出身,其生平可参见《南齐书》中有关皇帝"幸臣"一章。他先后侍奉过刘宋王朝的两位皇子、南齐皇帝萧道成和萧赜,曾任中书通事舍人。提到的两名"学士",沈约和王融,均为知名文人,前者出身次等士族,后者则来自宫廷中最显赫的家族。与这两位人物相比,刘系宗简直不值一提。但萧赜却极为看重他的仕宦能力,而不是出身名门之文人的博学多才。

　　吏事在朝廷中具有举足轻重的作用,如果忠诚勤勉,又成功地赢得了皇帝或者某位王公大臣的信任,那么,只需要掌握一些必要的文人知识,就能够找到一份好的官职。然而,吏事也有其无法摆脱的局限性:侍奉皇帝左右,并非所有的写作形式都是好的。刘系宗能做到如此高位,正如他的传记所言,是因为他写得"称旨",也就是说,以宫廷文人世界能够接受的方式书写。他的书法相当漂亮①:就像上文引述的《南齐书》中所说,他属于可以撰写诏文的舍人之一。② 萧赜希望摆脱上乘门第,却不希望摆脱上乘文章——虽然它们的合法性标准终归都是掌握在门阀士族手上。遇到非常规场合,这种需求就更加迫切。实际上,在诸如庆典和仪式等情况下,皇帝不得不求助于沈约和王融之类的文人知识,因为正如司马光所言,萧赜"颇好游宴,华靡之事,常言恨之,未能顿遣"③。精美文章就属于这种萧赜既不愿意,也不可能将其完全驱逐出宫廷的"华靡之事",我们将在第六章对其进行详细说明。无论如何,漂亮的写作是必不可少的。

　　尽管如此,寒门人士始终是官僚主义的强大源泉。即使地位的归属标准与文人知识的有效化标准一样,都处于门阀士族的掌控之下;但像刘系宗这样的人手握大权,就迫使最坚定的贵族主义者,也不得不在他的文人合法化话语中保留一些官僚主义元素。因此,虽然官僚主义

---

　　① 《南齐书》37.975。
　　② 《南齐书》56.975。
　　③ 《资治通鉴》138.4333。

对门阀士族的压力只是相对的,但它还是强大到足以阻止其知识有效化原则的绝对贵族化。

2. 速度与效率

帝国行政本身的要求和寒门人士执掌的权力,迫使高等士族和次等士族不断想起自身贵族主义的官僚起源:他们的知识不仅从家族和个人声望中获得合法性,也从他们在帝国机构中曾经扮演的——以及仍在扮演的——角色中获得合法性。事实上,这些家族的权威建立在一种为国效力的传统之上。他们知识的官僚渊源与他们的贵族主义并不矛盾,反而强化了这种主义:这些家族的成员通常将自己的知识视为家族和个人的遗产,并且以此为荣,声称自己的素养可以通过为皇权服务来加以衡量,他们吹嘘自己的"才"(指才华,一种神秘的、使他们凌驾于其他人之上的个人技巧)和"能"(指能力,一种能够履行帝国行政机构所要求的职责的技能)。区别在于知识的有效化方式:对于寒门人士来说,只有当知识被证明对帝国制度有用时,它才是有效的;而对于士族子弟来说,知识之所以对帝国制度有用,正是因为它带有贵族的光辉。门阀士族人格面貌中的这种官僚元素会根据局势的变化而加强或者削弱。随着南齐王朝的巩固,这种元素逐渐得到了强化。

快速、高效的写作就是一个典型的例子,它是固有于门阀贵族主义中的一种官僚主义元素。又快又好的写作能力带着官僚主义色彩:书写时间越少,行政效率就越高;但这种能力同时也具有贵族主义性质,因为文人世界认为,写作是一种使自己有别于普通人的知识。我们已经看到,王公大臣的文书多请任昉拟写,不仅是因为他写得一手好文章,还因为他:

起草即成,不加点窜。[1]

---

[1] 《梁书》14.253。

而王融:

> 文辞辩捷,尤善仓卒属缀,有所造作,援笔可待。①

在这两种情况下,写作速度既是一种天赋,也是一种能力:它被认为是出身名门的文人的"贵族天赋",于主子有用的官员的"官僚能力"。就这两位士族文人而言,写作速度并不与吏事相混淆:因其为上级提供了效率保障,所以它具有官僚精神,但它同时又作为地位的装饰而被贵族化。

范云的例子进一步为门阀贵族主义所固有的这种官僚主义提供了线索:

> 年八岁,遇宋豫州刺史殷琰于涂,琰异之,要就席,云风姿应对,傍若无人。琰令赋诗,操笔便就,坐者叹焉。当就亲人袁照学,昼夜不怠。照抚其背曰:"卿精神秀朗而勤于学,卿相才也。"少机警,有识具,善属文,便尺牍②,下笔辄成,未尝定稿,时人每疑其宿构。③

在范云这里,速度没有局限在行政这一个领域中:他写诗和作文的速度都同样让人钦佩。这两种才华预示着他将来会踏上官宦之路。事实上,范云具有"相才":不是刘系宗那样的大臣,而是具有家学渊源、官职与地位相匹配的大臣。速度与官职的这种直接关系表明,这种素养的完全贵族化,即才华和官职之间的完全脱节,不会发生在门阀成员身上。

---

① 《南齐书》47.823。我们认为"待"意为"交付、交出"。
② "尺牍",字面意思是"木简",代指"书写"。
③ 《梁书》13.229。

3. 裴子野的时间管理与官僚主义

速度问题就是一个时间的问题：必须快速书写以使行政沟通更加高效。但是，正如速度转化成了一种地位的归属符号，官员的时间也成为思考的对象，有时很难将官僚主义与贵族主义区分开来。出身名门的文人不区分工作与休闲：对他来说，书写既是工作也是休闲。那么，他应该如何度过一天呢？他应该把时间花在书写精美文章上，并由此提高自己和家族的声誉吗？还是相反，他应该优先考虑自己主公的紧急需要，凡事以有益帝国制度为重呢？对这些关于文人时间支配问题的回答，在大部分情况下都表明，门阀士族的贵族主义是无法摆脱一些官僚主义元素的。

对于裴子野——出身著名的史学世家河东裴氏——来说，文人应该全身心地投入一种我们可称之为官僚的培养中：他不应该把时间浪费在一些活动上，即使是非常重要的活动，也会分散他为国效力的精力。他的这一观点是在《雕虫论》中提出的，收录于《宋略》，①我们在上一章中曾引用了该文的部分内容。杜佑（735 年—812 年）在《通典》中引用了此文，并附有简短的引言。这段引言说，刘宋明帝在位时，朝臣无论是否精通读写，在应邀入朝赴宴时都要赋诗一首。可想而知，在这

---

① 《雕虫论》对汉朝灭亡后，尤其是刘宋以来的宫廷风气进行了批判。虽然该文的写作年代仍有争议，但根据林田慎之助（1982 年，第 230—234 页）非常详细的论证，我们可以肯定它是裴子野在齐朝末年所著《宋略》中的一部分。关于该文的创作时间和创作背景，见托马斯·扬森，2000 年，第 139—140 页；华蕾立，2000 年，第 230—234 页；田晓菲，2007 年，第 138—140 页。这篇文章通常被认为是一篇"文学评论"。杜佑在他的《通典》中重构了这一评论的背景：他将其纳入《选举论》中；如果我们赞同此种假设，认为该文为《宋略》节选，那就必须假定杜佑有机会得到一本《宋略》（《新唐书·艺文志》中确实提到了《宋略》；见《新唐书》58.1460），他在确定裴氏文章的定位上具有得天独厚的优势。所以，《雕虫论》应被视为对宫廷文人风气的批判。后来的《文苑英华》将其视作对"文"的讨论，就没有违背这一事实：对文人风气的批判可以脱离其语境，而不会失去其与官员伦理的密切关系。见《文苑英华》742.1a—2a。

些聚会上,每个人都承受着巨大的压力。为了不在皇帝面前丢失颜面,
一些大臣有时会花钱买诗,但大多数宾客——出身士族的文人——都
会长期练习写诗,以便提前准备应对这种场合。裴子野的文章就抨击
了当时在宫廷中形成的这种文人风气:

> 宋初迄于元嘉,多为经史;大明之代,实好斯文。高才逸韵,颇
> 谢前哲,波流同尚①,滋有笃焉②。自是闾阎少年,贵游总角,罔不
> 摈落六艺,吟咏情性。学者以博依③为急务,谓章句为"专鲁",淫
> 文破典,斐尔为曹④;无被于管弦,非止乎礼义,深心主卉木,远致
> 极风云,其兴浮,其志弱,巧而不要,隐而不深,讨其宗途,亦有宋之
> 遗风也。若季子聆音,则非兴国⑤;鲤也趋室,必有不敢⑥。荀卿

---

　　①　我们认为,"逸"("自然流畅、不受拘束")和"韵"("作韵")这两个动词与
"同"("共同")和"尚"("增加")形成对偶。正是这种平行结构得以确定这两对词
语的动词意义。

　　②　"滋"在这里有"丰富""繁殖"或"增添"的意思,我们取名词形式的"湿润、
浸润"之意,以延续波浪的意象。

　　③　《礼记·学记》亦云:"不学博依,不能安诗。"见《礼记正义》36.1522b。郑
玄注:"博依,广譬喻也。""博依"的字面意思是"广为比喻"("依"应读作三声)。

　　④　"为曹"字面意思是"担任管事之职",即掌管分科治事的官署或部门主
管。这里为隐喻手法,装饰"为曹",即指装饰主导文章创作。《文苑英华》中的变
体"为功"也指的是装饰的核心地位:在这种用法中,装饰被认为是文章艺术的真
正"贡献"(或真正的"功绩")。

　　⑤　季札(公元前576—前484年)能够通过音乐推测一个国家的运势。见
《史记》31.1452。裴子野的意思是,如果季札复活,听到刘宋时期的音乐(也就是
它的诗歌),会说这是帝国衰败之相。

　　⑥　《论语注疏》16.150。《论语·季氏》中,孔子在庭院里站着,他的儿子伯鱼
两次从父亲身边走过。第一次,孔子把他叫住,问他学过《诗》没有。由于他没有
学过,孔子便让他去学《诗》。第二次,孔子问他学过《礼》没有。由于他没有学过,
孔子便又让他去学《礼》。在裴子野看来,当时的文人应该与孔子的儿子一样学习
《诗经》和《礼记》。

有言:"乱代之徵,文章匿采。"①而斯岂近之乎?②

　　"浮""破典"、缺乏深远志向、蔑视经籍注释,裴氏认为,这些都是在刘宋明帝的施压下,盛行于宫廷中的恶习。在这些批评中,既有上一章已经探讨过的透明问题,也有时间的问题:"雕虫"必然导致时间的浪费,因为文人们整日钻研文笔的修饰,而忽视了对经书典籍的研究。因此,批判的焦点既在于装饰过多,也在于用于装饰的**时间**过多。

　　如果不结合裴子野关于官员选拔的论述来读,就无法充分理解这些批评的意义。如下文所示,该文极有可能也出自《宋略》:

　　　　官人之难,先王言之尚矣。居家③视其孝友,乡党④察其诚信,出入观其志义,忧难取其智谋。烦之以事,以求其理;临之以利,以察其廉。周礼,始于学校,论之州里,告诸六事⑤,而后贡于王庭。其在汉家,尚犹然也。州郡积其功能,然后为五府⑥所辟;五府举其掾属,而升之于朝;三公参其得失,除署,尚书奏之天子。

———————

　　①　《荀子集解》14.385。

　　②　《通典》16.389—390 页。该文有其他西方语言的选译本和全译本。法文选译本见华蕾立,2000 年,第 233 页。德文全译本见托马斯·扬森,2000 年,第 140—142 页。英文选译本见马约翰(John Marney),1976 年,第 165—169 页;康达维,2001 年,第 1 卷,第 14 页。

　　③　"居"应读作三声。"居家"指"举家、全家"。

　　④　据郑玄(127 年—200 年)记载,周朝时,12500 户人家组成一个"乡",500 户人家组成一个"党"。见《通典》3.55。这里的"乡党"在广义上使用,取"地方"之意。

　　⑤　假如周朝的用法与夏朝一样,"六事"(掌管军事的六位大臣)则指"六卿"(六位大臣)。见《尚书正义》7.155c。"六卿",亦称"六官",是六大重要官府机构的统称,包括天官(吏部大冢宰)、地官(户部大司马)、春官(礼部大宗伯)、夏官(兵部大司马)、秋官(刑部大司寇)、冬官(工部大司空)。见贺凯(Charles Hucker),1988 年,第 318 页,词条"Liu Kuan"。

　　⑥　"五府"即五种官署的合称。汉代称"太傅""太尉""司徒""司空""大将军"为"五府"。见《后汉书》36.1243 的注释。

一人之身,所阅者众;一贤之进,其课也详。故能官得其才,鲜有败事。①

裴子野认为,这种选拔和晋升的模式保证了帝国官员的可靠性,因为它从整体上考虑到了一些基本方面:孝道、诚信、可靠、能力。这就是汉代仍在使用的选拔制度。当时,主管官员对参选者的工作得失进行细致、直接的考察,而诸如孝道等在官府内部较难评估的德行,则由家庭和地方社会进行监督。然而,这种个人化的评价形式在王朝覆灭后发生了重大变化:

> 魏晋易是,而所失弘多。夫厚貌深衷,险如溪壑;择言观行,犹惧弗周。况今万品千群,俄折乎一面;庶僚百位,专断于一司。于是嚣风②遂行,不可止也。已击毂攘袂,填彼寺台,求者干进,以务必得③,加之以谄黩。吏曹按阀阅而选举,不遑访采于乡邑。父诲其子曰:“不索何获。”兄励其弟曰:“努力窥窬。”无廉耻之风,谨愿之操。官邪国败,而不可纪纲。④

魏晋时期,古代模式遭到破坏,这或许与不再对参与朝廷选拔的人进行面对面的实地考察有关。近代王朝没有像古代和汉朝那样,将选拔权力下放并委托给参选者的直属上级,而是将选拔和晋升的决定权全部集中在吏部。而吏部官员对参选者以前的所作所为只有一个模糊

---

① 《通典》14.334。

② “嚣风”可理解为“喧嚷干进之风”:它指职位候选人之间的竞争。此处,我借鉴了胡三省在《资治通鉴》中为本文节选所作注释。见《资治通鉴》128.4037。

③ 此典故出自《离骚》中的诗句:“既干进而务入兮,又何芳之能祗?”指屈原在楚国朝廷的政敌子兰(生卒年不详)和子椒(生卒年不详)争相钻营,野心勃勃。见《文选》32.1504。

④ 《通典》14.334。

的概念；在选拔或晋升的时候，他们仅仅是看了参选者"一眼"，就要根据中正官的浅显评语，或者参选者的家世门第（"阀阅"）做出决断。裴子野虽未直说，却明显是在抨击九品中正制，这种"品评"制度——正如我们在本书第一章中详细阐述的——在南朝的选拔方式中占据主导地位。[①]

换句话说，裴子野认为，选拔的主要问题在于考察参选者时所采取的媒介类型。由于缺乏面对面的考察机制，吏部官员不得不借助于诸如中正官、品状材料、参选者的家世等间接性的来源。在他看来，正是在这种背景下，写作和言语才在选拔中超常地发挥着决定性作用：吏部的决议即便不是依赖于中正官的简要评语，那也是依赖于参选者的**所说**或**所写**。参选者从前在较低职位上、在当地或家庭中的作为就不再重要，虽然正是在这些情景下才能更好地了解一个人的品质。语言媒介变得无所不能：华丽文章或绝妙口才可能成为任用一位险恶之人或无知之人的依据。

在裴子野看来，基于（书面或口头的）优美语言所建立的选拔制度会对帝国秩序造成威胁，他对过度装饰的批判就与这种威胁有关：如果言语和文章是评价参选者的唯一标准，那么他们真正的优点就被忽略了。对文人装饰的批判，同时也是对选拔实践的批判。吏部分析的是字词，而不是人；是表象，而不是德行。刘宋明帝对诗歌的过分嗜好，加剧了参选者身上这种装饰与德行相互分离的趋势；文章，与普遍言语一样，已经成为纯粹的消遣对象。真诚的言语面临着消失的风险；随之而来的，是参选者的透明度也受到质疑。为了解决这一问题，裴子野含蓄地建议，取消文字这种危险的媒介作用，回归对参选者的个人化考察，并且促进经学典籍的研究。毫无疑问，这些批评中存在着一些贵族主

---

①　从这个意义上说，我们无法认同托马斯·扬森的观点。他认为，裴子野的这篇文章是为九品中正制进行辩护。见托马斯·扬森，2000 年，第 156—160 页。

义元素:我们将在第五章中说明,它们表现了一种力图重振河东裴氏家族传统的尝试。但这些话语显然是官僚主义式的。裴子野没有提及知识的家族渊源,也拒绝相信"外表":必须确保参选者的条件符合加入帝国机构的要求。援引的标准是透明规则和经籍权威;在机构实践中仍然重要的门第出身则被摒弃。

在写作的使用方面,只要尝试重构裴子野思想的具体实践,他的立场复杂性就能一目了然。他的杰作《宋略》本身就是史学领域的典范之作。这部著作没有遵循司马迁所开创的王朝史模式——沈约的《宋书》就借鉴了这种模式。相反,按照刘知几(661年—721年)的说法,它承袭了司马迁之前的史学传统,也就是《左传》的春秋叙事传统。作为一部准经学典籍,《左传》提供了有关礼仪、伦理和政治问题的范例;它以道德模型——以褒贬评判——为中心展开叙事,而不是围绕趣闻轶事本身;而且,不同于司马迁《史记》传统中以人物传记为主的叙事组织方式,《左传》沿用了《春秋》的编年体结构,提供了一个整体视角,能够更易于理解事件的道德寓意。① 如同帝制中国时期的大部分史书一样,《史记》所开创的传统也被认为是通过褒贬论断来确定道德的楷模。但它的叙事类型从一开始就倾向于趣闻轶事。

裴子野的写作风格(史学风格或其他风格)被时人称为"法古":一种"仿古"或"以古为尊"的风格。② 从体裁、所选主题以及现存的片段来看,如果《宋略》得以完整保存,很可能会为我们提供一个绝佳的例证。这种风格似乎并未真正与装饰本身决裂:现存片段中优美的骈体文就表明,裴子野不但没有排斥装饰本身,实际上还继承了贵族的装饰性书写传统。同时,"仿古"也表达了一种官僚主义的忧虑。如果说裴

---

① 因此,《隋书·经籍志》将《宋略》所属的史学传统称为"古史"。见《隋书》33.958。关于《宋略》的深入分析,见马艳辉,2007年,第28—32页。关于《左传》的组织结构、价值意义、叙事技巧分析,见戴梅可,2001年,第275—289页。

② 《梁书》14.443。这种风格可能是晚唐"复古"思潮的先声;但直到这一时期,这种"复古"才建立在对战国和汉代散文的真正模仿之上。

子野立志创造一种直接承袭圣人传统的文体,不仅是因为他仰仗过去的圣人来反对现在的贵族,也不仅是因为他想在写作中摒弃过度装饰的多余媒介;还因为他借力于透明和效率——两种彻底的"官僚主义"德行,因为它们所基于的理念是,必须高效地处理行政事务,必须对君主无所隐瞒。于裴子野而言,这两种德行是密不可分的。当被问及何以能够如此迅速地写出文章时,他回答说:"人皆成于手,吾独成于心。"①他的文章就是他心中所想的如实反映,所以他能够快速地将其付诸书面,不会让君主等待:效率与透明是不可分离的。因此,他的写作风格带有一种透明官员的官僚理想,他将自己写作的素雅装饰建立在坚实的德行之上。

4. 沈约的官僚主义

一些中国文学史著作将裴子野视为"保守主义者"。这并非毫无根据的偏见,而是源于裴子野生前或死后不久受到的某些批评。例如,时太子萧纲(梁简文帝,503 年—551 年;549 年—551 年在位)就曾给予以下严厉定论:

> 时有效谢康乐、裴鸿胪文者,亦颇有惑焉。何者?谢客吐言天拔,出于自然,时有不拘,是其糟粕;裴氏乃是良史之才,了无篇什之美。是为学谢则不届其精华,但得其冗长②;师裴则蔑绝其所长,惟得其所短。谢故巧不可阶,**裴亦质不宜慕**。③

萧纲的这一观点并不奇怪:他推崇沈约和"竟陵八友",他们正是现

---

① 《梁书》30.443。

② "冗长"在这里是"过度"的意思。见《文赋集释》,第 99 页,注释 19(第 122 页)。

③ 《梁书》49.690—691。粗体为本书作者所加。

今所称"永明体"的开创者。① 而裴子野本人所作《雕虫论》似乎处在永明体的对立面上；他猛烈抨击的"刘宋之风"实际上指的就是沈约及其团体的文人活动。不过，裴子野未必如萧纲所说的那样"质朴无华"；他也并非如文学史所称的那样，是一个不了解当世问题的盲目复古者。后一种描述其实是从守旧派与趋新派之间的现代分歧中受到的启发，与古人之间的冲突表述毫无关系。如果与欧洲现代性进行比较，可以说裴子野的尝试类似于意大利人文主义者模仿古典拉丁文的革新冲动。他与拒绝接受新世界之现实的现代保守主义者几乎没有共同之处。

若与沈约相比，裴子野确实显得"保守"：沈约讲"抒怀"，裴子野讲"拟古"。一个追求新变，一个注重旧体。② 沈约其实关注于寻找文人知识的新形式：他不仅探索诗赋（尤其是骈文）中的韵律之美，还考察普遍的文体问题，比如，他提倡文章"三易"：易见事，易识字，易诵读。③ 在裴子野看来，这些思考是对时间的浪费，是对圣人传统的轻视；而沈约却将它们置于文人知识的核心地位，正如我们所见，他认为所有文人知识都要以声律规则为基础：

> 夫五色相宣，八音协畅，由乎玄黄律吕，各适物宜。欲使宫羽相变，低昂互节，若前有浮声，则后须切响。一简之内，音韵尽殊；两句之中，轻重悉异。妙达此旨，始可言文。④

怎么能无视这些类似于宇宙秩序的规则呢？这种对声律的关注与

---

① 萧纲认为沈约是当时最出色的诗人之一。在上述所引萧纲写给萧绎的信（《与湘东王书》）中，他称沈约、谢朓、任昉和陆倕是"文章之冠冕，述作之楷模"。见《梁书》49.690。

② 见周勋初，2000 年，第 79—102 页。

③ 葛晓音，2007 年，第 187 页。见《颜氏家训集解》4.253。

④ 《宋书》67.1779。

裴子野提倡的"拟古"背道而驰：不仅因为"法古"，即按照正典模式塑造文体，否认了圣人传统中存在着一种，如沈约所言，只能靠大胆推测来猜想的"秘密"，还因为声调对应的要求，对于像裴子野这样成文"于心"的人来说，实在过于复杂。直至当时，沈约和裴子野的话语操作存在着难以调和的差异。

但若细究起来，裴子野和沈约的相似之处在于他们有一个共同的敌人：那就是九品中正制加诸于宫廷的过度的官僚主义。沈约在《宋书》中是这样说的：

> 汉末丧乱，魏武始基。军中仓卒，权立九品，盖以论人才优劣，非谓世族高卑。因此相沿，遂为成法。自魏至晋，莫之能改，州都郡正，以才品人，而举世人才，升降盖寡。徒以冯借世资，用相陵驾，都正俗士，斟酌时宜，品目少多，随事俯仰[①]，刘毅所云下品无高门，上品无贱族者也。岁月迁讹，斯风渐笃，凡厥衣冠，莫非二品，自此以还，遂成卑庶。周汉之道，以智役愚，台隶参差，用成等级。魏晋以来，以贵役贱，士庶之科，较然有辨。[②]

按照沈约的说法，原本可以识别优秀人才的九品中正制退化成文人知识的贵族合法化制度：在质疑面前，起决定作用的是地位的合法性。周朝和汉朝的制度源自圣人教义，注重才华和能力，但自魏晋起，知识成为附庸于参选者家族地位的次要因素。这样，人就被划分成了两类，中间隔着一条几乎无法逾越的鸿沟；这种划分在周朝是不被允许的，它使出身低微的有才之士在现实中无法得到赏识。与裴子野一样，沈约也借鉴了周、汉的理想模式来抨击建康的贵族式选拔制度。

---

① 李善的注释表明了这段话的可能含义。他说，因为参选者之间的才华差异并不悬殊，所以中正官根据他们的出身加以区别，而没有真正考虑他们的个人才能。见《文选》50.2223。

② 《宋书》94.2301—2302；《文选》50.2223。

不过,沈约的官僚主义论据也如裴子野一样,没有完全打破高门的贵族性质。正因如此,他对皇帝的"幸臣"展开攻击,也就是像刘系宗这样忠心侍奉君主以换取有利地位的寒人:

> 孝建泰始,主威独运,空置百司,权不外假,而刑政纠杂,理难遍通,耳目所寄,事归近习。(……)人主谓其身卑位薄,以为权不得重。曾不知鼠凭社贵,狐借虎威①(……)

沈约吸收了士族官员裴氏的偏见,认为这些"官僚"不仅不配担任要职,还对帝国秩序构成了威胁。这段话充实了我们对于沈约的描绘:它揭示出一个出身次等士族(南方武将之家),在宫廷精英中处于中间地位的文人形象。沈约试图表明自己与那些只能靠吏干以求进身的寒人之间的距离;他从外部审视他们;他在声律规则中明释圣人知识,他不属于这些谄媚官僚的阴暗世界。② 相反,他更加欣赏其他地位低微之人,比如刘勰和吴均(467年—520年)这种顺利成为文人的人。③ 但是,在这些具有贵族倾向的偏见后面,是沈约对九品中正制所造成的贵族化的批判:他主张知识与地位相互对立。沈约希望通过这种方式防止贵族化和徇私舞弊破坏制度的运作。处于等级中间层的他,一方面,将知识的官僚主义与地位的贵族主义对立起来;另一方面,将**他的**知识的贵族主义与吏事的官僚主义对立起来。

---

　　① 《宋书》94.2302;《文选》50.2224。最后一句见《战国策》14.482;《韩非子集释》13.310。

　　② 沈约"贵族式"反应的另一佐证:梁朝初期,他建议校正谱牒,以防止寒门冒充士族。关于这段故事,见田晓菲,2007年,第35—38页。

　　③ 见《梁书·文学》篇。其中有不少例子都是文人的才气通过沈约的评论才得以发现或者证实。沈约的评论有时难以确定时间,但似乎他在齐末就已经极力称赞诗人吴均了(《梁书》49.698)。显然,正是由于沈约对刘勰的《文心雕龙》赞赏有加,他才获得了文人的美誉(《南史》50.712)。吴建辉(2000年,第32—33页)简要分析了沈约何以凭借这种包容态度成为齐梁文坛领袖。

因此,尽管沈约和裴子野代表了两种不同形式的文人知识,并且以不同的方式为后世提供启迪(前者促使南朝梁出现"宫体",后者推动了梁朝的经学和史学研究以及唐朝的"复古"思想),但是,他们的相似之处在于,他们都取用了士族人格风貌中的部分官僚主义元素,来反对官员选拔和晋升实践中的贵族主义。从这个意义上来说,他们两位都是伟大的革新者——这并不矛盾——想要从圣人知识中汲取养分以重振文人世界和帝国制度。即使他们仍未脱离贵族的条件反射,将自己与那些不具备文人知识合法形式的人区分开来,他们也还是有力地彰显出了官僚对知识高于地位的殷切期盼。

5. "贵族主义":家族与个人

最"纯粹"的贵族主义形式通常存在于高等士族成员中:对于他们中的一部分人来说,问题不在于证明他们的文人知识对于帝王的效用性,而是强调他们的家族传统本身就具有价值。一言以蔽之:文人知识与家学渊源旗鼓相当。王俭的侄子王筠(481年—549年)①是这样论述的:

> 与诸儿书论家世集云:"史传称安平崔氏及汝南应氏,并累世有文才,所以范蔚宗云崔氏'世擅雕龙'。然不过父子两三世耳;非有七叶之中,名德重光,爵位相继,人人有集,如吾门世者也。"②

在这里,关键不是要质疑一个人对于皇权的贡献,而是要表明他具

---

① 王筠是王僧虔之孙,其父王楫是王俭的从兄弟。《梁书》33.484。
② 《梁书》33.486—487。

有一种植根于优良传统中的内在优越性。① 排除王筠在其他语境中可能会发表的言论,这封书信以最纯粹的形式展示了门阀士族的贵族主义:他们根据杰出人物的数量来衡量自己的相对价值,正是这些人物为他们建立了声誉。官僚话语——基于我们在此赋予这个词的意义——会从一个文人对宫廷权贵,尤其是对皇帝的贡献出发来谈论他的个人功绩。而王筠的贵族话语则将功绩视为传统和集体的体现:它是同一家族世世代代培养的德行和知识在一个人身上的凝结。因此,建康社会隐含地表现为一个由不同家族构成的整体,这些家族因其各自的传统内在价值不同而具有不同的等级地位,而帝国的秩序及其自身的行政等级,则不过是家族之间等级秩序的结果和制度体现。正是出于这个原因,王筠才不厌其烦地回顾琅邪王氏过去的功绩:他需要证明,无论某些家族当下的功绩如何,他的家族在帝国秩序中仍然保持着传统的优越性。②

不过,贵族主义不可能永远保持一种绝对纯粹的状态,因为,不仅家族地位的官僚起源迟早会在话语中重现,而且王筠所说的贵族功绩也会遭遇集体功绩与个人功绩之间的矛盾。当知识和德行被视为家族

---

① 在书信中明确提出这一点并要求恢复家族传统,这或许是衰落的征兆:如果家族还保留着过去的特权声望,又有什么必要明确提出呢? 毫无疑问,这是一种回应,回应所有将琅邪王氏与其他名门望族相提并论的人。王筠在梁朝写这封信的时候,正如周一良所解释的,大部分门阀士族,包括琅邪王氏,都失去了他们的权力(即使他们没有失去其威望)。见周一良,1997 年,第 345—346 页。

② 因此,功绩观念——从通过努力换取回报的意义上来说——起源于贵族:门阀士族因其最杰出成员的功绩而获得自己的地位。所以,应该说官僚功绩就是贵族功绩的个体化:它以个体努力取代家族努力,最终抹杀了家族使这些努力获得相对价值的作用。但是,官僚功绩,至少在某些情况下,仍然是贵族的,因为它建立在社会区隔的基础之上。这也是皮埃尔·布尔迪厄在《国家精英》(1989 年)这部著作中的主要观点。因此,正如钱穆在谈及帝制中国时期的"士人政府"时所指出的,对功绩的强调并不是一个可以使"平民"进入政府,具有民主气息的因素,相反,精英们认为"配得"的地位最终取决于家族的声望和父亲在帝国行政机构中的地位。见钱穆,2001 年,第 124 页及其下;对这一观点的另一种批评,见阎步克,2010 年,第 408 页。

传统的遗产和子孙后代的财富时,家族成员的努力不过是集体努力的自然结果:他不过是在家族提供给他的知识和德行的驱使之下,遵循自己的秉性倾向,随心而行,随性而为。根据这一原则,家族成员在必须向他人证明自己确实拥有这些成就之前,就已经拥有了它们。然而,在实践中,门阀士族的成员并不是总能成功地让人相信他们的优越性,因为,尽管他们确实享有特权,可以获取宫廷社会中最负盛名的知识,尤其是在门阀士族相对封闭的圈子里定义的文人知识,但传承和学习从来都不是完全有保障的。失败的风险并不大,却实实在在地存在。家族的地位——除了传统问题——实际上还取决于男性在行政机构中的地位(正是他们将入仕为官的权利传给自己的儿子),所以,一个成员的失败不仅有损于整个家族的声望,从长远来看,还会危及家族的地位特权。因此,既然家族的命运与每个成员的命运都息息相关,那么,贵族话语就可以颠倒家族功绩与个人功绩之间的关系:个人功绩是家族功绩的结晶,而家族功绩反过来也是个人功绩的结晶。在对法国精英大学的研究中,布尔迪厄就谈到了这种双重性,他的表述方式让我们联想到贵族功绩的这种来回往复:"一个人生而高贵;但他是变得高贵的。"①要成为显贵,仅仅出生在名门世家是不够的,还必须通过个人努力,证明自己有能力达到这种地位的要求。② 家族功绩与个人功绩之间的这种差异,在建康文人世界,可以避免一个成员的失败摧毁整个家

①　皮埃尔·布尔迪厄,1989 年,第 156—157 页。

②　也许应该从这个角度来解释中古中国关于"才"与"性"之间关系的讨论。这种二分法一直争论不休,但尚未得出一个确切答案。围绕这一焦点展开了先天与后天之间的关系探讨:万物是先天而成,还是后天打造? 后天与先天具有密切关系,还是后天是独立形成的,无需先天品质的帮助?《世说新语》中的一段著名论述指出了"才"与"性"之间的四种不同关系:"才性同";"才性异";"才性合";"才性离"。见《世说新语浅疏》4. 230。这场争论从汉末一直持续到唐代,关于其政治基础,见唐长孺的经典文章,2000 年,第 285—297 页。另见林童照,1995 年,第 51—71 页;高德耀(Robert Joe Cutter),2001 年,第 53—73 页;陈金樑(Alan Chan),2003 年,第 101—159 页;梅约翰,2003 年,第 97—104 页(后者谈论了皇侃的人性论,它是南朝玄学永恒观的一个例子)。

族的传统名望;但它并不足以彻底摧毁贵族话语中,个人与家族之间的这种相互依存的关系。

个人与家族的差异造成了门阀士族之间的部分冲突。南朝最常见的博弈之一,即南北家族之间的关系博弈,通常就是根据这种差异来进行表述的,但这种差异,有时是以明确的方式,有时是以隐含的方式出现在行动者的话语中。① 南方家族与北方家族之间的冲突可以追溯到东晋在建康建国初期。众所周知,自那时起,南方家族就沦落到一个相对从属的地位,而北方家族,比如建康最重要的家族琅邪王氏,则占据了帝国最重要的位置。来自南方家族的丘灵鞠与琅邪王氏成员王俭之间的争论,就很好地说明了这些士族博弈中个人与家族之间的来回往复。②

> 灵鞠好饮酒,臧否人物③,在沈渊座见王俭诗,渊曰:"王令文章大进。"灵鞠曰:"何如我未进时?"④

丘灵鞠的批评首先是私人化的:这是他个人针对王俭的批评。乍看之下,他的怨恨似乎来自王俭在诗词创作上并不比他强;但事实上,根源在于南北士族之间的长期博弈。王俭蔑视江东士族尽人皆知;他赏识这些家族中某些文人的个人才能,但又经常不由自主地认为他们在地位上低人一等⑤:

---

① 关于南方家族与北方家族之间的冲突,见刘跃进,1996 年,第 51—59 页。
② 关于王俭打压江东本土人士,见王平(Wang Ping),2012 年,第 233—235 页。关于南朝宋齐之际,南方士族在建康宫廷遭受歧视,见周一良,1997 年,第 58—68 页;田晓菲,2007 年,第 30—33 页。周一良从更加广泛的南北之争的角度分析了王俭与丘灵鞠之间的互嘲,见周一良,1997 年,第 102—115 页。
③ "臧否人物"(字面意思是"褒贬人物")是品鉴学实践的一个常用表达。
④ 《南齐书》52. 890。
⑤ 需要提醒的是,北方士族的地理位置在这里是虚构的,因为他们的故土在当时处于北魏的统治之下。

时帝欲用绪为右仆射，以问王俭。俭曰："绪少有清望，诚美选也。南士由来少居此职。"褚彦回曰："俭少年或未忆耳，江左用陆玩、顾和，皆南人也。"俭曰："晋氏衰政，不可为则。"①

晋朝之"衰"正是因为任用了太多南人：这些人或许有些才华，却比不上北人，这也就解释了为何王俭会认为他们极少担任尚书仆射这样的要职。丘灵鞠对这种轻视，更广泛地说，对北方士族的特权尤为敏感：

灵鞠不乐武位，谓人曰："我应还东掘顾荣冢。江南地方数千里，士子风流皆出此中。顾荣忽引诸伧辈度，妨我辈涂辙，死有余罪。"②

丘灵鞠在此回顾了他眼中南方士族一切不幸的起点：江南士族的佼佼者顾荣（？—312 年），拥护北方豪强南渡长江，定居江东的那一刻。顾荣推动两岸士族达成相互妥协，使得司马睿（晋元帝，276 年—323 年；318 年—323 年在位）能够在建康巩固他的帝国。但是，这种妥协同时也是不平等的肇始。

丘灵鞠用这一史实来为他对王俭的怨恨开脱。实际上，如果我们仔细分析他出此愤言的来龙去脉，就会发现他又一次把矛头对准了王俭：丘灵鞠怀疑是王俭作祟将他调任武职。因为，一年前，也就是公元 483 年，丘灵鞠仍居东观祭酒；但公元 485 年，王俭领国子祭酒时，总明观被废除，取而代之的是开设在王俭府邸的"学士馆"。丘灵鞠不情不愿地当了骁骑将军，他认为此举是国子祭酒的阴谋。因此，他是出于嫉

---

① 《南史》31.809；也见《梁书》21.328。因为王俭的这番言论，张绪没有得到这份官职。关于这一情节及其所表现的南北士族冲突，见王平，2012 年，第 234—236 页。

② 《南齐书》52.890。

妒才将自己与王俭的诗文进行对比：在他看来，自己比王俭更胜一筹，但王俭却因出身琅邪王氏而拥有更多特权。丘灵鞠隐含地将个人命运与家族命运、个人不配享有的特权与家族不配享有的特权联系在了一起。

作为回应，王俭并未进行真正的辩护：他无需为自己的家族辩护，甚至也无需为自己的诗歌辩护。他以显而易见的形式谈论自己的对手，仿佛事实本身就说明了丘灵鞠的可怜境况：

> 此言达俭。灵鞠宋世文名甚盛，入齐颇减。蓬发驰纵，无形仪，不治家业。王俭谓人曰："丘公仕宦不进，才亦退矣。"①

事实胜于雄辩：丘灵鞠的盛名不再，仕途也走到了极限。他的命运是理所应当的。王俭不必为自己的家族地位或自己的名声辩解，这是家喻户晓的；他也不必为自己的高位辩解，更不必解释自己的诗文至少不比丘灵鞠的差。他只需要指出丘灵鞠的不足，就像他称赞张绪的优点一样。所以，王俭的批评针对的不是家族，而是个人。

贵族话语在个人功绩和家族功绩之间摇摆不定。在没有明确提及某种知识或某种德行对效忠帝国的直接效用时，批评和赞美都是基于个人与家族之间的关系而提出的。就像个人的平庸会令家族声望遭到质疑一样，家族地位的相对低下也会危及家族成员的功绩；反之，就像个人声誉可以重振家族地位一样，家族地位也会使家族成员的仕途更加坦荡。这就是我们在丘灵鞠与王俭之间，这种间接的、极富暗示性的争论中所看到的东西。故而，我们可以说贵族主义具有两种形式，它们各不相同，却又不可分割：一种是家族式贵族主义，它只强调家族的优越性；一种是个人式贵族主义，它既强调家族的优越性，也强调赓续家族传统的个人的优越性。这两种形式的贵族主义都离不开作为声望之

---

① 《南齐书》52.890。

源的家族传统。但是,我们在王筠书信中看到的纯粹的家族式贵族主义,适合将宫廷社会表现为一个**家族社会**,而个人式贵族主义则可以将宫廷表现为一个**个人社会**。因此,尽管个人式贵族主义——一种"天才"式贵族主义——仍然与家族功绩密不可分,它作为抵御官僚化的一种形式,反对以个人努力的名义取消一切的地位特权,但它代表了贵族话语中很容易"官僚化"的一个层面:因为,将家族传统体现在一个有血有肉之人身上,宫廷就可以无视家族的集体功绩而专注于某位"贵族"的个人功绩,从而专注于他能对帝国制度产生的真正效用。

结语:知识与地位

知识的有效化标准深植于宫廷的地位秩序中。每一种有效化标准,从透明到传统,从官僚主义到贵族主义,既扎根在这种秩序之中,又对这种秩序进行改造。一旦某个文人或某个文人集团设法牢固地确立了他们自己的标准,他们就可以通过边缘化某些文人、提拔另一些文人来部分地修改地位秩序。因此,问题在于,到底谁有权制定文人的有效化标准。我们如何才能拥有这种兼具"伦理""政治"和"美学"性质的权威,从而有权决定一种文人知识是否得当,是否值得培养呢? 尽管这种文人权威受到帝国等级制度的限制,我们还是要说明,它并不是自然而然地从家族地位或行政职位中产生的:它是被耐心地建立、界定和捍卫的,在日复一日、不计其数的博弈当中,而这些博弈,每时每刻都有可能改变整个宫廷,尤其是文人世界的地位秩序。

第四章 博 弈

宫廷是一个充满冲突的世界。根据《南齐书》，以下是一位父亲的心愿，他希望留给子孙一个更加和平的未来：

> 及致仕隐吴兴，与子瓒之书曰："吾欲使汝处不竞之地。"瓒之历官至五兵尚书，未尝诣一朝贵。①

王裕之（360 年—447 年）属于琅邪王氏，按理说，他的儿子应该是前途无量的②。他为何会担心自己的儿子被宫廷中的博弈所吞噬？这是一位爱子心切的父亲，他的担忧完全是合情合理的：便是显贵之家，也难以摆脱弥漫于宫廷的冲突硝烟。年轻文人若不经历一系列日常斗争，并且每一次都全胜而归，就无法确保自己的地位、名声和爵衔。

那么，王裕之所说的"竞"——我们刚刚翻译为"博弈"——指的是什么呢？它涉及的是什么样的冲突？

如果我们把"竞争"（concurrence）定义为，两个或两个以上的人为了争夺数量有限的资源或位置而发生的冲突形式，那么文人之间的冲

---

① 《南齐书》46.800。
② 关于王裕之，见《南史·王裕之传》14.649—651。关于王瓒之（生卒年不详），《南史》14.651 只有寥寥几笔。王瓒之的儿子是王秀之（442 年—494 年）。见《南史》46.799—801。他们三代为官，人称"朝隐"。

突就可以被认为是一种竞争。① 不过,"竞争"这个概念本身就有问题。
它与当下的市场竞争②联系过密,难以充分反映文人冲突的"政治""伦
理"和"美学"性质。而"博弈"(rivalité)一词似乎更加恰当。因为,竞争
暗示着市场关系中特有的**非个人**冲突(对手通常是陌生人,而裁判是
"看不见的手"),博弈则是一种**个人**冲突,在这种冲突中,博弈者以"品
鉴学"方式评判对方,而裁判必须是一个你非常熟悉的人,如果你想要
吸引他的话。③ 因此,在这种个人关系的世界中,我们更愿意将文人之
间的冲突称为"博弈"。

对博弈的研究将为我们揭示出建康知识有效化的冲突态势。因为

① 格奥尔格·齐美尔(Georg Simmel)区分了多种类型的冲突,"竞争"只是
其中一种特殊形式。他又将"竞争"分为多种亚类型,从性别"竞争"到市场"竞
争",而这些竞争的亚类型是根据它们所能达成的解决方式来区分的:一些竞争形
式以消灭对手而告终,一些以目标达成而告终;在前一种情况下,竞争者尽力击败
对手,而在后一种情况下,他们首先寻求的是实现自己的目标。见格奥尔格·齐
美尔,1992 年,第 323—349 页。最为详细地说明宫廷背景下的"竞争"特征的,大
概要数诺贝特·埃利亚斯了。他探讨了 17、18 世纪法国宫廷中的竞争,认为这是
一种以寻求地位或声望来源为动机的冲突。关于埃利亚斯对"竞争"的使用,见诺
贝特·埃利亚斯,2002 年,第 160—161 页。基于我们在正文中提到的原因,我们
更倾向于使用"博弈"一词来指代建康宫廷中的冲突。

② 马克斯·韦伯将战国时期"国家"之间的霸权竞争与"私营企业"之间的
竞争相提并论,这是运用市场竞争模式分析前现代时期政治冲突的一个例子:"正
如市场竞争确立了私营经济企业的合理化一样,无论是在我们国家,还是在战国
时期的中国,政治权力的竞争同样也确立了国家经济和经济政策的合理化。另一
方面,正如在私人经济中,任何卡特尔化都会削弱理性计算这一资本主义的经济
灵魂,国家之间对政治权力的竞争中止也会造成行政管理、金融经济和经济政策
的合理化崩塌。"见马克斯·韦伯,1989 年,第 100 页。(我对格罗斯[Grossein]的
译文略有改动;见马克斯·韦伯,2000 年,第 226 页)。关于使用韦伯的这些观点
分析前帝国和帝国时期的中国,较新研究见赵鼎新,2006 年,第 2 页。将市场竞争
模式运用于社会和政治冲突的一个极端结果就是,根据**理性选择**的原则分析"选
举市场"。

③ 我们对"竞争"和"博弈"的区分来自福柯的纲领性观点:"现代国家"之间
的关系是一种非个人冲突,即竞争,而中世纪国王之间的私人关系则是一种个人
冲突,即博弈。见米歇尔·福柯,2004 年,第 302 页。

只有那些能够在这些博弈中胜出的人,正如下文所述,才能成为宫廷中真正的文人权威。

一、博弈与知识的展演

1. 博弈场景

上曲宴群臣数人,各使效伎艺,褚渊弹琵琶,王僧虔弹琴,沈文季歌子夜①,张敬儿舞,王敬则拍张。俭曰:"臣无所解②,唯知诵书。"因跪上前诵相如封禅书③。上笑曰:"此盛德之事,吾何以堪之。"后上使陆澄诵孝经,自"仲尼居"而起。俭曰:"澄所谓博而寡要④,臣请诵之。"乃诵"君子之事上"章。上曰:"善! 张子布⑤更觉非奇也。"⑥

这个故事出自《南齐书·王俭传》,王俭——我们已经知道——是南朝齐前十年最有权势的大臣之一,无疑也是琅邪王氏最杰出的代表人物之一。这次宴会发生在王朝初年,也就是皇室与门阀之间短暂的

---

① 关于"子夜歌",以及这类诗歌在精英圈子的重要性,见曹道衡,2004 年,第 57—63 页。

② "无所解"更加直白的意思是:"我什么也不精通。"

③ 关于司马相如所撰此文,见《汉书》57.2600—2602 和《文选》48.2139—2148。

④ 这是一种常见表达,用来形容一个人或一篇文章博学丰富,但也因此不得要领。这一表述另见《史记》130.3289。

⑤ 张子布(又称张昭),三国时期吴国(229 年—280 年)孙权(182 年—252 年;229 年—252 年在位)的重臣,忠义谋士。其传记见《三国志》52.1219。

⑥ 《南齐书》23.435—436。也见《南史》22.593。《南史》中还出现了柳世隆的

权力均衡时期。这些年间,皇帝还不能倚靠大量名门望族的支持;而且,一些大臣曾为前朝效力,对新皇仍然心存疑虑。因而,拥立萧道成登基称帝的门阀士族——如王俭、褚渊和陆澄——处于一个有利的谈判地位,以此为自己谋取一个更好的职位:萧道成需要借助他们在门阀士族中的声誉来巩固自己的新王朝。但皇帝并不会因此成为他们的傀儡。由于门阀们都觊觎着相同的位置,他们只能依靠皇帝来合法获取他们自己通过武力无法得到的东西;更让他们脆弱的是:一些心怀不满的士族成员批评他们和皇室一同参与了谋权篡位。[1] 齐高帝虽不像刘宋开国君主刘裕那样强势,却也不像东晋前几任皇帝那般孱弱,不会时刻忧心皇位落入门阀之手。

我们知道王俭,并且对他的声誉和地位已经相当熟悉了,在后文中我们还将谈及此人。但其他大臣也值得介绍几句。陆澄是一位博学多识、受人敬仰的年长文人;他是吴郡陆氏后裔,一个受人尊敬、势力强大的南方家族。褚渊,来自河南褚氏,也是朝廷名臣:他出身北方传统家族,支持皇帝密谋推翻前朝。[2] 王僧虔是王俭的叔父。与侄子一样,他也出身于宫廷中最有名望的家族,用自己的声誉和知识为萧道成效力。沈文季这个人物较为特殊:他是个出身卑微的南人,却凭借自己的才干

---

① 477 年,萧道成弑杀刘昱(后废帝,463 年—477 年;473 年—477 年在位),独揽刘宋军国大权,沈攸之(?—478 年)在荆州起兵,袁粲(420 年—477 年)开始在建康发动政变。在沈攸之和王粲领导的刘宋保皇派被击败后,萧道成及其大臣尚未成功说服朝廷精英们有必要建立新朝。479 年,萧道成登基称帝,他的地位还相对薄弱。当时有一句"百姓语"就相当明确地说明了这一点:"宁为袁粲死,不为褚渊生。"见《南史》28.753。这句歌谣表明,保皇派在一定程度上仍然得到一些圈子的同情,萧道成及其大臣的权威尚未得到巩固。关于沈攸之的起义和袁粲的谋反,见《南齐书》1.11—12。关于萧道成及其大臣在世家大族面前缺乏合法性的问题,见曹道衡,2004 年,第 28—29 页。

② 见《南齐书》23.428。在萧齐皇朝,褚渊进司徒、侍中、中书监,封南康郡公,邑三千户。受封后,褚渊拒绝担任司徒,尽管王俭竭力劝言,他还是坚持辞去该职。

赢得了萧道成的赏识。① 张敬儿，襄阳人，武将，不通读写，但他所在的地区历来都是朝廷重镇，对南朝未来具有决定性价值。② 王敬则也为武将；虽然他位高权重，并且为皇帝提供了强大的军事援助，③但他既没有重要家族的支持，也没有读写涵养所带来的道德权威。④ 王敬则的地位与张敬儿大致相同：他们都是寒门人士，依靠自己的忠肝义胆，赢得了皇帝的信任。

　　皇帝本人之所以能够掀起赴宴者之间的博弈，不仅是因为每个人都有地位提升的实际可能性，而且还因为这些可能性都是有限的。所以，宴会远无轻松可言。每位大臣都知道皇帝在观察自己；如果他们想要获得皇帝的好感，就必须确保自己的一言一行都要给皇帝留下一个好印象。然而，就目前看来，没有人不想展示自己的真才实学；没有人不愿意表现自己的非凡之处。尽管每个人的知识都与他的社会出身密切相关——王俭、王僧虔、褚渊和陆澄来自体面门户，而沈文季⑤，尤其是王敬则和张敬儿，则生于卑贱之家——但"寒"臣们似乎并不担心自己受到歧视：改朝换代使他们得以展望广阔的前景，开创无限的未来，而谁能成功赢得皇帝的器重，谁就能在未来的帝国建设中产生决定性影响。因此，当士族大臣在家族传统的支持下，寄希望于他们的知识声

---

　　① 沈文季虽"不读书"，但他的口才极佳，在文人精英中很受尊敬。见《南齐书》44.778。

　　② 关于张敬儿在襄阳的作用以及他对萧道成的重要性，见戚安道，2009年，第58—60页。张敬儿祖籍襄阳，属于当地望族，在南齐建国之初曾为萧道成效力，从而进入朝廷。

　　③ 与褚渊一样，王敬则封寻阳郡公，邑三千户。此外，他还是都督南兖兖徐青冀五州军事，因此统领着帝国的大部分军事力量。见《南齐书》26.481。

　　④ 不过，他却对此引以为豪：他认为，如果他会读书写字，就不可能走到如此重要的位置。从这里我们可以看出，武将有他们自己的等级制度，与建康精英的等级制度并不一定重合。见《南齐书》26.484—485。

　　⑤ 沈文季在这里处于中间位置，他的吟诵就说明了这一点：一方面，他演唱的乐府深受精英们喜爱；另一方面，这些民谣又饱受偏见。见曹道衡，2004年，第56—63页；葛晓音，2007年，第128—139页。

望时，寒门人士们则渴望建立一种新的地位秩序，在这种秩序中，他们的知识将会得到认可，不过迄今为止，它们还尚未获得承认。

但是，皇帝的权势还没有强大到可以打破传统的等级制度：如同往常一样，名臣的文人知识凌驾于其他一切知识形式之上。实际上，王俭不仅作为古籍鉴赏家，还间接地作为礼仪和经学专家而引起了皇帝的注意。王俭通过《封禅书》暗示他在这方面的经验：这是汉朝司马相如的文章，用来劝说汉武帝（刘彻，公元前156年—公元前87年；公元前141年—公元前87年在位）到泰山举行封禅大典。自秦以来，很少有皇帝组织过这种祭祀活动，即使有，也是为了表明他们的使命有赖于天地的支持。[①] 由于这种祭祀具有强烈的象征意义，如果没有几位文人谋臣的支持，帝王是不敢贸然为之的。王俭大胆地承担了这个谋士的角色：他用司马相如的话来影射目前进行祭祀的可能性，从而表明他的礼仪专家身份。

不过，随着这次吟诵，博弈的方式骤然发生了变化。不再是为了取悦皇帝和宾客而展示一种"伎艺"，而是要证明自己的知识与德行有关。王俭选择将自己表现为一个拥有基本德行的文人：他通过追忆司马相如来展示忠诚这种德行。《封禅书》的故事其实就是书写此文的忠臣的故事。司马相如劝谏汉武帝举办这种仪式，不夹杂任何私心；他在临终前写下这篇文章，不求任何回报，在面对这一无私之举时，汉武帝深受感动。王俭认为自己与司马相如处于相同的境遇：他将这篇文章引入当下的情景，激活那些可能了解这段故事的人的回忆，从而再现了与远

---

① 封禅祭祀，"封"是在泰山顶上筑坛祭天，"禅"是在泰山脚下的梁甫山除地祭地。正如柯睿（Paul Kroll）所言，主角泰山是天地之间的中介。只有丰功伟绩的帝王才能行此大典。所以，汉唐之间只有四位皇帝举行过泰山封禅：汉武帝，汉光武帝（刘秀，6年—57年；25年—57年在位），唐高宗（李治，628年—683年；649年—683年），唐玄宗（李隆基，685年—762年；712年—756年在位）。而汉唐两朝之间在位的帝王中，没有一个敢于行此大典。见柯睿，2009年，第169—170页。

方先辈相同的劝诫和忠诚姿态。①

在接下来的情景中，皇帝似乎默认了王俭给这场博弈定下的"忠诚"基调：他要求陆澄背诵《孝经》。这部著作不仅点明了儿子侍奉父母的责任，更根本的是，他还专门论述了臣属尽忠君主的责任。陆澄怯怯地回答。他满足于表现他对这部典籍烂熟于心。他似乎还不明白，他必须，至少是含蓄地，对选择这部作品所隐含的忠诚要求做出回应。这种反应能力的缺乏促使王俭抓住他自己创造的这个机会：他礼貌地承认陆澄的博学（或许是一种虚伪的宽容），但略带轻蔑地指出，陆澄的博学妨碍了他掌握"要"领。所以，为了有别于自己的对手，王俭背诵了该书中一段意味深长的话：

> 君子之事上也，进思尽忠②，退思补过，将顺其美，匡救其恶，故上下能相亲也。③

王俭吸引了皇帝。他是真正的赢家。但他的胜利不仅在于他的知识，还在于他能够理解门阀成员与新皇之间关系的矛盾本质。王俭将忠诚作为自己的行动指南，就好像他是一位忠臣，只行于君主有益之事；但同时，他又控制着整个局面——甚至是皇帝的选择——并且巩固了自己的地位。换言之，他标榜自己的"官僚"臣服，却又"贵族"地指导君主行为。南朝齐的开国皇帝无法避免自己与几位手下名臣之间的这种矛盾关系：尽管他不怕失去皇位，却也无法完全掌控世家大族。因此，王俭与皇帝萧道成之间的关系大概就是田余庆所说的"门阀政治"：门阀大臣一方面求助于皇帝，将其作为不同派别和不同家族之间的仲

---

① 关于这次宴会的分析，以及王俭在萧道成和萧赜王朝的重要性，见王平，2012 年，第 232—236 页。

② "思"也可被认为是一个虚词，但注释中是"考虑"的意思。

③ 《孝经注疏》8.2560a。

裁者；另一方面又试图控制皇帝，使他为自己的利益服务。① 田余庆认为"门阀政治"在刘宋时期就已经终结②；但王俭和皇帝之间的关系表明，"门阀政治"不是一夜之间消失的，它仍然存在于某些大臣的行为之中。

对博弈者的行动方式和反思方式展开一些思考，这是非常必要的。因为，在任何冲突中，对手都会为了取得胜利而进行计算并且制定策略。但是，博弈有其自身的特点，可以说，它是一种在场的冲突。对手和裁判从来就不是陌生人，至少不应该是陌生人；如果想要胜出，就必须做好准备去了解他们，如果可能的话，去观察他们，并且知道如何根据互动的结果来改变自己的行为。③ 总而言之，每个博弈者都必须从"品鉴学"的角度思考问题。他不应该预设对手和裁判的动机以及行动方式，并据此推断他们的行为；如果他想预测别人会做什么，从而决定自己的行动方向，那么他别无选择，只能找出对手的独特之处。同时，由于每个人都知道自己的对手也在做着同样的事情，而且观察者反过来也会被观察，所以每个博弈者都必须发展出一种特殊的表演才能。

因此，宫廷成员，尤其是文人世界的成员，天生就变得谨小慎微，他们进行自我评估，也知道自己会被对手和裁判所评估。即将成为梁武帝的萧衍用几句话描述了博弈的态势所在：

> 臣闻以言取士，士饰其言；以形取人，人竭其行。④

---

① 这就是韦伯所说的"地位群体"对君权的统治。见马克斯·韦伯，1995年，第1卷，第314—316页。

② 见田余庆，2005年，第294—297页。

③ "品鉴学"显然不是建康宫廷所独有的。埃利亚斯在路易十四的宫廷中他也发现了类似现象，并指出，宫廷成员之间的相互观察决定了他们的关系，并在他们身上产生了一种特殊的理性。见诺贝特·埃利亚斯，2002年，第179—184页。吴妙慧也对齐国宫廷进行了类似的反思。见吴妙慧，2010年，第14和42页。

④ 《梁书》1.22。

大臣和官员们知道自己要接受周围人的评估,他们别无选择,只能像真正的戏剧演员一样进行表演:这是一出"权力的戏剧",它支配着大臣和官员们的言辞和肢体。① 宫廷就是一个宏大的剧场,演员们不知道剧情结局,只能根据其他人的表演即兴发挥。

因此,博弈者不会把对手和裁判视为"个体"②。如果我们把"个体"理解为一种虚构的、孤立的、先于所有历史、先于所有社会关系的人,他只有通过自己的意志行为③才会与他人产生关系,那么这个概念只能不完美地描述博弈者对彼此的表征:实际上,我们忽略了博弈的"品鉴学"基础,正是这一点迫使博弈者不得不对对手的个人特征进行反思。正是基于这一原因,我们认为竞争概念不足以描述文人冲突的制度基础和象征基础,因为竞争——至少在最接近**理性选择**的版本中——以平等的个体为前提,这些个体被剥夺了个人的独特性,并被演绎性地刻画在一种超越的、超历史的理性形式中("经济人"就是最极端的代表)。但是,博弈概念更加忠实于独特**个人**的表征,我们只有基于

---

①   我借用了阿伯纳·科恩(1981年)的说法。从诸多方面来看,这都是一出名副其实的戏剧,具有直接和间接两种表达形式:当说话人以预料之中的方式使用语言或符号,以使对话者能够明白无误地加以理解时,则为直接表达方式;当说话人通过行动赋予符号和词语的意义不同于它们在日常生活中的意义时,则为间接表达方式。王俭同时运用了这两种表达形式。关于这种划分,见欧文·戈夫曼(Erving Goffman),1973年,第1卷,第12页。

②   戴梅可已经指出将这一概念运用于汉代和魏晋文人的局限性,但她的论点也可适用于南朝。见戴梅可,1996年,第22—26页。

③   关于"个体的发明"的契约论起源,即某种个人的发明,这种个人不同于古代社会,被定义为与他人之间的无关性,见皮埃尔·马南(Pierre Manent),2004年,第221页;拓展性研究见马塞尔·戈谢(Marcel Gauchet),2007年,第99—148页。

对这些个人的特征进行仔细评估,才能通过归纳对他们加以认识。①
因为,博弈者不会把对手和裁判视为非人格化机构的抽象化身:他们把
裁判看作必须取悦的任性之人,把对手看作一个有血有肉之人,必须将
他置于政治和道德的从属地位。

2. "贵族主义""官僚主义"与大臣之间博弈的间距策略

凭借着他对语言性和非语言性影射方式的掌握,王俭成功地向萧
道成传递了一个基本观念,我们可以将其表述为:他既是贵族又是官
僚。鉴于其家族传统的声望,王俭必定是一位贵族:他的文人知识,特
别是他对典章礼制的了解,与琅邪王氏在这一领域的声誉密不可分。
但他在吟诵中以暗示的方式表达出来的忠诚,为他的文人知识赋予了
一种官僚意义:他已经准备好用自己的家族知识为皇室,更确切地说,
为皇帝效忠。这样,皇室,也就是帝国地位等级中的第一家族,就把琅
邪王氏的传统吸收到了他自己的"家族传统"中。通过此种行为,皇室
取代了家族知识的贵族分歧(其中,一种知识的霸权完全取决于家族之
间的力量关系),它通过官僚方式将这些不同的知识融合成了一种"效

---

① 参阅路易·杜蒙(Louis Dumont)对"个体"的现代概念进行的分析。他认
为,这个概念有两个经常混淆的含义。第一个含义是经验性的行动体,一切社会
学的"原材料"。第二个含义是理性的存在和对各种制度进行规范的主体:对应于
个体的现代表征。见路易·杜蒙,1966 年,第 22—23 页。第二种表征在许多社会
形态中都不存在。例如,罗伯托·达马塔(Roberto Damatta)在谈到巴西人的家—
住宅时说:"个体并不存在,他们都是个人;换句话说,所有居住在巴西的'家'里面
的人,他们之间的关系都是建立在血缘、年龄、性别以及好客和同情之上的……"
(罗伯托·达马塔,1997 年,第 53 页。由本书作者译自葡萄牙语。)正是在这个意
义上,在皇帝的"家"中,博弈发生于"个人"之间:博弈者并不将彼此视为抽象的、
匿名的"竞争"单位,而是看作拥有各自的地位特征的男女,并且根据他们的先天
或后天差异(性别、年龄、知识等方面的差异)进行等级划分。关于个体与个人,或
者更确切地说,关于"个体身份"与"个人身份"之间的类似区分,见扬·阿斯曼,
1992 年,第 130—133 页;关于"个人"和"个体"这两个术语的历史演变,见诺贝
特·埃利亚斯,1991 年,第 207—215 年。

劳",即士族"侍从"必须为皇帝和诸王效劳。

　　这种官僚融合并不一定会消除每个家族传统的名誉和身份。王俭从未停止以贵族身份为自己的地位正名,萧道成也极为重视门阀士族的声望。到目前为止,除了他们的"侍从"家族传统,兰陵萧氏没有任何其他的家族传统可言:如果没有这些家族的传统为其效力,皇室除了其地位和实力之外,就没有任何其他的威望了。诚然,维护贵族声望对皇帝和名臣之间的官僚融合构成了一种危险:琅邪王氏一直都很强大,他们随时都可能打破自己与皇帝之间的妥协。但同时,在皇室试图加强自身实力以对抗其他门阀士族的时候,皇帝需要王俭——以及整个琅邪王氏——的威望完好无损:对皇室来说,王氏传统是一座堡垒,抵御了其他门阀士族向它投来贵族的蔑视。

　　因此,尽管寒门人士渴望抵达高位,但作为皇帝的萧道成并不愿意真正重组宫廷的地位秩序。事实上,萧道成本人所受的教育使他更加接近于门阀士族(他出身于一个次等士族),而不是寒门武将,而且,虽然他很欣赏那些为他忠心效力的"寒门"臣子,但他不能接受这些人给宫廷带来一种过分异于门阀士族的生活方式。正是出于这个原因,当王敬则在宴会上表演武术时,他表现得颇为不悦:

　　　　王敬则脱朝服袒,以绛纠髻,奋臂拍张[1],叫动左右。上不悦曰:"岂闻三公如此。"答曰:"臣以拍张,故得三公,不可忘拍张。[2]"时以为名答。[3]

---

　　[1]　"拍张"是一种武术舞蹈,武人使用武器表演回旋动作。见周一良,1985年,第230页。

　　[2]　这段话可能存在流传问题,因为王敬则当时还没有位列三公。他是在很久之后才有了同等的显赫官位(开府仪同三司,字面意思是:"将军开设官府,与三公的仪制相同",见《南齐书》26.484)。但这一场景不可能发生在482年之后,赴宴者之一褚渊就于该年去世。皇帝可能指的是他在建国之初封赏王敬则的郡公爵位。如果是这样的话,"三"就是一个谬误。

　　[3]　《南史》22.594。

王敬则的行为并非出于某种自发的率性;恰恰相反,他采取了策略性的行动:因为他做不到与文人世家子弟同台竞技而又不失颜面,所以他更愿意展示自己所熟悉的武术"拍张"。但皇帝却剥夺了他的这种可能性,皇帝拒绝将"拍张"这种武术知识转化为宫廷中的一种合法知识:他认为,一个在制度等级中地位如此之高的大臣,不应该以这种不恰当的方式行事。对王敬则来说,这种失败是双重的。一方面是知识的失败,武术知识是他唯一擅长,并且能够显示自己优于他人的领域;另一方面是生活方式的失败,如果这种生活方式被允许进入宫廷社会,那么地位秩序则会陷入危机。因此,正是贵族标准阻碍了王敬则将自己的知识有效化:如果说"拍张"在宫廷中不被允许,那是因为宫廷的行为模式源自门阀士族的家庭空间,一个礼仪和博学的空间。

在宫廷中,对他人的评价极大地取决于环境、地点以及自我呈现的方式。这种媒介方式往往不利于寒门人士:只有部分社交规范,尤其是掌握这些规范的自发性,能够在这个由门阀士族主导的宫廷社会中受到欢迎。王敬则表演的"拍张"进一步玷污了他本已不佳的名声。不过,或许是出于两个原因,他无意中又挽回了自己的面子。第一个原因是,他在为"拍张"辩解的时候,表现出了一定的语言天赋,这符合贵族对机智之人的标准,而机智之人的榜样通常是出身名门的文人。第二个原因是,他赋予了"拍张"一种官僚价值:他使用"拍张"是为了侍奉皇帝,而他在战场上奋勇杀敌也是为了他的皇帝。因此,为了不失去自己的位置,王敬则还是接受了萧道成的含糊态度:他用自己的方式将模糊的贵族标准(机智之人的标准)与官僚标准(贤臣的标准)结合在一起。这种含糊性在萧道成对另一位寒门人士的评论中体现得更加明显,他评论了寒人江谧(活跃于刘宋末至南齐初)与门阀士族进行博弈的能力:

　　　江谧寒士，诚当不得竞等花侪。①

　　江谧为江淹从兄，一位出身次等士族的大文豪。不过，恰恰是因为他所研习的知识，皇帝才认为他是一位寒门官员：江谧几乎将所有精力都倾注在吏事上，而这些事务在名门世家眼里却并不十分体面。② 萧道成似乎对地位界定的贵族标准非常敏感：他发现江谧无法凭一己之力获得与出身名门的大臣们（"花侪"）相同的地位。不过，对贵族等级的这种尊重——既是出于无能为力，也是出于信念坚守——被一种开放态度所抵消，那就是他对某些知识的官僚合法化持开放的态度。实际上，他继续对江谧作了如下评论：

　　　然甚有才干，堪为委遇，可迁掌吏部。③

　　在这里，皇帝忽略了寒门出身：他的标准就只有知识。王敬则就想利用皇帝对寒人的这种仁慈。当他用官僚论据为自己的"拍张"表演进行辩解时，他激起了皇帝在贵族和官僚之间纠结不定的矛盾情绪。但皇帝既不能，也不愿解除横亘在门阀士族与寒门人士之间的地位等级。由于知识的官僚合法化具有无法逾越的界限，即使是最忠诚的大臣，如果想要参与宫廷的社交活动，也不得不迁就高门世族的知识。

　　然而，在这次大臣聚会上，并非所有事情都有利于门阀士族。我们已经知道，一定数量的文官职位（比如中书通事舍人，或者像刚才的江谧一样，有时甚至是吏部尚书）时而会让地位低下者担任。这一开放加剧了宫廷成员之间本就激烈的博弈，因为寒人增加了竞争同一职位的

---

　　① 《南齐书》31.570。
　　② 《南齐书》31.570。
　　③ 《南齐书》31.570。虽然他获封此职，却并未担任多长时间：皇帝不久之后就驾崩了，萧赜也没有让他任此官职。见《南齐书》31.570—571。

对手数量,而这一职位以前只有高等或次等士族才能担任。① 面对这些人物,就算王俭都坦言他有所忧惧:

> 法亮、文度并势倾天下,太尉②王俭常谓人曰:"我虽有大位,权寄岂及茹公。"③

王俭充分意识到了部分寒人在皇帝庇护下所能获得的权力。也许正是这种意识,解释了他为何要表现自己的忠臣形象:他知道,自己的对手不仅有其他门阀成员,也有像王敬则或张敬儿这样出身卑微却有一定机会成功的人④。事实上,社会地位较低的寒门人士忠于自己的主公是出于无奈(沈约在《宋书》中就承认了这一点⑤),而权势更大、自主性更强的门阀成员,则时时刻刻都有可能招致皇帝和皇室的不信任。为了规避这种风险,显贵大臣们必须懂得**表现**自己的忠诚。表现忠诚并非易事:除非在危急时刻保护主公,否则示忠的机会并不多。在这种情况下,大臣只有传递**符号**。这也正是王俭在皇帝面前的做法,他示意:他用语言和姿态暗示自己比其他臣子,甚至比在场的寒人都还要

---

① 我们在第一章中已经看到,虽然寒人担任的官职通常较低,比如中书舍人,却在起草诏书方面拥有很大权力。见《南齐书》56.971;祝总斌,1990年,第356页及其下;叶炜,2009年,第107—111页。关于这一时期寒人的宫廷地位,见唐长孺,2000年,第543—577页,特别是第553—562页;戚安道,2009年,第2—3页;关于南齐襄阳寒人的作用,见戚安道,2009年,第58—78页。

② 王俭殁后,朝廷追赠太尉。见《南齐书》23.437。

③ 《南史》77.1929。

④ 有时候,这些寒门人士的地位区隔可能更加严格:他们作为帝国的官员,属于宫廷精英,会毫不犹豫地标明自己与非宫廷精英之间的区别。例如,我们知道户籍为确定官员的家族血统、分配选拔特权(担任一定级别官职的权力)提供了必需的信息。吕文度提议将却籍者发配边疆充军,这就导致了唐寓之领导的起义。见唐长孺,2000年,第567—568页和《南史》77.1928。但是,这些户籍并不意味着精英阶层的绝对封闭:社会流动性依然存在。见田余庆,2005年,第278页。

⑤ 《宋书》94.2318。

忠诚。

　　所有大臣和官员,无论地位显赫还是人微言轻,都处于潜在的博弈之中。权势之臣为了避免失去现有的地位而斗争,次等官员为了今后更容易获取特权而斗争,小官胥吏则为了进入精英世界而斗争。而随着家族出身在南齐逐渐失去它作为对手之间的仲裁标准的重要性,宫廷中所有的大臣和官员——包括门阀成员——都不得不考虑一种官僚主义策略,以求在宫廷中为自己谋得立足之地:他们必须表明,自己是为了君主的利益而行事,并且他们的知识声望代表的不是一个家族的声望,而首先是整个帝国的荣耀。

　　王俭毫不迟疑直接参与了博弈,或是为了巩固自己的地位,或是为了寻找更具吸引力的位置。但其他文人则对博弈采取了一种更加审慎的态度:我们可以称之为"间距策略"(stratégie de l'écart),为了避免对抗的危险而专门设计的一种博弈策略。在本章的开头,我们已经看到王裕之明显采取了这样的策略:他想让自己的一个儿子远离斗争。王裕之在刘宋时期去世,但他指出的问题与困扰南齐大臣的问题并无二致。当他的另一个儿子王恢之(生卒年不详)被召为秘书郎时,他也写了一封信,与上一封信非常相似:

　　　　"彼秘书有限故有竟,朝请无限故无竞,吾欲使汝处不竞之地。"文帝嘉之,并见许。①

　　王裕之想让儿子避开那些可能招致他人嫉妒的官职:他主张小心地回避。在他看来,公开博弈的风险太大,而对于职位有限的衙署,公开博弈更是无法避免,所以最好到别处寻求职位。如果你拥有足够的智慧去选择一条没有公开博弈的道路,那么,你反而会从隐性的博弈中全胜而归,这种隐性博弈主导着所有宫廷成员之间的关系:一旦特地采

---

① 《南史》24.651。

取这种回避的方式,在公开博弈中可能有辱颜面的失败,就转化成了一种选择,也就意味着一种彻底的胜利。① 这种表面的"失败主义"归根结底是基于一种贵族论点。这种论点认为,选择职位有时是为了标榜某种生活方式固有的优越性(隐逸主义),有时是为了规避博弈带来的尴尬压力,有时又同时出于这两种原因,但不一定是为了更好地效忠于皇帝。就出身琅邪王氏的王裕之而言,这种贵族主义很容易理解:它源于一种个人信念,那就是他的家族成员不需要制度等级来衡量他们的社会价值。王裕之的儿子们可以担任他们喜欢的任何职位(只要是相对不错的职位):他们的家族声望足以填补制度等级上的缺失。

王裕之的迟疑说明,博弈并没有掌控宫廷生活的每一处细节。它是可以逃避的。但是,博弈是如此萦绕于心头,是如此镌刻于制度结构中,以至于即使是不情不愿者也需要它来确定自己的定位策略。

3. 财富、官职、地位:部分博弈动机

在某些情况下,为了官职而进行博弈,其动机可能是追求财富。至少,这是一些寒人所觊觎的。因为,财富可以使寒人获得他通过地位无法获取的东西,那就是,与高门世族相似的生活条件。下面的例子就说明了这一点:

> 文度既见委用,大纳财贿,广开宅宇,盛起土山,奇禽怪树,皆聚其中,后房罗绮②,王侯不能及。③

---

① 同样地,归隐也不能仅仅归结为寻求声望或更诱人的宫廷邀请:只要能够维持,甚至提高自己的声望,人们就可能希望保持这种地位。但即使是归隐,与宫廷之间的关系仍然具有决定性意义:因为,在某种程度上,正是与宫廷生活的消极关系决定了隐士的身份。关于归隐问题,见华蕾立,2004b年,第43—65页。

② "后房罗绮"字面意思是"后面的房屋中多丝绸罗缎",这里指吕文度的个人后宫中姬妾成群。

③ 《南史》77.1928。

财富对于寒人的重要性不言而喻:吕文度对他所效仿的"王侯"极尽向往。然而,正是在效仿的过程中,他体会到了财富无可替代的从属地位。尽管物质享受可能是吕文度经济行为的一个强大动机,但他府邸的奇异和奢华表明,他更加追求认同感和归属感:他想要的不是财富本身,而只是将它作为地位区分的一种手段。与王敬则一样,他并不试图提高自己的"寒门"身份,而是想与宫廷权贵合为一体,成为精英阶层中的正式成员。因此,财富虽然为他提供了获取权,使他能够效仿王公贵族,却不是他的主要目标:他的真正目的,是要借助奢华的"装饰"来掩盖自己的低微出身。

但就名门望族而言,他们对财富嗤之以鼻。这种蔑视并不意味着排斥,因为金钱、土地和各种各样的财物,都是权力和舒适的源泉。不过,财富通常不是他们的主要关注点:他们追求的是地位、权威和名望,也就是一切权力的来源,比起提供物质基础,它们更加具有象征意义。① 这就解释了为什么一些门阀成员宁愿放弃财富,也要提高自己的声誉。贫穷,尤其是选择的贫穷,有时候在社会层面上对他们更有裨益。如以下两例所示:

> 子野在禁省十余年,静默自守,未尝有所请谒,外家及中表贫乏,所得俸悉分给之。无宅,借官地二亩,起茅屋数间。妻子恒苦饥寒,唯以教诲为本(……)。②

裴子野的父亲裴昭明(?—502 年)在南齐时期也是同样的生活方式。他总对人们解释说:

---

① 门阀士族通常拥有多种收入来源,因此无需为金钱而争夺职位。见田余庆,2005 年,第 286—290 页。我们将在下文说明,博弈的动机多是出于对地位的追求。

② 《梁书》30.444。

"人生何事须聚蓄,一身之外,亦复何须? 子孙若不才,我聚彼散;若能自立,则不如一经。"故终身不治产业。[①]

贫穷并不可耻;相反,它还能提升德行。裴子野和裴昭明本来就以严谨、博学而受人尊重,他们对财富和物质享受的蔑视更加让人肃然起敬。当然,财富和安逸只有在唾手可得的情况下才能被摒弃。如果显贵之家的年轻人贪恋财富,他完全可以通过继承、婚姻、家族关系,尤其是通过帝国行政来实现。若是他没有这些选择,那么通过读书来维护家族声望,总比利用金钱和土地的肮脏利益要好。与吕文度一样,但方式更加强烈,财富并不是门阀士族的目的,而只是一种简单的手段,有时候他们可以不予采用,却也不会危及他们的地位。

因此,如果说所有人都在进行宫廷博弈,那么多半是为了谋求地位。应当如何理解"地位"呢? 它既是一个权威和权力的空间,也是一个拥有不同程度的自由和自主的空间,换句话说,一个宫廷社会赋予某些特权的空间。[②] 地位通常以官职为前提,因为正是官职赋予了进入宫廷的许可证;不过,有些大臣的地位明显高于他们的官职,因为,大臣可以具有文人权威的地位,即在文人世界享有一定的权威,但担任的官职却相当普通;也有大臣可能希望得到一个,用王裕之的话说,"无竞"之职,并且成功地为这个之前无人觊觎的官职抬高了身价;还有的大臣可能想继续担任中书舍人,这个职位在官员等级中不算高,却具有相当强势的地位,因为他接近皇帝。所以,虽然官职对于地位的获取具有决定性作用,地位却不能简化为官职:它建立在相对非正式,但并非虚构的等级基础之上,这些等级由声誉、舒适度和实权所创造。可以说,地

① 《南齐书》53.919。
② 布尔迪厄对"地位"概念的使用类似于他对社会空间的表征。我们在此使用的地位概念就借鉴了这种表征意义,但我们所说的"地位"具有严格的等级和身份意义,因此也更加狭义。关于布尔迪厄对地位和社会空间概念的使用,见皮埃尔·布尔迪厄,1984 年和 1979 年,第 109—185 页。

位既由主观确定,也由客观确定:它建立在社会、空间和制度关系的"客观"基础之上,正是这些关系决定了声望和权威的可能性,也决定了它们的合法形式,但地位同时也建立在个人偏好的主观基础之上①。丘灵鞠就为我们提供了一个"主观"基础的例子:

> 世祖即位,转通直常侍②,寻领东观祭酒。灵鞠曰:"久居官不愿数迁,使我终身为祭酒,不恨也。"③

丘灵鞠不指望升迁,也不觊觎制度等级中的最高官职;他宁愿担任东观祭酒一职,这个官职的地位相对较高,他也可以乐此不疲地从事他所喜欢的学术活动。④ 在这种情况下,职位的价值并不在于制度等级:尚书令或吏部尚书的声望和权力都要更高一等。丘灵鞠只想寻求做自己热爱之事的特权,所以也就获得了始终在同一职位上任职的特权。对他来说,最重要的是,他在决策和活动中拥有的相对自主权。可以说,无论是从个人的角度来看,还是从制度关系的角度来看,地位都是宫廷社会空间中某一特定情景下的固有价值。

因此,如果我们扪心自问,是什么激发了宫廷中的博弈,那么我们不得不说,财富(获取权)对博弈的刺激不如官职强烈,官职(制度权)对博弈的刺激不如地位(决策权)强烈。地位需要官职和财富的力量,却并不等同于它们。正是这个额外的东西成为最激烈的博弈动机。

---

① 见阎步克,2009c 年,第 1—18 页。在不同的官职描述方式中,"清官"和"浊官"这两种类型或许最符合我们对"地位"的理解:它指的是官职在其职能或其制度等级地位之外所能提供的东西。但是,正如丘灵鞠的例子所证明的,还有许多其他的地位标准,只有在实践中,在个人依附于某一职位时,才会得到明确。

② 隶属于散骑省,负责记录皇帝言行。

③ 《南齐书》52.890。

④ 东观,又称"总明观"。见《南史》22.595。

二、文人权威与博弈的竞技场

我们曾多次使用"文人权威"这一表述,或是作表语(某位大臣是"文人权威"),或是作宾语(某位大臣具有"文人权威"),因为,**成为**(devient)文人权威的人正是**持有**(détient)文人权威的人。那么,这种有别于内阁权威和军事权威的独特权威是什么呢? 它是一种**地位**,可以获得一种特殊的权力:对文人知识的有效性做决定的权力——其合法性得到了建康文人世界的认可,或部分,或整体,或默许,或明示。占据这一地位的人对"管辖权①"行使这种权力,有时是对某一特定领域,有时是对几个领域,有时是对所有的文人知识领域。

博弈是构成和扩展这种"管辖权"的主要考验之一。在每场博弈中,文人都要向其他文人权威和宫廷权贵(大臣、诸王或皇帝)证明自己的知识**何以**优于对手;文人获得宫廷权贵和其他文人权威的青睐越多,他在相关知识领域的管辖权就越大。齐梁文人集团正是在文人权威和宫廷权贵的保护下建立起来的。当一个或几个文人在多次博弈中胜出;当他们的地位成功地维持了一段时间,或者更好的情况是,他们获得了更高的地位;当他们不再是参与者而是仲裁者,最终能够决定博弈结果的时候,他们就能够主宰宫廷的部分或整个文人世界:他们有权与自己的主公建立持久的联系,有权将其他文人置于自己的保护之下,也有权按照自己的文人有效化标准创建团队和集体。② 沈约以真正的文

---

① 我是从安德鲁·阿伯特的职业社会学中借鉴的"管辖权"概念。关于此概念,见安德鲁·阿伯特,1988 年,第 59—85 页。

② 刘跃进指出齐朝有四个文学集团:王俭集团,专注于博学和儒学经典;萧子良集团,聚焦博学、诗歌、辞赋和佛教典籍;萧长懋集团,与萧子良集团相似;萧绎集团,倾向于儒学研究。胡大雷另外提及了随王萧子隆的集团和衡阳王萧钧(473 年—494 年)的集团,以及齐武帝萧赜的集团(重要性不及其子的文学集团)。见胡大雷,1996 年,第 113—135 页和刘跃进,1996 年,第 39—44 页。

人权威的姿态提出"妙达此旨(他制定的声律论),始可言文"①——也就是说,如果想要加入他管辖下的文人集团,就必须理解他的声律规则。任昉则唯恐失去自己的文人权威地位:所有向他靠拢并欲投其门下的文人,他"必相荐达"。②

可以说,文人博弈构成了文人权威的流水线——一条随时可能会崩塌的线,因为产品甚至都可能会突然被参与组装的人所抛弃。

文人博弈与其他所有的博弈形式一样,都发生在竞技场③中,即发生在那样一些空间中,它们被定义为博弈冲突的特权领地。宫廷中存在多种文人博弈的竞技场。一方面,存在一种可以称为"阅读竞技场"的空间,在这里,文人以吟诵、改述、解释或评论的方式进行阅读上的较量。这是一种围绕文本传统的知识而展开的博弈。另一方面,还存在一种"写作竞技场",当博弈者衡量彼此在书面创作领域的力量时,就会出现这种竞技场。写作竞技场的博弈可能局限于某一特定体裁,也可能不限于某一特定体裁:正是这样,才能说这个人的诗写得比那个人好,或者说那个人擅长所有体裁的书写。阅读竞技场和写作竞技场并不是绝对分离的。我们是为了进行分析,才在此做了必要的区分。实际上,博弈通常结合好几种竞技场,从阅读到写作,从一种体裁到另一种体裁。这取决于博弈发生的背景。

无论是哪种竞技场,文人都必须投入其中并击败对手:这是扩大文人管辖权的唯一方法。那么,这些竞技场如何运作呢? 它们给胜利者带来什么好处呢? 下述段落探讨了一般的写作竞技场,以及特殊的诗歌竞技场:

> 高祖聪明文思,光宅区宇,旁求儒雅,诏采异人,文章之盛,焕

---

① 《宋书》67.1779。

② 《梁书》30.441。

③ "竞技场"概念取自互动社会学,关于它在知识人类学中的使用,见克里斯蒂安·雅各布,2014年,第103页。

乎俱集。每所御幸,辄命群臣赋诗,其文善者,赐以金帛,诣阙庭而献赋颂者,或引见焉。其在位者,则沈约、江淹、任昉,并以文采妙绝当时。①

在这段话中,诗歌竞技场固然发挥着核心作用,但它同时也属于更加广泛的"文章",即写作竞技场的一部分。事实上,在段末提及的三位人物当中——他们都是齐末梁初的文人权威——只有沈约和江淹以诗歌著称,而任昉则首先是以散文见长。但是,诗歌竞技场有其自身的特殊性,也会带来特殊的益处。对于这些能写出优美诗篇的文人,梁武帝会给予赏赐和提拔,而一首诗,有时能抵得上像豁免权这样稀有和珍贵的特权:

> 时高祖著《连珠》②,诏群臣继作者数十人,迟文最美。天监三年,出为永嘉太守,在郡不称职,为有司所纠,高祖爱其才,寝其奏。③

当一首诗成为如此多的特权源头时,诗歌博弈必然是激烈的,因为在这一竞技场中获得的利益,可能会吸引在其他文人知识领域中已经享有盛誉的文人。我们已经看到了任昉的例子。他是梁朝宫廷无可争议的文人权威,但他想在诗歌领域中与沈约一较高下;于是他写了几首诗,结果却危及了自己的名声:他的读者发现他的诗写得非常糟糕,以为他已经丧失了**全部的**写作才华。这个故事之所以会发生,是因为竞技场并非真正的独立自主。虽然每个文人知识领域都拥有概念的自主性(体裁与活动并不混淆),但它并没有转化成一种实践的和制度的自

---

① 《梁书》49.685—686。
② 在连珠体诗中,上一句末尾的字词是下一句开头的字词。
③ 《梁书》49.687。

主性：由于文人被认为应该掌握尽可能多的知识，无论阅读还是写作，诗歌还是散文，所以一首蹩脚的诗歌或一篇拙劣的骈散文，都可能会对整个文人权威产生影响。诗歌竞技场与其他所有的竞技场一样，迟早都会消解于更加广阔的"文"的竞技场。

所以，文人权威的形成可以由某个单一竞技场开始；但如果文人想要尽可能地扩大其权威的管辖权，他就必须在多个文人知识的领域，至少在宫廷权贵最感兴趣的领域，与他的对手展开对抗。

三、博弈的遏制与萧衍的改革

皇帝通常对博弈采取一种自相矛盾的态度。一方面，他们让大臣为了地位而相互斗争，彼此怀疑：这是一种挑拨离间的方法，防止他们因共同利益而团结一致。但另一方面，他们也知道，过于尖锐的博弈可能会破坏朝廷的稳定，导致国家行政陷入瘫痪。梁朝的制度改革似乎就是为了**遏制**南齐的博弈泛滥成灾，但似乎并未就此令其终止。

在建康，许多人都怀有彻底终结博弈的幻想：他们梦想一个没有风险、没有威胁的宫廷，梦想一种新的秩序：每个人的位置都已提前定好，无人能够，也无人企图争夺别人的地位。当然，这是一个无法实现的梦想：只要大臣和官员们或多或少还有机会占据更加优越的地位，博弈就不会停止。但是，南朝梁开国皇帝萧衍至少尝试通过改革来遏制博弈。他似乎对过度的博弈深恶痛绝，在他看来，这种博弈是前朝末年的典型特征。正是在南齐末期，我们就已经听到他发表评论说，当官员们觉得自己正在经受考察时，就会"饰其言""竭其行"；而在这番言论之后，他又抱怨道：

　　官人之门，肩摩毂击。①

_____

① 《梁书》1.22。

换句话说,所有想要得到升迁或推荐的人都争相获取高官显贵的青睐。面对此种情况,未来的梁武帝提议,即使不能制止,至少也要控制官员们的过度野心。他还尚未称帝,但已经是南齐末代皇帝的摄政大臣。[①] 他将自己的建议上表齐和帝,在他的绝对控制下,齐和帝不得不将这份奏章视为命令:

> 愚谓自今选曹宜精隐括,依旧立簿,使冠履无爽,名实不违[②],庶人识崖涘,造请自息。[③]

为了杜绝高等士族、次等士族和寒门素族之间的博弈,萧衍要求核查谱牒并妥善修订。等级必须分明。自此,每个家族的名望都要经过核实和权衡,职位也要根据新的等级加以分配。这样一来,地位的不确定空间就缩小了,高位的觊觎者也随之减少。当然,门阀士族进入宫廷的特权并未消失:他们相对于寒门人士的优越性,比以前得到了更加清晰的制度表达。但他们失去了一项基本特权:他们决定家族地位的相对自主性。因为,现在是由吏部来决定地位的秩序。对于一些次等士族来说,这是一个好消息:他们进入了特权名单。但对于那些被重新归入一个低于其期望等级的家族来说,却是一个坏消息。

萧衍登基后,又发起了另一项改革,似乎有悖于门阀士族与寒微出身之间这种明显的贵族分隔。他在执政初期,废除了九品中正制,但不

---

①　萧衍在提出这些建议后不久就在 501 年即位掌权了,当时南齐末代皇帝已经在他的控制之下。这些措施正是在此时开始实施的。见《梁书》1. 22—23。这些改革在梁朝初期变得更加激烈,沈约在其中发挥了核心作用。见田晓菲,2007 年,第 35—38 页。对这一改革的实施和效果进行的详细分析,见宫崎市定,2008 年,第 213—215 页。

②　"名""实"之分也用于指个人的名望与社会"性质"之间的对应关系。在这里,它指的是出身卑微者为了进入士族簿册而声称祖辈显赫。"冠"和"履"通常用来比喻社会上层和社会底层,与下句形成对仗关系,应在相同的意义上进行理解。

③　《梁书》1. 23。

久之后,可能是为了向门阀士族作出让步,他又重新恢复了这一制度。不过,制度的恢复还伴随着一些限制性措施:

> 梁初无中正制,年二十五方得入仕。天监中,又制九流常选,年未满三十,**不通一经者**,不得为官。若有才同甘、颜,勿限年次。①

修订谱牒提供了解决博弈的贵族化办法(因为采用的标准是家族先辈,而非能力),而在这里,我们发现了一种官僚化解决办法:皇帝剥夺了门阀士族自动继承官职的特权。然而,这两种措施只是在表面上互相矛盾。实际上,通过第二种措施,皇帝不过是将某些贵族标准转化为了官僚标准:对门阀士族来说理所当然的经籍知识,在这里被转化为皇帝强加给他们的、与他们的形势意愿无关的东西。② 这与之前的改革精神是一致的:原则上保留齐朝遗留下来的地位秩序,但剥夺了门阀士族决定谁属于、谁不属于特权群体的权力。梁武帝将曾经为门阀士族服务的标准用来为自己服务。

当然,这些官僚措施与现代官僚制度毫无关系。它们没有制定非人格化的取士规则,也没有制定所有人,甚至皇帝本人,都必须遵守的规则。它们制定的规则,是确保皇帝一个人更加精确地控制官员的选拔和晋升,从而控制朝廷的构成。如果说梁朝的改革是官僚主义的,那也只是在个人和关系意义上的官僚主义,我们也正是基于这种意义来

---

① 《文献通考》28.268b。见《梁书》2.41;《通志》1257;《通典》14.335。粗体为本书作者所加。甘罗(公元前247年—?)十二岁即为官,成为少年大臣的典范。颜回(公元前521年—公元前490年)十三岁就成为孔子的得意门生。这两位都是才华横溢的年轻人打破年龄限制、入仕为官的典范。

② 此外,通过提高最低年龄,地位卑微者有了更多的时间用于学习。对于拥有文人传统的门阀成员来说,这个时间并非那么必要,因为他们一般从小就接受了良好的教育。关于贵族主义与官僚主义在梁武帝身上的模糊性,见宫崎市定,2008年,第211—216页。

定义官僚主义的：在这种情况下，改革的形式就是，剥夺精英们干预取士的工具，并将其中一些工具转移到皇帝的宝座之上。不过，个人关系的逻辑仍然是这些官僚改革的基础：在取士过程中，候选人与皇帝之间的关系取代了候选人与中间大臣之间的关系，[①]而根据既定标准对候选人进行评估时与皇帝的虚拟会面，则取代了候选人在推荐过程中与士族大臣的实际会面。褫夺门阀士族的部分地位确定标准，并且将它们转移到皇帝及其谋臣身上，这丝毫没有改变官员与皇帝之间关系的个人性质。

实际上，齐朝日益增长的官僚主义以及汉代流传下来的部分机制存续，都为萧衍的改革提供了准备条件。"秀才"和"孝廉"考试在南朝并没有消失，它们无疑为萧衍的改革撒下了种子；刘瓛和裴子野等人发表言论，认为通晓经籍是入仕为官的必要条件，这也在本次改革中发挥了推动作用；沈约是九品中正制的强烈批评者，曾拥戴萧衍建立梁朝，它的建议同样促成了萧衍的改革实施。但是，还有一个事实进一步推进了梁朝的制度革新：那就是南齐时期发生的精英重组过程。在萧衍称帝的时候，制度权力和文人权威的分配与二十年前南齐开国皇帝萧道成所经历的大为不同：一些次等士族获得了与高等士族同样高的地位，寒门人士加强了他们对行政和制度机构中部分关键职位的掌制，南北家族之间的博弈（高等士族和次等士族之间一些最严重的分歧便来源于此）趋于缓和。[②] 因此，对于齐朝统治期间产生的新的权力配置，萧衍做出了制度性回应：他固然对地位较低的家族关闭了一些大门，却也向他们敞开了其他大门。

---

① 见唐长孺，2000 年，第 578—586 页；阎步克，2009a 年，第 217—222 页。阎步克认为这些措施是自由应试的开端，没有身份和年龄的限制。这进一步强化了唐长孺已经提出的假设，即这些措施与唐代科举制度具有连续性。见刘海峰和李兵，2006 年，第 49—50 页。

② 刘跃进，1996 年，第 51—59 页。沈约和萧子良的文学集团促进了这种博弈的缓和。

最后,公元 508 年的一项改革,巩固了萧衍对宫廷精英地位确定的控制:这是一种行政等级制度,它对九品官制进行了补充。萧衍实行一种十八班制,其功能在于每一品级下,又划分次等官职,一班代表最低级别,十八班代表最高级别。在九品官制中,同一个品级内存在若干地位的不确定性:每个品级对应一组官职,虽然它们存在事实上的地位差异,却具有法律上的地位平等性。萧衍的改革弥补了其中的部分不确定性[①]:每个品级内部的非正式差异,即最终由个人偏好和门阀家族之间的力量关系所决定的地位差异,都根据皇帝及其亲信谋臣的标准被正式确定下来。

这些改革会终结博弈吗? 并非如此。梁武帝当然减少了非正式博弈,特别是有关同一品级中不同非正式地位的博弈;但与此同时,他也将非正式博弈转化成了正式博弈,因为大臣们要争夺一到十八班的职位。因此,门阀士族为争夺大臣职位而发生的冲突只是被转移了,而不是被取消了。[②] 不过,萧衍至少成功地将博弈"官僚化"了,因为他成为最有权势的仲裁者:门阀成员们获得越来越少的空间来强加他们的意愿,皇帝却将各种制度置于自己的标准之下,从而集中了对博弈的裁定。通过这种方式,皇帝将地位确定的标准据为己有,将取士标准强制化,将非正式博弈正式化,进而将博弈引向处于他掌控之下的制度空间。这就意味着,像萧赜这样的南齐皇帝,他宫廷里所特有的官僚主义

---

① 宫崎市定,2008 年,第 193—194 页;关于南梁行政等级制度以及北魏制度可能对萧衍改革产生的影响,详细论述见阎步克,2009c 年,第 377—428 页。十八班制以如下方式实施。一方面,九品官制中的前六品划分为一至十八等,与七、八、九品产生了巨大的地位断裂。从这个意义上说,它巩固了门阀士族与下层阶级之间的鸿沟。另一方面,一至六品各分为三等,每个品级内部就产生了三个不同的地位等级。其结果是,一些官得得到了有利的等级划分,而另一些官职则被降级划分。因此,虽然改革考虑到官职迄今为止在行政等级中占据的部分实际地位,但同时,它又引入了一种不一定符合门阀士族的期望的等级制度。

② 实际上,梁武帝身边的人虽然不属于高等士族,但通常大部分来自次等士族,甚至是这些家族中最边缘的阶层。这些人大多是文人。见周一良,1997 年,第 552—553 页。

将会在萧衍的宫廷中找到某种连续性:文人权威不得不根据皇帝强加给他们的限制,来制定自己的文人知识。不同之处将在于这些知识的有效化标准,在这一点上,萧赜和萧衍完全不同。这是我们将在下一章进行讨论的内容。

结语:博弈与文人权威

文人必须经历博弈的磨难,要么是为了维持他成功赢得的权威,要么是为了提高这种权威。他有两条作战路线:第一条是防御战线,他保护自己的知识和有效化标准不受博弈对手的威胁;第二条是进攻战线,他试图通过对其他文人进行仲裁和荫护来强加自己的有效化标准。这两条战线不应分开考虑:它们相辅相成,互相强化。当然,如果一位文人权威几乎主宰了整个文人世界,那他就不会花太多时间来进行自我保护,事实上,没有人能够与之抗衡。但是,如此强大的文人权威并不多见。一般来说,宫廷文人世界中有多个权威,他们之间大多处于一种博弈关系。所以,如果文人忽略了其中任何一条战线,他就可能会失去一切,因为,另一位文人随时准备夺走他千辛万苦得来的地位。

第五章 朝廷文人权威的官僚化： 从王俭到沈约

如何成为建康宫廷的一位文人权威？如何不仅让自己的知识成为有效知识，还能将自己的有效性标准强加于人？我们已经提出了这些问题，但只给出了部分答案。为了更加深入地了解一位文人若是想要获得权威，那么他能够或者应该调动的一切力量，并且把握这种权威在其复杂变化中的生产过程，我们将在本章通过人物志研究详细说明知识与活动、斗争与支持、手段与关系如何能使一个人在宫廷文人世界中获得认可——如果他成功了，甚至还能主宰这个文人世界。因此，在下文中，我们将介绍四位人物的仕途历程，他们在 5 世纪末至 6 世纪初，要么自己成功地成为文人权威，要么在这种权威的护佑下成为中间权威。

一、王俭

1. 王俭和他的知识

我们从南齐开国元勋王俭开始。他的家族琅邪王氏，自 4 世纪初以来，不仅在建康历代王朝中享有盛名，在礼仪和经学方面也颇有建树。王俭也不例外，南齐初期，他就成为这些领域的最高权威。[①]

据《王俭传》所载，王俭成长于一种特殊的家庭氛围中。由于父亲

① 王永平,2008 年,第 65—71 页。

早逝，他由叔父王僧虔养育长大，而王僧虔也是齐朝首任皇帝的重要拥趸：

> 幼笃学，手不释卷①。宾客②或相称美，僧虔曰："我不患此儿无名，政恐名太盛耳。"③

王俭花费大量时间学习，他总是"手不释卷"——这是历代史书传记中常用的表达，表示坚持不懈地读书和学习。他学的什么？他如此如饥似渴地读的是什么？我们可以从教育他的人所培养的文人知识类型中了解到这一点。王僧虔是大书法家和朝廷名臣（刘宋末年任尚书令），写得一手好文章，并且精通史学、音律和仪制。但他也是一位严厉的叔父。为了更好地理解他在宫廷和家中的严格，我们可以先引用《南齐书》中的一段选文来说明他对宫廷音乐的看法：

> 僧虔好文史，解音律，以朝廷礼乐多违正典④，民间竞造新声杂曲⑤，时太祖辅政，僧虔上表曰（……）⑥

在此表中，王僧虔非常严厉地批评了刘宋时期引入宫廷音乐中的创新：

---

① 字面意思是"他的手从未离开过书卷"。

② "宾客"或"客"有"客人"的意思。在这里，它就指简单的宾客。另见下文。

③ 《南史》22.590—591。

④ "典"指的是"制度"意义上的"经典"。"正"增加了"修正"之意：不是任何制度，而是从经典传统的角度出发，被认为是正确的制度。所以，"正典"既表示"经学典籍"，也表示"帝国制度"。在这段话中，我们认为应该理解为"符合经学典籍的帝国制度"。

⑤ "杂曲"通常指来自民间的歌谣，属于乐府体裁。"新声"在这里指创作新曲。

⑥ 《南齐书》33.594。

> 家竞新哇①,人尚谣俗②,务在噍杀③,不顾音纪,流宕无崖,未
> 知所极,排斥正曲,崇长烦淫。④

他在宫廷中的严格与他在家中所表现的严格相辅相成。如下是王
僧虔,约 476 年—477 年,写给儿子王慈(451 年—491 年),王俭从兄,
的一封家书节选⑤。当时,王慈年近三十:

> 吾未信汝,非徒然也。往年有意于史,取三国志聚置床头,百
> 日许,复从业就玄,自当小差⑥于史,犹未近仿佛。曼倩有云:"谈
> 何容易。"见诸玄⑦,志为之逸,肠为之抽,专一书,转诵数十家注,
> 自少至老,手不释卷,尚未敢轻言。(……)六十四卦,未知何名;庄
> 子众篇,何者内外;八帙所载,凡有几家⑧;四本之称,以何为长⑨。
> 而终日欺人,人亦不受汝欺也。(……)舍中亦有少负令誉弱冠越

---

① "哇"指"美丽的"或"诱人的",也可与"美乐"同义,但含贬义(亦可翻译为
"靡靡之音"或"绮靡之音")。见《法言义疏》3.53。

② "谣俗"可能是指来自帝国统治下的其他地区的歌谣:我们可以想到襄阳
地区的"西曲"或盛行于文人精英中的南方"吴歌"。见曹道衡,2004 年,第 56—63
页;葛晓音,2007 年,第 128—139 页。

③ 参阅孔颖达在《礼记正义》(38.1535a—b)中对该词的解释。

④ 《南齐书》33.595。

⑤ 见余英时的相关分析,2006 年,第 21—40 页。关于王慈的生平,见《南齐
书》46.802—804。

⑥ "小差"在这里是"稍逊一筹"的意思。见裴松之在《虞翻传》(164 年—233
年)中的注释。《三国志》57.1322。

⑦ 这里的"玄"指"三玄":《老子》《庄子》和《周易》。"清谈"通常立足于这三
本著作。此处,王僧虔不是蔑视清谈,而是蔑视漫不经心地阅读这些典籍。

⑧ 关于"八帙",见余英时,2006 年,第 31—36 页。它是汉末的一部著作,讨
论"三玄"问题,现今已经失佚。

⑨ 钟会(225 年—264 年)的《四本论》一文,讨论才能("才")与品质("性")的
关系,现已散佚。见《世说新语浅疏》4.230。关于钟会以及清谈史上这一重要论
辩话题,见陈金樑,2003 年,第 101—159 页。

超清级者①，于时王家门中，优者则龙凤，劣者犹虎豹②，失荫之后③，岂龙虎之议④？况吾不能为汝荫，政应各自努力耳。⑤

尽管这封诫子书措辞严厉，但王俭的从兄王慈并非一个了无才华之人。他曾以陶渊明（365年—427年）的方式潜心读书——用陶渊明的话说——"不求甚解"⑥。这是因为王慈没有抱着一种传统主义者的态度：他探索自己最喜欢的东西，并用优美的语言将其再现（在他父亲看来，这是"欺骗性的"语言，但毫无疑问，它们要足够华美精致才能够成功地"欺人"）。王慈喜欢泛读而不是精读，换句话说，他更看重翻阅书籍的数量，而不是细读和深思的强度。他所遵循的方法原则上应该能为他开启通往"清谈"圈子的大门：因为，在那里，史学、经籍和玄学知识（《老子》《庄子》和《周易》）都溶解在交谈和自发思想的智慧之中。王慈显然精通多个领域，但对王僧虔来说，这种博学多才是不够的：要成为朝廷的一员，就不能轻率地对待知识。⑦

由此看来，父亲王僧虔和大臣王僧虔之间存在着一种共通性。无论是作为皇帝谋臣，还是作为一家之主，无论是在宫廷批评"新声"，还

---

①　王僧虔的意思是，在王氏家族，比他儿子更有才华的其他年轻人已经身居高位了。

②　虎豹意象喻指美德，可引申为社会归属。这是一种古老用法，可以追溯至《周易》。见《周易正义》5.61，"革"卦。

③　"荫"指高官显贵们给予子孙做官的特权。关于"荫"在这封书信中的意义，见越智重明，1982年，第266—270页。

④　作者想说的是，如果没有家族给予的做官权力，那些被认为会是大官的人将什么也不是。

⑤　《南齐书》33.598—599。另见《南史》22.605。我们采用的是《南齐书》中的书信版本。关于此信的分析，见余英时，2006年，第21—40页。另见胡宝国，2009年，第160—161页。

⑥　《宋书》93.2286。

⑦　不过，王慈确实担当过一些相当有声望的职位，甚至是能够展示其广博知识的职位：例如，他曾担任过秘书丞。但他也任过武职——这些职位与他在"文"这一领域扬名立万的愿望完全不符。见《南齐书》46.802。

是在家中批评业余爱好，他始终是一个严厉的家长形象，值得尊敬和敬畏。王俭自小被这位严苛的叔父养育，不得不与其从兄一样接受严格的教育，并且专注于叔父在宫廷中所要求的"正典"学习。

最后，除了对儿子和侄子的教育提出这些要求外，王僧虔还希望后辈们品行端正。就像他对宾客所说的那样，他担心侄子会为将来的盛名所累。所以，为了警示侄子不要贪图虚名，王僧虔将崔瑗（77 年—142 年）的《座右铭》赠予王俭。① 以下为此文的开头部分：

> 无道人之短，无说己之长。
>
> 施人慎勿念，受施慎勿忘。
>
> 世誉不足慕，唯仁为纪纲。
>
> 隐心而后动，谤议庸何伤？
>
> （……）
>
> 行之苟有恒，久久自芬芳。②

王俭就是在这种严厉氛围中长大的，但他似乎并不为此所苦。他很好地掌握了"正典"：他的文章收录于公元 18 世纪，清人严可均所辑《全齐文》中，大多是关于宫廷礼仪难点的表和谏。在这些作品中，他还展示了自己在骈文和用典技艺上的造诣。他也写过诗歌，仅留存 7 首，收录于逯钦立的《先秦汉魏晋南北朝诗》③中。此外，他对史学也有深入研究。④ 王俭成为一名伟大的学者；但事实上，他的知识首先是基于

---

① 《南史》22.590—591。

② 《全后汉文》45.718b。

③ 《齐诗》1.1378—1380。

④ 《南齐书·檀超传》为我们提供了一个很好的例子来证明他的史学知识。檀超（生卒年不详）与江淹一同负责编撰国史，他上表设立特殊的条例和标准来组织史实记载，皇帝下诏让内外官员仔细讨论。王俭提出了几条具体的修改意见，被皇帝采纳。见《南齐书》52.891—892。

他对经学和礼仪的研究。他的从兄王慈偏离了王僧虔那种质朴的文人人格,而王俭则更愿意待在家族传统的安全区内。他摒弃了从兄似乎乐于使用的轻松言辞以及毫无根据的夸夸其谈;他强调认真、深入的研究,讲求学术征引和经籍阅读。如果说王僧虔偏爱王俭,那是因为他的侄子,是他在后辈中能找到的最像他自己的人。

2. 王俭的传统与策略

王俭承续了家族的传统,拥有丰富的礼仪和仪典知识。任昉为王俭的文集《王文宪集》撰写序言,他如此评价道:

> 年始志学,家门礼训,皆折衷于公。①

琅邪王氏的文人传统在年轻的王俭身上得到了完美的体现。他的渊博学识很快就获得了赏识:十八岁他就拜为秘书郎、太子舍人,后又提拔为秘书丞。他的晋升部分地归功于他的家族权势和威望;但这也要归功于他自己在家中吸收的博学知识。任秘书丞时,王俭因撰成两部目录而获盛名:《七志》和《元徽四部书目》。② 但一直到刘宋末年(470 年),他都尤以博通群籍著称。要等到在另一种背景下,他的知识在建康宫廷中才会呈现出完全不同的意义。

刘宋末年,未来的皇帝萧道成逐渐掌权,并全力笼络亲信,他认为王俭远非一位简单的学者。王俭擅写文章,对礼仪和经学典籍也了如指掌。因此,他坚定地加入了开创齐国的功业之中:

> 及高帝为太尉,引俭为右长史,寻转左,专见任用。大典将行,

---

① 《文选》46.2074。

② 关于这两部目录及其在中古中国图书编目中的重要性,见康达维,2001 年,第 216 页;戴仁(Jean-Pierre Drège),1991 年,第 30—31 页;兴膳宏,1995 年,第 24—26 页。

礼仪诏策,皆出于俭,褚彦回唯为禅诏,又使俭参怀定之。①

《南齐书》更加具体地描述了王俭在改朝换代中发挥的核心作用:

> 时大典将行,俭为佐命,礼仪诏策,皆出于俭,褚渊唯为禅诏
> 文,使俭参治之。齐台建,迁右仆射,领吏部,时年二十八。②

在这一背景下,王俭的文人知识具有了新的含义。未来的皇帝已经准备好夺取权力,创建自己的王朝,他不仅需要一个能够整理朝廷文件或简单地撰拟诏书的文人,他还需要一位精通礼仪和经学典籍的行家来帮助他组织朝廷制度。正是在这一刻,王俭的全部知识都受到了重视:他的写作才华(特别是在行政和制度体裁方面)与他丰富的文本遗产(对于他的档案管理工作至关重要)和经籍知识(对于制度组织是必需的)相得益彰。王俭从公元479年起和南齐初年撰写的文章,以及他在宫廷讨论中发表的意见,代表着他作为文人的名声开始超越简单的博学之誉。王俭成功地将家族的文人传统和新任皇帝的策略联系了起来,新皇需要优秀的文人谋士来巩固他的地位并使他的决策合法化。

王俭继承了王氏家族世代把持皇权(至少从东晋王导开始)的传统,在政务管理和宫廷权谋方面都积累了丰富的经验。王俭并不渴望像他的晋朝祖先一样位极人臣,他可能觉得,如果他归附萧道成,王氏一族会得到很多好处。他和他的家族可以招揽新的门生,当中会有许多文人;而以前的门生,包括他自己门下和其叔父门下,则可以身居要职,从而扩大家族的势力③。萧道成并不认为壮大琅邪王氏,特别是王俭,有何不妥:倘若王俭加入他的阵营,那他带来的不仅是他的知识,还

---

① 《南史》22.592。
② 《南齐书》23.434。
③ 关于门阀士族的门生故吏,特别是琅邪王氏和陈郡谢氏,见曹道衡,2004年,第30页。

有他门下那些随时准备捍卫这个帝国的冒险事业的门生。①

　　不过,这些只是王俭与萧道成结盟的部分原因。还有一个原因,那就是二人之间的巧合,这就不单单与当时的策略有关了。萧道成受业于雷次宗(386 年—448 年),刘宋时期首屈一指的儒学大师,精通经学典籍。他为萧道成讲授了《春秋》和三《礼》②,而这正是王俭最钟爱的两个领域。③ 另外,我们已经看到,萧道成生性俭朴,不喜奢华过度,他很可能无法忍受诗歌和音乐上的过分夸饰,按照裴子野、王僧虔等人的说法,这些过度行为曾经迷惑了刘宋王朝的一些皇帝和大臣。就算他能容忍这些行为,他的喜好也与此大相径庭:他明确把经学研究放在首要位置。④ 因此,王俭完美地契合了新皇帝理想中的文人形象。

　　但是,还有最后一个因素,它使得王俭几乎是萧道成实现帝国大业必不可少的:那就是,在相当一部分精英眼中,这位新皇帝不够合法。沈攸之叛乱,袁粲(420 年—477 年)谋反,萧道成成功地将其镇压,但这些抗议也向他揭示出宫廷中仍有部分人对他持有负面看法。这种负面评价不仅是因为他急于篡夺皇位,还有一个事实无疑也加剧了此种评价,那就是兰陵萧氏的声望不高:他们没有一种文人传统来弥补强行篡位的事实;接受儒学大师的培养也不足以吸引这个门阀士族掌控下的文人世界,这些门阀们精心呵护自己的传统,唯恐有所闪失。萧道成担心部分精英不屈不挠、奋力反抗,他需要一些大臣,既能为他保证门生

―――――――――

　　① 正如曹道衡所解释的,琅邪王氏不再拥有他们在东晋时期享有的权力。但这丝毫无损于他们的声望。基于这个原因,曹道衡没有公正地评价王俭的核心作用。他认为,萧道成只是想利用王氏一族的"虚名"。这种文人声誉建立在门生故吏和文人权威之上。对于一个权力尚且脆弱,亟须得到精英认可的皇帝来说,它是非常有用的。见曹道衡,2004 年,第 32 页。

　　② 《礼》指三本礼仪学专著:《周礼》《仪礼》和《礼记》。雷次宗在建康城鸡笼山开馆讲学,萧道成便是在此研习《礼》和《春秋》(包括《左传》)。见《南齐书》1.3。

　　③ 关于王俭对三《礼》和《春秋》的喜好,见《南史》22.595。

　　④ 据描述,他受过良好的经学教育,精通历史、书法和散文。见《南齐书》2.38。

故吏,又能为他保证合法性的资源。王俭可以为他保证这两项需求。

在权力策略和伦理相通的这种融合下,南齐初年,王俭成为建康文人世界几乎不容置疑的权威。在王俭身上,我们看到了标志着齐初宫廷的人格化身:他既像贵族一样——利用自己家族传统的固有声望,又像官僚一样——积极投身于巩固新朝的事业。正是通过这种方式,他才能成功地在帝国的制度秩序中,牢固地确立起自己的文人有效化标准。以下是司马光对王俭的评论,他借用了《南史》中的话并且添加了一些个人看法:

> 自宋世祖好文章,士大夫以文章相尚,无以专经为业者。俭少好礼学及春秋,言论造次必于儒者,由是衣冠翕然,更尚儒术。俭撰次朝仪、国典,自晋、宋以来故事,无不谙忆,故当朝理事,断决如流。每博议引证,八坐、丞、郎无能异者。令史咨事常数十人,宾客满席,俭应接辨析,傍无留滞,发言下笔,皆有音彩。①

由此,王俭改变了朝廷的氛围。如果说在刘宋政权下,华丽散文和精美诗歌的创作占主导地位,而在王俭的权威下,经学研究得到了加强——尤其是礼学和《春秋》,萧道成最为擅长的这些领域。在萧道成的支持下,这位年轻的刘宋学者成为能够以自己的形象塑造文人世界的朝廷重臣。

3. 机构的运用

此后,王俭利用他对帝国机构的控制来扩大自己的文人权威。齐朝建立之初,自公元479年起,他就执掌吏部。这个职位极其重要。正如我们已经看到的,候选人经过中正官的品评后,就进入了行政机构的流程,大部分情况下,他都要等待吏部分配职位。因此,吏部负责

---

① 《资治通鉴》136.4266—4267。另见《南史》22.595。

人——称尚书令或吏部尚书①——掌握着相当大的权力:他可以按照自己的标准执行部分政务。在新朝初立等特殊时期,这种权力还会变得更大,因为职位的分配会对宫廷社会的力量关系产生巨大的影响。

实际上,吏部是最能巩固和扩展门生故吏的机构。吏部的两大基本运作方式——核实举荐人选和委派职位给中举者——为荫护关系提供了一种制度形式:吏部官员与入选者之间通常会建立一种护主与荫客的关系,并由此保持一种互利共惠的关系,即施恩与受恩的关系,这种关系确保了荫客占有特权、护主扩张权力②。为此,护主在重要职位上成功安排的自己人越多,他对帝国机构的影响就越大。王俭已经拥有众多门生故吏,而统领吏部之职,则可以让他妥善安置自己门下之人,并且招揽更多新的荫客。如此一来,他就为自己的知识有效化标准赋予了更多的机构力量。下述即为应用这些标准的一个例子:

> 齐台建,迁尚书右仆射,领吏部,时年二十八。多所引进。时客有姓谭者,诣俭求官,俭谓曰:"齐桓灭谭,那得有君?"答曰:"谭子奔莒,所以有仆。"俭赏其善据,卒得职焉。③

并不是所有荫客,王俭都会授予官职。他在提携他们之前,都会先对其进行评估。在谭氏的例子中,他考察了候选人的史学和经学知识,以及迅速应对难题的能力;他迫使谭氏遵守他所强加的规则。不过,不是谁都能成为王俭的荫客。但是,即使像谭氏这样的无名小辈,也会赢

---

① 宫崎市定,2008 年,第 129 页。吏部侍郎对于不太重要的职位任命也有一定的影响。

② 川胜义雄,2007 年,第 213—217 页。

③ 《南史》22.592。这段对话的隐含意义难以通过翻译再现出来。王俭暗指《左传》中的一段话,说公元前 683 年,齐桓公灭谭国。谭国国君丢失领土后,逃到了莒国。由于荫客姓谭,王俭便出了一个双关语来考验他。这个文字游戏有两个同音字,一个是本朝名称与前朝名称同音("齐"),另一个是荫客的姓氏与前朝谭国同音。典故出自《春秋左传正义》8.1767b。

得赏识,因为他不仅表现出了博学和机智,还具有一定的语言天赋:实际上,他的回答与护主的问题正好构成了对仗的形式。不难理解王俭为何如此重视候选人的素质:我们已经提到,护主通常要对自己的荫客负责。但在这种情况下,还有一个策略性原因:如果王俭想把他的文人权威扩展到远超于其直接行动空间之外,他就首先要保证,他安排在各个行政职位上的文人,都能够再现他所制定的文人有效化标准。只有在"驯化"了他的文人荫客之后,他才会在宫廷和行政的棋盘上为他们找一个位置;这样,他的文人伦理,他对知识的接纳和排斥标准,就能深入文人世界的角角落落,这些地方是他凭一己之力无法控制的。

因此,所有需要得到王俭认可的文人,都必须首先掌握由史学和经学阅读积累起来的知识;他们必须阅读那些未曾读过的作品,同时忽略其他作品,以做好万全准备;他们还必须打磨自己的语言——无论是口头的还是书面的——以备护主出乎意料地对其进行当面考验。像谭氏这样的文人,他们无法为自己的文人知识建立有效性标准,除了迎合护主的要求,他们别无选择。

总明观和国学是巩固和扩大文人权威的其他机构空间①。当王俭成为国子祭酒时,他实际上就对宫廷生活中几种必需知识的生产和传播拥有了极大的权力:

> 三年,领国子祭酒,又领太子少傅。(……)宋时国学颓废,未暇修复,宋明帝泰始六年,置总明观以集学士,或谓之东观,置东观祭酒一人,总明访举郎二人;儒、玄、文、史四科,科置学士十人,其余令史以下各有差。是岁,以国学既立,省总明观,于俭宅开学士馆,

---

① 总明观设立于 470 年,于齐武帝时期废止(485 年)。南朝宋明帝时期取代国学。国学在 482 年开放数月,485 年至 498 年或 499 年重开(《南齐书》9.143—144)。485 年,总明观正是因国学兴建而废止。在此,我们采纳阎步克(2009a 年,第 197—203 页)的观点。他认为南朝的太学和国学是同一个机构的两种不同名称。关于这一问题的相关争论综述,见高慧斌,2005 年,第 31—36 页。

以总明四部①书充之。又诏俭以家为府。四年，以本官领吏部。②

此外，齐朝建立初期，总明观负责五礼事宜，大概也是在王俭的指导下进行的。在总明观中：

> （……）科置学士各十人，正令史一人，书令史二人，干一人，门吏一人，典观吏二人。建元中，掌治五礼。③

王俭既正式又非正式地掌管着 480 年代最重要的教育机构，并且有权干预玄、儒、文、史的学科设置。我们很难准确地了解这些机构所开设的课程和活动，但至少知道，它们的内容包括"四部"典籍，也就是说，几乎涵盖了全部的文人知识（不过，王俭收录于《七志》中的佛教和道教典籍没有出现在这些机构的官方课程中④）。

王俭的权力使得这些机构中的一部分与他个人融为一体了。他任国子祭酒的时候，皇帝下诏以家为府，在其宅第里开学士馆（前身为总明观）。可以说，王俭成为文本典籍和讨论空间的"所有者"，无论在家里，还是在学馆；他可以随意取用它们，就像使用自己的家庭用品一样⑤。这

_____

① 当时的四部虽然在组织结构上接近于唐代的经、史、子、集，但尚未确立此种四部体制。根据李善为任昉《王文宪集序》所做的注释所载，当时的四部遵循晋代分类法，各部未标注名称，分甲、乙、丙、丁四类，分别收录五经、史记、诸子和诗赋。见《文选》46.2075；姚名达，2005 年，第 51—53 页。另见康达维，2001 年，第 216—217 页；兴膳宏，1995 年，第 23—24 页。

② 《南史》22.595。见《南齐书》23.443—444。

③ 《南史》16.315。"五礼"，即吉礼（祭祀礼仪），凶礼（丧葬礼仪），军礼（军事礼仪），宾礼（宾客礼仪），嘉礼（冠婚礼仪）。关于各类礼仪的简要描述，见彭林，2005 年，第 21—33 页。

④ 可由《隋书·经籍志》所列书目看出：《隋书》32.907。佛教和道教典籍均单独附类，不属于七种主要类别（"七志"）。

⑤ 其实，在这种背景下，很难区分"公共"与"私人"、机构与个人。参阅托马斯·扬森的有关思考，2006 年，第 347—365 页，特别是第 361—362 页。"公"与"私"的统一并非建康宫廷所特有，事实上，这种区分不过是现代政治想象的一个意外。关于这一区分的产生，可参见理查德·桑内特，1977 年，第 16—24 页。

种地位使他如大宗师般直接而有力地支配着文人世界，因为，他把控着一些最重要的知识传播空间。因此，王俭不仅将某些人的命运掌握在自己手中，而且还通过一些机构控制着在文人世界中流通和将会流通的知识。

4. 游戏与权威

　　宫廷是一个"休闲"与"工作"不加区分的空间：为了表现自己是一位贤德之士，文人必须懂得在所有活动中言行得体，无论这些活动多么具有娱乐性；看似片刻的休息，所要付出的努力丝毫不亚于最艰巨的行政任务。团队游戏就是如此。这些游戏固然能让参与者休息片刻，至少暂时忘记他们的日常事务，但它们同时也是一种考验：参与者要么觉得有义务证明自己配得上目前的职位，要么认为可以抓住机会，证明自己比别人更加优秀，因而也就值得更好的位置。因此，当有文人权威组织集体游戏时，或者只是当他在场时，参与者所要承受的约束就会更加严格。在游戏时，文人权威不仅可以发掘新的人才，检查他们的门生荫客是否一如既往地才华横溢，还可以在作为游戏组织者的时候，通过游戏规则传达他们自己的标准，换言之，如果你想要受到他们的荫护，就必须知道什么是有用的，什么是无用的。

　　王俭有组织集体游戏的习惯。这些游戏在一定程度上含糊地体现了宫廷中的博弈：

　　　　尚书令王俭尝①集才学之士，总校虚实②，类物隶之，谓之隶

---

　　①　根据我们的解释，该段第一个"尝"意为"总是"，因为句子描述的是一般活动。但第二个"尝"似乎作完成体使用。

　　②　我们将"总校虚实"解释为对机构中的文本进行一般性讨论。考虑到这一情节中的"学士"活动，我们有理由假定参与者是在学士馆，也就是王俭的宅第进行这次游戏。

事,自此始也。俭尝使宾客①隶事多者赏之,事皆穷,唯庐江何宪
为胜,乃赏以五花簟、白围扇。坐簟执扇,容气甚自得。摛后至,俭
以所隶示之,曰:"卿能夺之乎?"摛操笔便成,文章既奥,辞亦华美,
举坐击赏。摛乃命左右抽宪簟,手自掣取扇,登车而去。俭笑曰:
"所谓大力者负之而趋②。"③

　　王俭对用典的要求与他的写作博学观紧密相关:在这种观念下,百
科知识优先于文体知识。因为,用典的艺术就在于,在文本中或多或少
地引入对另一个文本或事件的隐性参考:它要求读者足够博学才能将
其识别出来,并且在那些读过参考文本的人或了解事件的人之间,建立
起某种共谋关系。而像"兴"这样的修辞手法,就不会产生同样的共谋
关系,因为文本本身已经明确指出了所指的语境。而用典则是基于写
作特定文本之前的阅读和经验④。因此,对王俭来说,文本之美虽为根
本(这正是王摛的文章得他赏识的优势之一),他却更加看重博学,因为
他希望自己的门生也能共享这种文人的共谋,隐秘地参考相同的经验

---

　　①　虽然"宾客"也指门生荫客,但王摛——出身琅邪王氏——的出现使我们
不得不将其理解为字面意义上的"客人"。

　　②　用典,出自《庄子》2.59。

　　③　《南史》49.1213。

　　④　刘勰在《文心雕龙》中说典故是"文章之外"。这种"外在性"在于,"事"表
示的是文章所引用的外在典故,而非文章的用典性质。此外,"事"还指一种特殊
的用典类型,即通常隐秘地参考另一文本或故事,以便与原文本的所指进行类比。
典故关系可以概括地解释为隐性参考,通常使用"引"一词来表示,它不区分"用
典"与"引用",即"隐性参考"与"显性参考";它包含"延伸"之意,也就是说,把过去
的事件或文本的意义延伸至现代的指称物,"援古以证今者"(《文心雕龙义证》38.
1407)。实际上,用典除了作为文体资源外,在文本本身以及关于"文"的论述中无
处不在。关于这一方面,可见弗朗索瓦·于连,2003年,第293—297页。另见马
如丹对《诗经》中意义可用性的思考,1995年,第11—39页。

和相同的阅读材料①。

用典不是只有娱乐性质：它是每位文人雅士都必须使用的文体装饰之一，是它们自身德行的符号。从诗词歌赋到表文章奏，用典可以出现在任何类型的文本中。这正是此种游戏的真正考验所在：如果在娱乐情景中都不能使用典故，又如何能够在更加严肃的场合下使用它们呢？由于用典调动了在游戏之外具有意义的知识，并且这些知识可能会因此赢得选拔或晋升，所以这项活动不可避免地要与评估行为交汇相融。游戏和选拔当然没有合并，两者都保留了各自特有的问题。但在官员选拔以推荐形式进行的背景下，娱乐行为与选拔行为之间的差别微乎其微，因为两者都同样适宜于考察候选人。② 所以，游戏的参与者完全有理由提心吊胆。他们不是要通过模拟一个虚构的世界来获得荫护，毕竟，这个虚构世界完全抽离于日常，在游戏中有效的东西在日常生活中却远非如此，而是，面对那样一位护主，他注重门下荫客的文人人格，他们不得不表现出自己足以与护主的标准相匹配。

不过，不应该将王俭视为一个独裁者。从他对王摛意外参与的态度中可以看出，他是相当开放的，甚至对那些对他颇有敌意的人亦是如此。王俭可能无意要求荫客的标准与他自己的标准完全一致。他希望荫客在史学和经学方面博学多才，同时又写得一手好文章，但他并不试图实施令人窒息的监督。他的一些门生（比如侄子王融，以及我们已经看到的用典高手任昉）属于萧子良的竟陵八友。而这位竟陵王，我们将在下文谈及，他曾经荫护过的文人权威在诸多方面都与王俭大相径庭。③ 因此，尽管王俭更加接近于朝廷而非王廷，尽管他的选择看似严

---

　　① 当然，不是所有人都能够熟记援引的文献和事件，所以便于寻检、征引典故的类书和目录，在这个文人世界就显得尤为重要。或许正是受到这些百科全书式著作的启发，王俭才要求参与者按照类别划分典故。

　　② 这就是为什么选拔行为也可能看起来像一场游戏：王俭考察谭氏的方式（见上文）就兼具娱乐性和严肃性，就像用典游戏一样。

　　③ 刘跃进，1996 年，第 39—42 页。

肃而正经，但他的一些活动兼具博学和娱乐的性质，为那些较少探索的文人知识形式打开了通向有效化的大门。

二、沈约

王俭是齐梁之间一个相对特殊的人物：二十年来，没有任何一位文人，在自己身上汇聚过如此多的帝国机构权威。唯一可与之比肩的大概只有梁初的沈约了。作为南朝梁开国皇帝的近臣，沈约将要达到的地位完全可与齐初时期的王俭相提并论：他辅佐君主掌权，即将成为朝廷中毋庸置疑的文人权威。但沈约的权势却永远不会如王俭那般强大，因为在萧衍的政权下，文人权威比以前更加依赖于皇帝，他们已经官僚化了。[①] 王俭实际上代表了一个转折点：他从家族的贵族声望中获得了自己知识的合法性，但他利用这种知识为皇室效力，从而为这一知识赋予了一种官僚意义。沈约则造就于一种截然不同的局势之下。与同时代的其他文人一样，他的地位并不归功于家族传统的声望，而要归功于他自己的知识声望。正是出于这个原因，他对宫廷权贵的依赖程度远远高于王俭。

1. 沈约之"文"

吴兴沈氏没有文人传统，他们只有军事传统，更糟糕的是，他们出身江东本土。但没有人会质疑他们的（次等）士族地位：他们在建康皇权的巩固过程中发挥了关键性作用，而且族中多代都在南朝为官。因而，沈氏有很多机会与宫廷文人世界打交道。沈约的祖父沈林子（387年—422年）几乎戎马一生，但其父沈璞（416年—453年）已经开始踏

---

① 王俭认识沈约，但似乎并未将他视作文人权威。见曹道衡，2004年，第52页。

上文官之路：众所周知，他好学善文，又博闻广识。①

　　沈璞离世时，沈约尚且年幼。父亲的逝去给家庭带来了巨大的痛苦，这不仅是因为失去父亲所导致的物质匮乏，还因为这一死亡的特殊缘由：它实际上是一次处决。沈璞之所以被诛杀，是因为在刘劭（424年—453年）和刘骏（孝武帝，430年—464年；453年—464年在位）之间的战争中，他不知道如何向后者——也就是赢得战争并成功登上皇位者——表达忠诚。② 为了逃脱父亲的命运，沈约不得不与母亲四处流亡，直至孝武帝在454年下诏大赦天下③。沈约当时只有十三岁。

　　童年时期的沈约自然受益于父亲的教诲，或许也有母亲的培育。但最为重要的是，他似乎是自学成才：

　　　　约幼潜窜，会赦免。既而流寓孤贫，笃志好学，昼夜不倦。母恐其以劳生疾，常遣减油灭火。而昼之所读，夜辄诵之，遂博通群籍，能属文。④

　　在流离失所、饥寒交迫的生活中，沈约日夜苦读。王俭也同样是幼年丧父，但沈约的情况却还要更加恶劣：他的家族对他嗤之以鼻，他也没有一个有权有势、博学广智的叔父来负责他的教育，就像王僧虔对王俭那样。有一次，

　　　　丐于宗党，得米数百斛，为宗人所侮，覆米而去。⑤

---

　　① 见马瑞志，1988年，第10—11页。关于沈璞的文采和博学，见《宋书》100.2461。
　　② 见《宋书》100.2464—2465。
　　③ 马瑞志，1988年，第15页。
　　④ 《梁书》13.233。
　　⑤ 《梁书》13.242。

没有家族的支持,沈约似乎注定要处于某种边缘地位。但他成功地成为建康的文人权威:他是齐中至梁初最有权势的文人之一,于任上去世,终年七十二岁。南齐时期,沈约发展了一种经、史、佛、诗融会贯通的博采文风,为一部分文人精英——根基最稳和最弱者——带来了迷人的新鲜气息。沈约没有公然与王俭的严肃博学决裂,也没有反对传统士族的文人传统,而是面向那些同他一样,只有依靠自身知识才能成为宫廷文人权威之士,提倡一种更加开放的博学。或许,正是因为他远离了这两种传统——自己家族的军事传统和高等士族的文人传统——才能创造出这种全新的文人权威形式。

2. 文人知识与轨迹

沈约早年对“文”的探索在他后来的仕途发展中起到了决定性作用。当同时代的其他文人被誉为伟大诗人的时候①,《梁书》的作者却指出,沈约尤其致力于文本的阅读、背诵和记忆:年轻时的沈约是一位学者形象,更加接近于王俭或江淹,而不是后来那个花费大部分时间钻研诗赋韵律之人。但早期的这种兴趣与他后来在永明年间(483 年—493 年)的兴趣并不矛盾:正是学者难以满足的好奇心引导他日后涉足广泛的文人知识领域。

沈约的官宦生涯始于散骑省,或称集书省,时任奉朝请。② 在这个职位上,他将自己的博物广知和写作才华发挥得淋漓尽致。奉朝请这

---

①　以张率(475 年—522 年)为例,他在十二岁到十六岁之间(即 486 年—490 年)每日作诗,后来作赋或颂。到 490 年,他已经写了两千余首。见《梁书》33.475。

②　东晋时期,散骑省隶属于门下省,南朝时期成为独立部门,称“集书省”(又称“东省”)。与门下省一样,该部门负责核查皇宫文件,同样拥有否决权。见祝总斌,1990 年,第 292 页;俞鹿年,1992 年,第 196 页,词条“集书省”;宫崎市定,2008 年,第 143 页。

个官职不是总有明确的事务①,但由于该部门的职责是整理呈奏给皇帝和门下的文书,沈约很可能负责的是文书撰写和档案整理。事实上,正是在担任此职时,他赢得了广泛的声誉,对他后来的仕途产生了积极的影响:

> 济阳蔡兴宗闻其才而善之;兴宗为郢州刺史,引为安西外兵参军,兼记室。②

沈约的晋升,得益于他在散骑省任职时表现出来的才华。作为蔡兴宗的记室,沈约所从事的工作很可能与他在奉朝请负责的事务并无太大区别③:他进行文书的修订或撰写。所以,他与类似职位上的其他人走的是同一条道路。因散文和博学而受到赏识并获得提拔的江淹和任昉,他们其实也在经历着相同的历程。④

当沈约进入太子萧长懋的麾下后,他的仕途突飞猛进:

> 齐初为征虏记室,带襄阳令,所奉之王,齐文惠太子也。太子入居东宫,为步兵校尉,管书记,直永寿省,校四部图书。时东宫多

---

①　奉朝请是一个相对来说受到优待的官职,也是一个让人垂涎欲滴的起步官职。在汉代,这一头衔授予有权参加春秋朝会的人,后来才成为一组起步官职的名称。南朝时期,奉朝请成为散骑省的一个小职位。永明年间曾达六百余人。见俞鹿年,1992年,第197页,词条"奉朝请"。

②　《梁书》13.233。

③　这个地方机关的秘书职位与参军一样,都由刺史直接任命,无需中央机构的许可。据俞鹿年称,该职的主要职能就是负责处理文书。见俞鹿年,1992年,第173页,词条"记室";严耕望,2007年,第123页。关于地方官职,见严耕望,2007年,第117页。

④　在《南齐书》中,江淹和任昉的传记一前一后出现。两人同为一代辞宗巨匠,可能也是刘宋末年至梁朝初期最重要的辞赋大家。王俭对他们极为赏识,在仕途上多有提携。从某种意义上说,他们在经、史上的博学,构成了一种更加接近于以王俭为代表的文人典范,而非沈约。

士,约特被亲遇,每直入见,影斜方出。当时王侯到官,或不得进,约每以为言。太子曰:"吾生平懒起,是卿所悉,得卿谈论,然后忘寝。卿欲我凤兴,可恒早入。"迁太子家令,后以本官兼著作郎,迁中书郎,本邑中正,司徒右长史,黄门侍郎。时竟陵王亦招士,约与兰陵萧琛、琅邪王融、陈郡谢朓、南乡范云、乐安任昉等皆游焉,当世号为得人。俄兼尚书左丞,寻为御史中丞,转车骑长史。①

两位皇子在沈约的仕途生涯中发挥了决定性的转折作用:得益于他们的支持,沈约的名声越来越大,获得的官职也更加显赫。但是,为什么这两位皇子会对他感兴趣呢? 毫无疑问,沈约是一位才华横溢的学者,能够吸引宫廷权贵的注意。但宫廷中也有其他学者。他又有何特别之处呢? 原因可能在于,从他为太子效力之时,他就开始触及皇帝宫廷相对排斥的一些问题,而诸王们则希望自己的随从有与众不同的风格。

皇帝与两位皇子之间存在着代际差异。萧道成是两位皇子的祖父,也是齐朝的开国君主,他所接受的教育几乎全部集中于经学研究;因其家族声望主要来自军事方面,而且,正是凭借武力他才登上了皇帝之位②,所以,是他的大臣王俭为兰陵萧氏带来了他们缺乏的文人传统。萧道成的儿子萧赜,是南朝齐第二任皇帝,他的地位相比其父更加稳固,但他并未就此改变先皇宫廷中的谨肃之风。两位皇子的宫廷截然不同。他们没有同样的顾虑。虽然他们与自己的祖父一样,不被认为是某种文人传统的继承者,可他们没有同样迫切的需要:他们不是在建立一个王朝,而是在巩固自己在文人精英世界中的地位;他们不是一定需要权臣这一贵族传统所固有的合法性,而是需要能够"装饰"他们

---

①　《梁书》13.233。

②　实际上,这个军事世家在掌握皇权之后就转变成了一个文人世家。见王永平,2008年,第198—211页;杜志强,2008年,第10—28页。

宫廷的文人。两位皇子似乎对他们父亲的狭隘有所不满，萧赜对经籍和吏事的兴趣远胜于其他的文人知识之源。在他们看来，父亲和祖父的品味和兴趣过于狭隘，如果仅限于复制，那么他们的宫廷就无法大放异彩。

因而，两位皇子采取了完全不同的态度：既然萧氏没有文人传统，那他们就自己创造一个。萧长懋和萧子良的身边集合了各种各样的学者，他们的知识和规划千差万别，地位和传统也迥然相异。两位皇子的活动与王俭的活动之间存在着霄壤之别：他们对佛教和诗歌的诚挚热情取代了儒生王俭的限制性态度，聚集在他们府邸的绝大部分文人都以佛教和诗歌为思想核心。[①] 事实上，这两位皇子都是狂热的佛教徒[②]，这使得他们与经学传统保持了一定的距离[③]：因为，在不忽视诸如编撰类书作品、研究经学和史学等活动的情况下，他们的大部分时间都用于阅读佛典、讨论音律。

围绕在两位皇子周围的文人知识纷呈，各显异彩。他们结交的对象既有文人大臣，也有著名高僧；既有明确反对佛教的范缜（450 年—515 年），也有狂热的佛教徒和声韵大师周颙（？—485 年）。以下即为《南齐书》对这两兄弟的描述：

> 又与文惠太子同好释氏，甚相友悌。子良敬信尤笃，数于邸园

---

① 萧子良集团的文人活动与王俭的活动同时进行，好些文人同时参与两个集团。但在萧赜统治时期，皇子们的声望逐渐提高，而王俭的重要性则有所滑落。我们无法猜想，如果王俭没有在公元 489 年，正值 38 岁就英年早逝，那么局势又会如何？ 不过，正如我们下文所示，一旦王朝得以巩固，那王俭所代表的文人权威类型就不太可能了。直到生命尽头，他都一直保持着自己的权威，只是不如王朝初期那般强盛。

② 可见马瑞志，1988 年，第 21—25 页。

③ 精英们普遍崇尚佛教，王俭也不例外。他甚至可以说是佛学专家。但佛教并不是他的重点。萧子良和萧长懋却花费大量时间与僧人们讨论佛教的教义问题。见杜志强，2008 年，第 88—96 页；王永平，2008 年，第 256—261 页。关于王俭与佛教之关系，见王永平，2008 年，第 100 页和第 104—105 页。

营斋戒,大集朝臣众僧,至于赋食行水,或躬亲其事,世颇以为失宰相体①。劝人为善,未尝厌倦,以此终致盛名。寻代王俭领国子祭酒,辞不拜。②

又有《萧子良传》中的一段:

> 五年,正位司徒,给班剑二十人,侍中如故。移居鸡笼山邸,集学士抄五经、百家,依皇览③例为四部要略千卷。招致名僧,讲语佛法④,造经呗新声,道俗之盛,江左未有也。⑤

由于两位皇子的开放态度,沈约在他们这里找到了自己的天选主公。他先后赢得了萧长懋和萧子良的信任。他们之所以对沈约报以信任,不仅因为他是一个可用之才,还因为他擅长取悦,且能传授知识:他能言善道,精通佛法,既会恰到好处地运用自己的博学,又能写出优美的诗文。⑥ 在萧子良的保护下(485 年左右,他开始在建康西郊的府邸定期组织文人活动),沈约随心所欲地将他的知识向他认为最有启发性的方向扩深。他成为伟大的史学家(撰写南朝刘宋正史《宋书》)、伟大

---

① "体"即"体貌"。

② 《南齐书》40.700。

③ 《皇览》是中国最早的百科全书式著作,也是唐朝称为"类书"的作品前身。《皇览》由魏文帝曹丕组织大臣编纂而成,是后世编纂各种类书的典范。但它在唐朝失传,现今只存有部分片段。见戴仁 2007 年,第 21—25 页。《四部要略》依《皇览》体例格局编纂,也已失佚。除了《南齐书》中的这段话,我们几乎没有关于这部类书的信息。

④ 事实上,关于声调和诗赋音律的思考正是在翻译佛经和讨论歌曲曲调中发展起来的。见陈寅恪,2007 年,第 307—312 页。

⑤ 《南齐书》40.698。

⑥ 吴兴沈氏,特别是沈约,与道教曾经并且继续保持着密切的关系,笃信佛教与此并不矛盾。道教在沈约的话语和实践中极为常见,尤其是在南齐末年。见马瑞志,1988 年,第 85—134 页。

的佛教论战家(著有《均圣论》)①和注重技巧的伟大诗人。② 沈约与同样热衷于佛学和诗歌的周颙、王融等人一起研究声律,这使他在建康文人世界获得了广泛的声名。佛教的翻译和诵读是持续思考格律问题的源泉,如果不曾进行这些实践活动,就无法精确地确定声调,建立它们的专门用语,进而制定诗歌辞赋的声律规则。所有这些研究都是在两位皇子的支持下开展的。如同追随他们的数百名文人一样,沈约也得益于他们的开放思想,才能创造新的知识,巩固新的文人伦理。

正如皇帝萧道成和王俭之间存在着一种文人志趣的交集,竟陵王萧子良与沈约之间同样也存在着交集。但他们之间的差异也是相当大的。一方面,沈约没有王俭那样的个人威望和家族声势:与王权相比,他几乎不具备一丝一毫的权力。另一方面,萧子良并不——像他的祖父那样——试图通过赢得文人世界的尊重来跻身精英阶层,他要做的是,通过网罗新的文人权威和创造新的知识形式来尽力**更新**这个文人世界。皇帝的相对被动与萧子良的积极主动相互对立;王俭身上体现的家族传统束缚与沈约身上持有的革新动力相互对立。与皇廷相比,沈约更加接近于王廷但他同时又在朝廷任职,这一切,忽然之间,就使他有机会既在文人知识的传统领域——诗歌、经学、史学等——又在一些尚未开发的领域——声律和佛学等——进行"殖民化"。

一言以蔽之,兰陵萧氏——或者更确定地说,萧氏家族的两位年轻成员——相当有信心采取大胆创举,开展全新规划。沈约似乎明白这一变化:就是此刻,向皇室展示一种超越前朝的知识。他认为,他提供的这种知识,就是他制定的声律规则,而当他断言在他之前"此秘未睹"的时候,他觉得他为自己的主公,乃至整个皇权带来了一项全新的发

---

① 关于沈约的《均圣论》,见《全梁文》29.3a—4b。圣人指孔子、周公和释迦牟尼。关于信徒(无论是精英还是平民阶层)对经文和礼仪的传承和传统(特别是佛教和道教)进行合理区分的能力,见穆瑞明(Christine Mollier),2008 年,第209—210 页。

② 关于萧子良的西邸文学活动,见托马斯·扬森,2000 年,第 85—112 页。

现，足以将萧氏家族与圣人传统相提并论。

3. 通往巅峰之路

公元 493 年，王融亡故，次年，萧子良逝世，萧子良集团的文人们，随之作鸟兽散。但沈约在宫廷中的文人权威已经相当强大[①]，直至南齐末年，他的仕途发展都颇为顺遂：

> 隆昌元年，除吏部郎，出为宁朔将军、东阳太守。明帝即位，进号辅国将军，征为五兵尚书，迁国子祭酒。明帝崩，政归冢宰，尚书令徐孝嗣使约撰定遗诏。[②]

在南齐统治的第二个十年，尽管宫廷中发生了残酷的动荡（尤其是萧鸾在位时，将萧道成和萧赜的子孙诛杀殆尽，而萧宝卷在位时，又肆意屠戮王公大臣），但沈约的仕途却充满了荣光。任吏部侍郎时，他拥有官员选拔的决策权，虽然权力有限，而后担任的武职亦属高位[③]。随着他的文人权威逐渐提升，他执掌了国学；在齐明帝去世后，尚书令徐孝嗣又让他负责整理先皇遗留下来的诏书。沈约可能对尚书令（临时负责掌管国事[④]）的决策没有太大影响，但他很受信任：根据《梁书·沈约传》所言，他当时已经是"一代词宗"。[⑤]

公元 502 年，随着梁朝的建立，沈约在文人知识和机构层面都攀升到了真正的权威地位。好几位之前曾是"竟陵八友"的文人都官居高

---

①　马瑞志，1988 年，第 13 页；吴建辉，2000 年，第 32—33 页。

②　《梁书》13.233。

③　宫崎市定，2008 年，第 129 页。吏部侍郎只对次要官职的分配有发言权。

④　《梁书》13.233。

⑤　《梁书》14.253。我们认为史学家所指背景为南齐末年。

位,但集团成员中地位最为显赫的当然要数新王朝的建立者,梁武帝萧衍。[①] 沈约与萧衍交游于萧子良的宫廷,齐末时期与他甚为亲近。萧衍称帝后,沈约成为他的主要谋臣之一。与大约二十年前的王俭一样,沈约也充当了佐命之臣的角色,就是在朝代更替的时候辅佐帝王上应天命:正是沈约劝进萧衍夺权登基,也是他撰写的禅位诏书。作为奖赏,他担任了许多朝廷要职,其中就包括尚书右仆射和吏部尚书。正如萧衍对范云和他自己说的:

> 我起兵于今三年矣,功臣诸将,实有其劳;然成帝业者,乃卿二人也。[②]

如果不是早年结识于萧子良的宫廷,沈约不可能与皇帝如此亲近;而如果不是拥有大文人的名声,他也不可能获得萧子良的青睐。他的文人知识助推他登上了帝国的顶峰。

然而,与王俭相比,沈约的文人人格不可避免地更加官僚化。王俭可以仰仗自己的家族权势和声望,沈约的地位却取决于他对主公的侍奉,先是诸王,而后皇帝。沈约的地位较低,他不但必须表现成"贤臣"(这对王俭来说不过是一种策略性选择),而且只能是新皇帝的贤臣。可以说,他沦为了皇帝的工具。当新主公的利益与他的利益相吻合时,这种人的工具化、知识的官僚化可能难以察觉,但在另一种情况下,当他的行动余地变窄时,这种现象则可以被感知出来。

4. 萧衍与文人权威的官僚化

在南齐存续的二十多年间,朝廷的典型特征是文人的贵族人格向

---

① 萧衍与他的齐国前辈同出一门,在这个意义上,他将自己视为齐国血统的延续者。有关这一王朝交替的分析,参见马如丹,2010 年,第 122—124 页。

② 《梁书》13.234。

官僚人格过渡,这种特征在诸王宫廷中表现为不同的形式。当南齐的开国君主需要王俭的贵族合法性时,君臣关系就是两个家族之间的妥协关系:一个是正在巩固权力的皇室家族,一个是为其提供支持和声望的传统家族。但是,在萧赜(公元483年继位)统治期间,王朝的合法性问题已经基本解决,皇帝在门阀士族面前的形象也得到了加强。在此背景下,文人权威逐渐由一些人掌握,他们虽出身名门(比如,与沈约同属萧子良集团的王融或谢朓),却不具备王俭那样的权力,无法将他们的意志强加于皇帝或诸王——除非他们不像贵族,而像官僚一样行事。因此,大多数情况下,文人权威都是根据皇帝的标准,其次是诸王的标准,来进行官僚化。

这种官僚化在梁朝时期愈演愈烈。根据我们在本书中赋予该词的意义,官僚主义意味着,根据他能为君王提供的服务来进行知识的有效化,而不是根据家族传统的声望:一个文人越是摒弃知识有效化的家族标准,而遵从诸王或皇帝的个人标准,他就越是成为官僚。这就是文人权威在梁朝开国皇帝的宫廷中的情况。萧衍掌权时,他不再需要一位贵族大臣以获得文人世界的认可:他已经享有了自己的文人声誉,既有个人的,也有家族的。在个人层面上,萧衍以其文采和博学著称;在家族层面上,兰陵萧氏如今已有二十多年的文人成就:萧衍属于南齐宗室,因此可以从兰陵萧氏,尤其是前朝诸王,二十多年以来所建立起的文人声望中获益。萧衍不仅依靠武力的合法性,还依靠家族传统和自身声望所提供的知识的合法性,这也是他与南齐创建者的区别所在。

公元502年,萧衍建朝的时候,远未面临萧道成在479年必须克服的合法性质疑。① 他是一位权倾朝野的人物,门阀士族也给予了他巨大的支持:他把他们从一位暴虐无道的皇帝——东昏侯——手中解救

---

① 关于晋陈之间(557年—589年),梁武帝相比其他王朝建立者的特殊性,见周一良,1997年,第338—368页。

出来。① 萧衍注重全方位地树立自己的声誉和尊荣：他以其深厚的史学、诗歌、礼仪和经学知识征服了文人世界；他与僧侣团体建立了良好的关系，在短时间内就成为宫廷中佛教的主要推广者之一②；他也没有忽视帮助他夺取政权的各个州郡以及京都的武将们。③ 除了广泛地调和文人精英与非文人精英④、地方与中央之间的矛盾，他还进行了制度改革：提高考试机构的地位，制定官员选拔的年龄界限和必备学识，设立十八班制以进一步明确九品官制的内部等级，所有这些改革都是为了加强皇帝对帝国制度的控制。⑤ 萧衍文韬武略，在帝国的礼仪、行政和军事组织方面都非常活跃，其威望甚至超过了最有权势和最有智慧的大臣。⑥ 大臣的官僚化不可避免：在与皇帝的关系中，作为贵族的他们，不能为皇帝提供任何东西；文人的家族传统也大不如齐朝初期那么重要。在这里，皇帝的标准才是最重要的。

　　矛盾的是，沈约崛起的同时，对文人权威的机构消解也日益增长：虽然他们在朝廷中位高权重，却无法超出皇帝施加于他们的严格界限。沈约本人就是一个最好的例子。毫无疑问，他能为新皇效力之事众多：即位之初，萧衍非常欣赏他的史学知识以及他在前朝（刘宋和南齐）为官的经验。所以，萧衍给了沈约一些相当重要的职位。但是，沈约并没

　　① 　关于东昏侯在精英阶层中激起的反抗，以及萧衍在废黜东昏侯之事中发挥的作用，见托马斯·扬森，2000 年，第 201—206 页。

　　② 　萧衍与佛教界关系密切。公元 519 年，他甚至被称为"菩萨皇帝"。见杨德（Andreas Janousch），1999 年，第 112—149 页。

　　③ 　见戚安道，2009 年，第 79—94 页。

　　④ 　萧衍的在位时间（502 年—549 年）本身就说明了梁朝的稳定。周一良给出了几个原因来解释这种稳定性。其中一个主要原因在于，萧衍对精英阶层采取的是一种双重政策：他一方面拉拢曾对他予以帮助的高门士族，确保他们享有特权；另一方面又剥夺了他们的大部分实权，转而起用寒门人士。见周一良，1997 年，第 341—346 页。

　　⑤ 　宫崎市定，2008 年，第 18—19 页，更为详细的内容见第 187—224 页；另见阎步克，2009c 年，第 377—411 页。

　　⑥ 　见周一良，1997 年，第 338—368 页。

有获得王俭在萧道成手下的权力:因为他不像王俭那样不可或缺,他的付出也没有得到那样丰厚的回报。当沈约请求担任三公之职时,萧衍拒绝了他:

> 初,约久处端揆,有志台司,论者咸谓为宜,而帝终不用,乃求外出,又不见许。①

所有人都认为沈约的请求是合理的。但是,足够强大的皇帝能够毫无忌惮地反驳他的谋士们,他希望沈约继续担任自己所分配的官职。从这一刻起,沈约知道,他的仕途不再取决于自己的志向,而是取决于萧衍的意志。他开始抱着一种隐忍的态度:

> 及居端揆,稍弘止足,每进一官,辄殷勤请退,而终不能去,论者方之山涛。②

最终,沈约在机构权威和文人权威上都遭受了挫折。萧衍固然赏识沈约,但他看不起沈约的声律研究,而沈约却认为此"秘"乃是他的伟大发现。于皇帝而言,对帝国制度的组织有用的,首先是学者沈约:

> 约历仕三代,该悉旧章,博物洽闻,当世取则。谢玄晖善为诗,任彦升工于文章,约兼而有之,然不能过也③。(……)所著晋书百

---

① 《梁书》13.235。

② 《梁书》13.242。山涛(205年—283年)是竹林七贤之一。曹魏末年,司马懿(179年—251年)与曹爽(?—249年)争权,山涛乃归隐不问世事:每当有人赐予职位,他都婉言拒绝。见《晋书》43.1223—1228。沈约亦是如此。

③ 《梁书》13.242。马瑞志将这段话理解为是对沈约的称赞。而我们认为,这当然是赞美,但也相对地贬低了沈约的成就(根据《梁书·沈约传》所言,沈约在诗歌方面无法超越谢朓,在文章方面也比不过任昉)。见马瑞志,1988年,第13—14页。

一十卷,宋书百卷,齐纪二十卷,高祖纪十四卷,迩言十卷,谥例十卷,宋文章志三十卷,文集一百卷:皆行于世。又撰四声谱,以为在昔词人,累千载而不寤,而独得胸衿,穷其妙旨,自谓入神之作,高祖雅不好焉。帝问周舍曰:"何谓四声?"舍曰:"天子圣哲①"是也,然帝竟不遵用。②

与王俭一样,沈约的博学是建立王朝制度的必要条件,自然对萧衍大有用处。但沈约仅仅是有用,并非不可或缺;他不再拥有自己在王廷时所享有的自主权;他也不具备家族传统赋予他的额外合法性,而且,就算他能够依靠这样一种传统,可无论如何,它也不再如齐初时那么重要了。南齐和梁初的诗人沈约,文化巨匠、声律论捍卫者,最终沦落成皇帝按照自己的标准加以使用的简单工具。他已经远离了萧子良庇护下的广阔自由,远离了可以自行选择主题进行创新和反思的时代,他受到了萧衍——本身就是文人权威——强加于身的狭隘限制③。沈约知道,自己仍然备受尊崇,但他也明白,自己的举措对于萧梁王朝来说已经没有什么贡献了。④

---

　　①　周舍(469年—524年),周颙之子。他的这一回答以简约精练、解释力强而闻名:四个字的声调各不相同。见吴妙慧的分析,2010年,第24—25页。
　　②　《梁书》13.242—243。
　　③　在梁朝,皇帝和诸王是文人知识新格局的引导者:萧衍、萧统、萧纲和萧绎,父子四人并称"四萧",他们属于公元6世纪最重要的文人。萧纲和萧绎是"宫体诗"的龙头人物(虽然这种诗体源于以萧子良集团为核心的永明体诗歌)。我们可以说,沈约所主张的文人知识精神在这两位文人领袖的文人活动中获得了重生。关于"宫体诗"的两种意义(广义指从南齐沈约延续至南陈江总[518年—594年]的诗体,狭义指梁陈宫廷中流行的诗风),见刘跃进,2005年,第40—41页。
　　④　有关沈约与萧衍之间的关系,见马瑞志,1988年,第127—137页。

三、关于其他文人轨迹的若干思考

另外两位文人的仕途轨迹可以让我们继续思考文人权威的构成问题:第一位是刘勰,他对荫护的依赖程度甚至超过了沈约;第二位是裴子野,多亏他的对抗态度,他才能在齐梁宫廷的文人权威面前保持一种相对的自主性。

1. 刘勰与荫护

刘勰可以说是掌握了文人世界的法则并最终加入其中的寒门人士之一[①]。他出生于刘宋覆灭前十五年左右;他很早就成为孤儿,日子过得凄苦清贫,不得不到佛寺中寻求避难。但正是在这个寺院中,他积累了丰富的知识:十多年来,他得益于建康最受崇敬、最为博学的高僧之一僧佑(445 年—518 年)对他的庇护。很可能正是僧佑,为他架起了一座桥梁,通向南齐宫廷的文人活动,特别是与僧佑交情颇深的萧子良的文人活动[②]。我们当然无从知道刘勰是否见过竟陵王及其集团的其他文人,或者他是否通过他的护主来了解萧子良集团的著述和活动。但他极为可能密切关注着他们。另外,僧佑还将寺内藏书托付给刘勰,以此来推动对他的栽培:在这里,刘勰长期与书为伴。理论上,他在那里

---

① 刘勰的社会归属问题比较复杂。一部分人认为他属于士族,也就是宫廷中的门阀贵族,其实,他的家族中有许多名望之士。另一部分人(比如王元化)则认为刘勰并非门阀士族,而是庶族。关于这些争论的概述,见刘跃进,1997 年,第 338—342 页。这些争论的不足之处在于,它们是从过于狭隘的身份归属角度出发来讨论问题的,而没有考虑到地位构成的不确定性。在我们看来,刘勰的情况类似于江谧,他也被萧子成视为寒门子弟:虽然刘勰出身于一定声望的家族,但他与宫廷精英的关系并不密切,必须依附于他的主公。不过,他比江谧略胜一筹的地方在于,他掌握了江谧所忽视的文人知识,而江谧酷爱的是吏事。关于刘勰的入仕策略,见华蕾立,1998 年,第 95—105 页;曹道衡,2004 年,第 54 页。

② 关于僧佑的生平以及他与萧子良的密切关系,见《高僧传》11.440—441。

只负责整理佛经,但从《文心雕龙》中的各种参考资料来看,他肯定还接触过好几种其他文本。① 寺院是刘勰的知识源泉和社会生活空间,将对他在梁朝的仕途发挥决定性作用。

在刘勰关于写作艺术的巨著《文心雕龙》中,有一些线索表明,他与自己的第一位宫廷护主沈约之间存在着诸多相通之处。首先,刘勰主张装饰,这一点与沈约颇为接近;其次,他对"通变"原则的捍卫也与沈约无二,这一原则既为文人知识新形式的生产提供了理由,同时也不会导致与经学典籍的学理相割裂。这种论调实际上与沈约"明释"传统的思想极为相似。此外,他在《声律》篇中将声律视为文本创作的必要装饰之一,更加表现出与沈约具有共同认识:

> 夫音律所始,本于人声者也。声含宫商,肇自血气,先王因之,以制乐歌。(……)故言语者,文章神明枢机,吐纳律吕,唇吻而已。②

虽然刘勰与沈约的表述并非完全一致,但他们在遣词用语上仍然具有明显的共通性。③《文心雕龙》中融入了佛教元素,比如提到"般

---

① 只需看看他的著作所涉及的大量文献阅读就能明白一二。在《文心雕龙·序志》篇,他曾说"敷赞圣旨,莫若注经",毫无疑问,他定是在寺院中研读的经学典籍。见《文心雕龙义证》50.1909。

② 《文心雕龙义证》33.1209—1212。部分学者认为"文章"一词后面缺少了两字,但詹锳反对此种解释。关于他对此段的注释,参见《文心雕龙义证》33.1212—1213。

③ 关于此种相合性的更多论据,见华蕾立,1998年,第95—105页。正如华蕾立基于多种理由提出的,我们不能将《声律》篇的价值简单地归结为刘勰的某种"政治心理学",就好像他在论著中思考音律问题只不过是为了取悦沈约。正因如此,我们更倾向于使用"共通性"一词:尽管存在诸多相异之处,但他们的思维方式是一致的。更何况,正如吴妙慧所指出的,对声调的探索具有启发性和娱乐性的特点,而不是一定要严格遵守的标准。与其他宫廷成员一样,刘勰似乎想通过这种方式倡导一种"炼声"追求。见吴妙慧,2010年,第21—39页。

若",或者根据部分学者的假设,著作本身的结构安排立足于佛学根基之上①。这些要素无疑会让沈约有觅得知音之感,使刘勰更加与沈约相互映衬。

刘勰并非一定要让沈约作为他的著作对话人。事实上,《文心雕龙》也可能会吸引任昉或范云等人。但公元 498 年至 502 年,当刘勰写完该书的时候②,是他自己找到了沈约。当时,沈约的文人权威正盛,而宫廷动荡正使南齐走向灭亡。正如《梁书·刘勰传》所云:

> 既成,未为时流所称。勰自重其文,欲取定于沈约。约时贵盛,无由自达,乃负其书,候约出,干之于车前,状若货鬻者。约便命取读,大重之,谓为深得文理,常陈诸几案。③

文心相通、彼此认同在很大程度上是相互的。刘勰认为沈约会欣赏他的著作,而沈约也在刘勰的作品中找到了自己所关切的答案之源④。虽然传记没有明确将这次会面与刘勰的梁朝仕途联系起来,但可以肯定的是,沈约是刘勰最有力的支持者之一。而对于刘勰的仕途生涯,传记中这样写道:

---

①　见梅维恒(Victor Mair),2001 年,第 63—81 页。这部著作不同于同时代的其他类似著作或就文本艺术展开的讨论。当时,任昉在写《文章缘起》,沈约已经写出他关于"文"的其中一份"宣言"——《宋书·谢灵运传论》,挚虞(250 年—300 年)写了《文章流别论》,陆机作《文赋》。但这些作品都不具备《文心雕龙》所呈现的深刻性和全面性。《文心雕龙》的独特性或许正好反映了刘勰的仕途之路在京都文人精英中的独特性。

②　见牟世金,1995 年,第 52—69 页。萧子良逝于公元 494 年。华蕾立认为,这部著作应是在公元 500 年左右完成的。见华蕾立,1998 年,第 54—67 页。

③　《梁书》50.712。

④　杨明照在对刘勰生平进行分析时,强调了这种共通性。见《文心雕龙校注》,第 8—9 页。

梁天监中，兼①东宫通事舍人，时七庙飨荐已用蔬果，而二郊农社犹有牺牲，勰乃表言二郊宜与七庙同改。诏付尚书议，依勰所陈。迁步兵校尉，兼舍人如故，深被昭明太子爱接。②

南梁太子、《文选》编纂者萧统(501年—531年)当时是文人们的大护主。太子是否真的与刘勰关系密切，或者仅仅是赏识刘勰，这一点还值得商榷③，但自己的通事舍人的成名之作不可能不被太子注意到④：太子对他的博学赞誉有加。不过，为刘勰赢得广泛称颂的，是佛学。随着梁武帝越来越笃信佛教，他决定将"戒杀生"这条戒律应用于传统祭祀中；但他还未将它应用于所有的仪式活动中。因此，刘勰进言全面贯彻这种素食改革，他的建议得到了采纳。他似乎是一位佛学问题的权威人士。"文"和佛教确保了梁朝皇室普遍对他青睐有加，包括萧统和萧衍。

但刘勰并不像沈约那样地位显赫，而他在各朝史书中鲜有其名，也说明他不是一个有权势的人。刘勰亦不是一位真正的文人权威；他半途而废了。他与王俭大不相同，在某种程度上也与沈约不太一样，他对护主的依赖几乎是绝对的；他不像沈约那样，能够找到一位仁慈的护主给予他真正的自主权，也没有辅佐皇帝开创建国大业的幸运。尽管他撰写了关于写作艺术的论著，并且激进地推行了萧衍的佛教措施，但他的创举，只有在护主的选择强加于他的狭窄框架中才能顺利开展。

2. 裴子野与对抗

裴子野的仕途是在对抗的基础上发展起来的：他的对手是萧子良

---

① 他已经是南康王萧绩(505年—529年)的记室。

② 《南史》72.1781。

③ 事实上，牟世金提供了很好的论据来证明萧统和刘勰之间的关系并不像传记中所写的那样亲密。见牟世金，1995年，第66—67页。

④ 有关此种关系，见华蕾立，1998年，第110—111页。

身边的一些文人权威,尤其是沈约和任昉。① 这种对抗非常令人诧异,因为在诸多方面,裴子野都与竟陵王周围的几位文人并无本质上的差别:他精骈文、擅诗歌、著史书。众所周知,萧子良广纳文人,他们虽各有千秋,但都是才学之士。② 裴子野却不屑与之为伍。他与沈约有私人恩怨③,又尤其对他的表兄任昉带有敌意。

> 天监初,尚书仆射范云嘉其行,将表奏之,会云卒,不果。乐安任昉有盛名,为后进所慕,游其门者,昉必相荐达。子野于昉为从中表,独不至,昉亦恨焉。④

我们知道,在建康文人世界,对抗并不少见。但裴子野的较量背后似乎没有真正的策略可言。事实上,他的敌意如此之深,以至于他不仅失去了表兄的庇佑,还失去了颇为赏识他的"竟陵八友"成员范云的荫护。那么,他为什么要带有这种敌意,甘于处在边缘化地位呢? 与王裕之等"朝隐"者不同,这种远离是建立在公开对抗的基础上的,那么,这

---

① 裴子野与任昉是从中表,也就是堂表兄弟(《梁书》30.441)。任昉之父任遥(生卒年不详)娶河东裴氏(见《南史》59.1452),她是裴子野的父亲裴昭明的姐妹。

② 比如任昉,他的兴趣与裴子野相去不远。"他著史书《杂传》(《隋书》33.974),另撰两部方志学书籍:《地记》和《地理书抄》。"(《隋书》33.984)从某个方面来看,他们的家族地位也很相似:河东裴氏和乐安任氏都是北方家族,很晚才迁到江东。见托马斯·扬森,2000 年,第 137 页。不过,裴氏因其史学渊源,其地位远远高于任氏。

③ 沈约曾两次称赞裴子野:一次是赞其《宋略》(《南史》33.866),一次是赞其文章用律(《南齐书》52.900)。但鉴于他们之间的敌对关系,这种赞美很可能是尝试与裴子野进行和解。沈约所撰《宋书》称,裴松之(372 年—451 年)后,裴氏再无出色的史学家了。裴子野似乎将这个评论视为一种攻击,作为回应,他在《宋略》中记有沈约父亲沈璞"以其不从义师故也"一事。他认为沈约讲述的是这个故事的淡化版本。沈约对裴子野此举惊愕不已,也甚为尴尬,不得不修改自己的史书,并寻求与裴子野达成和解。

④ 《梁书》30.441。

种远离的基础是什么呢？

答案或许在于，对贵族信念的坚守激发了他的一部分行为：裴子野大概认为其家族传统足以让他在建康文人世界获得声望，而投奔他不欣赏的文人权威则是一种耻辱的标志。他不但希望自己的家族传统得到认可，还希望按照自己的方式和标准获得文人权威，不向任何人让步。河东裴氏实际上拥有悠久的家学渊源，是声名显赫的史学世家。[①]裴松之（372 年—451 年）是裴子野的曾祖父，写成了最为重要的《三国志》注本；祖父裴骃（卒于刘宋时期）亦为著名史学家，司马迁《史记》的重要注释者；父亲裴昭明自幼研习经儒史学。[②]因此，当沈约不得不面对整个家族对他的排斥，以及朝廷对南方武将之家的偏见时，裴子野的身后却是一个声望卓著的文人世家，拥有悠久的史学创作传统——他曾公开表示要延续这一传统。[③]

此种声望原本足以使裴子野的知识合法化。但南齐末年，他还太过年轻，而萧梁初期，萧子良集团的文人们达到了权力巅峰，不利于他自主地发展自己的文人权威：他必须投靠他们门下。但裴子野不愿以任何方式依附于这些文人权威，因为如此一来，他的自主性就会受到威胁。他不愿去拜访任昉就说明了这一点：如果他成为表兄的荫客，就意味着他在一定程度上放弃了家族声望赋予他的自主权。为什么他要服从一个只年长他九岁的表兄的要求？何况这位表兄的出身也不如他，并非一个赫赫有名的文人世家。为什么他要屈服于沈约的威望？一位家族传统明显比不过他的文人。为什么他要加入这样一个文人集团？

---

① 裴子野出生后，母亲魏氏逝世，他由外祖母殷氏抚养。殷氏"柔明有文义，以章句授之"。他也在《雕虫论》中主张"章句之学"（解读经籍，分章断句）。在他九岁时，外祖母也过世了。见《南史》33.865。

② 裴昭明的生平，见《南齐书》53.918—919。裴松之和裴骃的生平，见《宋书》64.1698—1701。

③ 《裴子野传》称，他欲继承祖父裴松之续修《宋史》之业，所以对沈约的《宋书》删繁就简，压缩成《宋略》。见《梁书》30.442。

所盛行的文风刚好就是他在《雕虫论》中所谴责的。正是裴子野的某种贵族气质促使他脱离齐末梁初时期文人权威的荫护：他深信自己的家族传统具有优越性，除了自己在教育过程中接受的标准，他拒绝接受其他的文人合法化标准。

不过，与此同时，我们还看到裴子野在官员选拔方面的官僚主义言论：他提出应该对候选人进行细致考察，而不是根据家族权利来任用人才。呼吁认真评选候选人，难道就不存在摒弃家族标准，屈从其他标准的风险吗？然而，这只是一种表面的矛盾。我们已经说过，官僚主义和贵族主义是士族人格的两个固有维度，而将其中一个维度在他们的话语和实践中凸显出来的，正是局势。就裴子野而言，恰恰是在齐朝下半叶，当他的贵族主义与文人世界的现实发生冲突的时候，也就是他撰写《宋略》之时，他将官僚主义的重点集中在了人才的选拔制度上：他是如此坚信自己的知识优越性，他以为，对候选人进行个人化考察就能使才学之士绕开文人权威所施加的中介限制，他们可都是被文章装饰蒙蔽了双眼的人。正如他在《雕虫论》中所说的，他认为当下的文人权威遗忘了经典，所以他主张建立一种公平的选拔制度，既能评估候选人的知识，也能考察他的真实德行。对于这些出身名门，像他一样反对南齐文人世界现状的文人们，这是他能想到的唯一的公平。

在这种情况下，裴子野只能选择等待和忍耐。在齐朝，他的职位是公平合理的。萧梁初始，他担任廷尉正这一重要职务，下属的过失让他丢了官职，但他毫无怨言地接受了免官。① 后来他又重归官场：徐勉（466 年—535 年）②获悉沈约（他对裴子野一向比较随和）、周舍和萧琛都对他比较赞赏，遂将其德行和才能上奏给皇帝。梁武帝采纳了徐勉的举荐，任命裴子野为著作郎，负责修撰国史，记载起居注册。③ 这一

---

① 《梁书》30.441。
② 《梁书》30.441。
③ 《梁书》30.443。

次,裴子野接受了:来自权力顶峰的认可,而不是他表兄这样的中间人物。他无所求取,也就不亏欠于任何人。对抗的结果是积极的,他获得了相对的自主性。

裴子野既不是机会主义者,也不是理想主义者。他不满于周遭现实,于是逃避到一个能够远离文人世界权威的地方。他与时代进行了一种伦理上的决裂,这种决裂通常由"知识分子"或"有识之士"所践行,但归根结底出自一种秉持贵族信念的自身优越感:贵族主义是裴子野蔑视权威的根基,他们虽然享有威望和权势,却缺乏内在优越性,这是家族传统以及传统保证下的有效知识才能赋予他们的。正是这个深植于心的信念赐予裴子野必要的力量,让他可以拒绝这个由不屑之辈所掌控的文人世界。但矛盾的是,也正是这一信念引领他走向了官僚化道路:只有皇帝,尤其是梁武帝,才有权威让他屈服,不会玷污他的家族传统。实际上,如果皇帝也像使用其他文人权威一样,在不一定属于他们的文人有效化标准的框架内使用裴子野,他至少不会受制于平庸之辈的随心所欲,也就是那些在他看来身份地位低人一等或知识修养略逊一筹的人。因此,裴子野的官僚主义动因在于他的贵族信念所导致的挫败感,因为,即使在内心深处,裴子野坚守自己的贵族信念,但他也只能通过皇帝对制度的官僚化来摆脱中间权威的荫护。

结语:朝廷文人权威的转变

从王俭到沈约,文人权威的角色发生了变化:他们从拥有自主的合法性来源的强势文臣,转变为弱势文臣,其权威来源主要是宫廷权贵的荫护,无论是皇帝还是王公大臣。这种官僚化具有不同的表现形式。萧赜的宫廷以质朴型官僚化为特征(以吏事为重,盛行王俭的博学之风),而萧子良的宫廷则以"装饰"型官僚化为特征:诸王给予文人们相对的自主权去探索新的"装饰"形式。随后,梁武帝也采取了这种装饰型官僚模式。但不同于诸王,他给予宫廷文人权威的自主权较少。

　　然而,没有一位皇帝能够将文人权威完全官僚化,因为他不会单独制定自己的有效化标准。这个皇帝可以把所有的文饰逐出他的宫廷;那个皇帝又可以自己成为文人权威,把他的标准强加给他周围的人。但文人世界远比朝廷广阔:倘若皇帝得不到文人权威的认可,哪怕是默认,他就无法触及整个文人世界,注定要陷入一种危险的孤独之中。因此,无论文人权威靠近还是远离皇帝,活跃还是蛰伏,对于任何想要使自己的知识在宫廷中实现有效化的文人来说——包括皇帝——他们始终都是对话者,或真实,或虚拟。即使文人权威遭受攻击或削弱,又或者,他们彼此之间相互对立,他们都不会彻底消失:他们是一个权力集团,就连皇帝也要经受他们对自己的知识考验。

　　得益于这种地位的无法回避性,文人权威集体掌握着对书面语言的有效化标准的控制权——由此也掌握着在皇帝的直接行动空间之外,使皇权合法化的文本的控制权。

第六章　文人权威与帝国合法化的话语

当一位文人处于权威地位时,他就可以施加标准,用于评价征引、解释、修辞、言谈礼仪、书面表达的适当文体等:"这些都是皇权的合法基础;这就是为什么皇帝和王公大臣们如此庄重威严,为什么他们有权使用武力,为什么大家必须服从他们。"换言之,文人权威可以影响皇权合法化的语言,并且通过这种语言,进一步影响这一权力的概念本身。

那么,文人权威如何影响它们呢？我们知道,概念并不是其所指对象的被动反映:它们会对自己进行概念化的世界产生影响。因此,这些概念的历史同时也必须是它们的生成语境的历史。正如昆廷·斯金纳所言,"没有概念史,只有概念在论证中的运用史"。[1] 他本可以直接说"概念的运用史"。因为,我们将在此证明,文人权威通过文本影响权力语言,进而影响权力概念[2],而这些文本与论辩实践没有必然的联系,也就是说,它们可以是经学文本,也可以是非经学文本;可以是"诗性"文本,也可以是"论证性"文本;它们既是"文学",也是"政治"。通过此

---

　　[1]　见昆廷·斯金纳,1988年,第283页。关于斯金纳的这一观点,见雅克·吉约蒙,2001年,第689—693页。所引段落实际上是对莱因哈特·科泽勒克的概念史和传统观念史进行讨论的一部分。关于这一讨论,见梅尔文·里克特,1995年,第124—142页。另见弗雷德里克·马东蒂的观点,2012年。

　　[2]　正如我们在《导论》中所说,我们不能摆脱"概念"一词。但在我们看来,"概念"(在语言形式上)是话语的效果:它是一个词或一组词,其意义在不同的言语行为中保持着相对的稳定性和确定性。从这个意义上说,我们将尝试研究让-路易·法比亚尼(Jean-Louis Fabiani)提出的"概念的社会生活"。2010年,第15—28页。也可参见罗杰·夏蒂埃(1998年,第67—86页)关于"文本的社会生活"的思考。另外,我们还将"语言"和"话语"作为准同义词使用,虽然它们关涉不同的传统(例如,波考克的"政治语言"与福柯的"话语")。

种方式,文人权威就能够——直接或间接地——控制作为皇权根基的德行的定义,以及作为皇权象征的装饰的选择。

一、《孝经》与合法化的话语

用于皇权合法化的语言,既包括生者之言,也涵盖逝者之言;既借鉴当下文本,也参考旧时文本。在过去的文本中,有一部分被尊为"经",即由古代圣人撰写或编辑的文本。然而,文本的"经典性"并非总是不言自明的:对于文本及其所代表的文人知识,如同它们的其他一切有效化机制一样,经典性也会受到定义冲突的影响。实际上,"经典性"具有两种有效化机制:第一种是"习俗",它根据上一代人流传下来的用法,对某种事实状态进行有效化;第二种是"传统",它是皇权根据某些标准而构建起来的想象血统,这些标准要么符合习俗,要么违背习俗。这两种机制可以在分析中加以区别,但在实践中,它们总是相辅相成、并行不悖的。现行皇权可能接受习俗,将某种文本纳入"帝典":仅凭这一事实,皇权就宣布该文本是圣人永恒有效的知识的传承者,从而使得从上一代继承下来的"经典"保持完好无损。习俗在这里被提升为传统。但在某些情况下,皇权有可能与习俗相逆:它可能认为前人的文本"经典"偏离了圣人传统,因而将其置于帝典之外。由此可见,即使是"经典"的空间也会遭受冲突和争议的影响。尽管可以说,帝典代表了帝国合法化语言的语法,但传统与习俗之间的对立,使其成为一种灵活的语法,可以根据文人世界的力量关系而做出改变。

南齐时期,围绕《孝经》展开的争议主要集中在"习俗"与"传统"之间的复杂关系上。陆澄拒绝重新确认前朝赋予该书的"经典"地位:他以传统的名义反对习俗。王俭却正好相反,他不仅接受"习俗",为《孝经》辩护,还将其置于"经典"这一"传统"的核心位置。① 由于这场争论同时涉及文人合法化和政治合法化的关键问题,我们可以就此证明,最初的"学者"博弈是通过哪些机制对帝国合法化的全部话语产生影响的。

1. "君主"的话语

王俭与陆澄之间的交流始于公元 483 年。陆澄当时是国子博士,王俭是(或即将成为)国子祭酒,兼尚书令。② 陆澄对他说:

> 《孝经》,小学之类③,不宜列在帝典。④

随后,陆澄陈书于王俭。在宫廷世界,"书"并不局限于两者之间这种狭义范围内,而通常会考虑到更加广泛的读者⑤。陆澄对国学讲授"经典"的方式提出了一长串批评,而在这些批评中,他提到了反对《孝经》的另一种论据:

> 世有一《孝经》,题为郑玄注,观其用辞,不与注书相类。案玄自序所注众书,亦无《孝经》。⑥

---

① 《宋书》称,在刘宋时期,《孝经》和《论语》为一经。见《宋书》39.1228。关于中华帝国历史上被奉为经书的典籍数量,见程艾兰,1984 年,第 13—26 页;戴梅可,2001 年。

② 公元 484 年,王俭以尚书令兼领国子祭酒,但既然陆澄向他请教,那么我们可以认为他已经担任国子祭酒一职。见《南齐书》23.436。

③ "小学"也指文字之学,引申为专为儿童设置的初级学校(因为儿童教育由识字开始)。由于《孝经》不是对文字,而是对孝道进行阐释,所以必须从广义上的"儿童教育"来理解"小学"。

④ 《南齐书》39.684。

⑤ 见安婕·里克特(Antje Richter),2013 年,第 64—71 页;柏迪臣(David John Pattinson),2002 年,第 97—118 页。

⑥ 《南齐书》39.684。

陆澄给出了两个理由来说明为何应将《孝经》从帝典中驱逐出去。第一个理由是,该文本属于"小学",他认为,尽管这部典籍清楚地解释了孝道观念,但它不应该就此获得与其他"经典"同等的地位。第二个理由是,郑玄的注本似为误传①,可见,即使是注释者的斐然声誉,也不能作为论据来支持该书的"经典"地位。

但王俭并没有被说服。他回道:

> 疑《孝经》非郑所注,仆以此书明百行之首,实人伦所先,《七略》《艺文》②并陈之六艺,不与《仓颉》《凡将》③之流也。郑注虚实④,前代不嫌,意谓可安,仍旧立置。⑤

王俭对陆澄的这两个论据都提出了质疑。针对"小学"之说,他援引了目录学传统的权威:当时中国的两大目录——刘歆的《七略》和班固(32 年—92 年)的《艺文志》——都将此书列为经典。而且,王俭也不认为郑玄注本有何大的问题:在他看来,郑玄所注甚为可靠,因为它们在过去从未招致过批评。由此看来,王俭与陆澄不同,他接受习俗原本

---

①　"时国学置郑王《易》,杜服《春秋》,何氏《公羊》,麋氏《谷梁》,郑玄《孝经》。"见《南齐书》39. 684。

②　《七略》是刘向(公元前 77 年—公元前 6 年)和刘歆(公元前 50 年—公元前 23 年)编撰的目录学著作。《艺文志》是班固所著《汉书》的其中一篇,它是在《七略》的基础上完成的。

③　司马相如的《凡将》和李斯的《仓颉》用作识字教材。见《汉书》30. 1719—1720。

④　字面意思是"满与空",即注释中由郑玄所写和非他所写的部分。

⑤　《南齐书》39. 685。不过,后世证明陆澄是对的。早在唐代,该注本就已经开始被认为并非郑玄所作,因而被搁置一旁,渐次失佚。后于 18 世纪在日本发现,由严可均和皮锡瑞进行辑录。现有 9 世纪在敦煌遗书中发现的郑注《孝经》。关于郑玄注本的归属问题及其对文本流传史的影响,见鲍则岳(William Boltz),1993 年,第 147—148 页。关于《孝经郑注》辑本,见《郑注孝经》,台北,商务印书馆,1966 年。

的形式,陆澄的论据不足以让他与前人流传下来的习惯背道而驰。

王俭对《孝经》的兴趣并不止于对习俗的非批判性认可。事实上,他在积极地捍卫《孝经》中所蕴含的话语:如果孝道——如他"书"中所言——是"百行之首""人伦所先",那么将这一基本德行阐释得最为透彻的典籍,又怎么能被排除在帝典之外呢? 其实,这部著作在南朝帝国合法化的话语中占据着核心地位:它不仅为王朝的权力,也为门阀的权力提供了一种话语基础。越智重明已经指出了南朝时期该书在这种双重意义上的使用方式①。如果说这本书确实在帝国这一"家庭"空间内,将"父亲"的角色赋予了作为诸侯之主的皇帝,那么,由于它的模糊性,它也的确从贵族的角度将公卿大臣的权力合法化了:它不仅将王国的稳定建立在君-"父"的基础之上,同时也将其建立在臣-"父"的基础之上。没有任何东西可以在这个文本及其使用之间建立直接的联系,王俭本可以用它来解释自己与下属之间的父子关系。但只需摘录其中几句,就足以说明,他极力维护的这本书与他对孝道的诠释之间具有一致性。

《孝经》中有一段名言,可以说是对父亲形象在王国组织中的角色最为清晰的阐述之一:

> 资于事父以事母,而爱同;资于事父以事君,而敬同。故母②取其爱,而君取其敬,兼之者父也。故以孝事君则忠,以敬事长则顺。③

大部分人都会毫不犹豫地将"君"理解为"皇帝"。但该书的话语具

---

① 越智重明,1991 年,第 62 页。

② 关于《孝经》赋予母亲的地位(尤其是相较于汉代母亲的地位),见董慕达(Miranda Brown),2007 年,第 81—84 页。关于母亲在前帝国时期以及帝国初期的政治用语中的角色(尤其是"天子作民父母"这一隐喻),见乐维(Jean Levi),2012年,第 63—79 页。

③ 《孝经注疏》2.2548b。该段概括了《礼记·丧服四制》篇的内容,有些语句完全相同。见《礼记正义》63.1695a。

有十足的模糊性,完全有可能做出其他的解读:由于"君"既可以是"君王",也可以是简单的"上级",这段话可以用来为大臣与下属之间的关系赋予一种宗法性质,类似于君臣关系的宗法性质。王俭在建朝之初的聚会上,在皇帝面前吟诵的那段话也存在着同样的歧义:

> 君子之事上也,进思尽忠,退思补过,将顺其美,匡救其恶。故上下能相亲也。[①]

"上"与"下"之间的对立标志着一种等级关系,但关涉的对象仍然含糊不清:一个人可以像皇帝一样位于其大臣之"上",也可以像大臣一样居于他的下属之"上"。最后,在下述段落中,"君"也可以从两种意义上加以理解:

> 子曰:君子之事亲孝,故忠可移于君。事兄悌,故顺可移于长。居家理,故治可移于官。[②]

同样地,"君"可以是皇帝、王侯或大臣,也可以仅仅是部门上级。孝道当然是大臣对皇帝的职责,但也可以是官员对其直属上司、荫客对其护主的职责。这种君臣关系与臣属关系之间的类比,不仅是南朝权力话语中的一个"传统主题",在某种程度上,也是一种制度现实。例如,在与萧赜的对话中,王俭就用自己与下属、门生孔逖(生卒年不详)之间的关系,来比喻皇帝与他自己之间的关系:

> 臣有孔逖,犹陛下之有臣也。[③]

----

① 《孝经注疏》8.2560a。
② 《孝经注疏》7.2558a。
③ 《南齐书》34.611。紧跟该句之后为"时人呼孔逖、何宪为王俭三公"。根据这种类比,王俭就是"皇帝",而孔逖、何宪就是他最重要的"大臣"。

王俭认为自己是高居于其下属之上的"皇帝":他没有将帝国行政机构视为一个相互关联的官员群体,无需借助皇帝这一中介形象,而是将其视为一个由"中间帝国"组成的等级链,每一个环节都是对整体组织结构的复制。《孝经》不仅使皇帝的家父权得以合法化,皇帝期待臣子近乎孝顺地服从于自己,它还使王俭这样的门阀大臣的家父权得以合法化,他们对自己的下属和门生同样也具有家族式和领主式的权威。① 对帝国秩序的这种贵族化解释,得益于"家"与"国"之间的同源性:就像皇帝将天命传给长子一样,大臣也将他们的入仕权传给子孙;就像皇帝掌握着帝国的家父权一样,大臣也对某类官职实行家父权。在这种背景下,王俭对于《孝经》的兴趣就不难理解了:他既是显贵之家的父亲,也是帝国行政机构的臣子。作为父亲,他把入朝为官的特权传给了儿子;他也以父亲的方式统治他的下属,就好像他们是自己的家仆一样。王俭在《孝经》中找到了与其地位相符的精准形象。如果考虑到他在礼仪方面的专长,可以说正是他写下了该书中的如下段落:

> 教民亲爱,莫善于孝。教民礼顺,莫善于悌。移风易俗,莫善于乐。安上治民,莫善于礼。礼者,敬而已矣。故敬其父,则子悦;敬其兄,则弟悦;敬其君,则臣悦;敬一人,而千万人悦。所敬者寡,而悦者众,此之谓要道也。②

这应该就是王俭对其理想的描述:一种以礼、乐、孝为基础的宗法秩序。诚然,与其他经书中的内容相比,这段话并没有任何的独特性:《礼记》也在家庭与国家之间建立了相同的类比,而模糊性也并非《孝经》之专利。但王俭之所以如此看重《孝经》,正是因为它简洁、鲜明,类

---

① 这必然导致两种忠诚之间的潜在冲突:忠于父亲与忠于主公。"孝"由"忠"的两种形式构成,关于它们之间的矛盾,见甄静,2007 年,第 63—67 页。越智重明,1991 年,第 62—63 页及第 67—72 页。

② 《孝经注疏》6.2556c。

似于一本童蒙读物。因为，正是简洁和鲜明使其能够有效地传递大师的谆谆教诲：该书将零落分散于各部经书中的孝道思想汇聚在了一起，并且用一些简单的语言加以表述，从而更容易传播关于孝道的经典话语。

对陆澄来说，这本书不过是在**概述**；而对王俭来说，它是在**传递**。前者认为该书只是一份精辟的总结，让外行也能理解复杂的观念；后者则认为该书具有"经典"的权威性，包含着圣人的真正教诲。在概述中，我们面对的是一个简单的中介；而在传递中，则是圣人在进行讲述。这些立场对于制定一种帝国合法化的"经典"话语不无影响。如果——像陆澄所建议的那样——《孝经》作为一种简单的、面向儿童的概述性读物，理应被排除在"经典"之外，那么，这部作品在关于孝道的"经典"话语中的权威不仅会被剥夺，而且王俭的文人权威也会遭到否定。而这种否定，会对帝国制度产生直接的影响，因为王俭在合法化"经典"话语的生产中，将不会再是一个毋庸置疑的权威。

但王俭并未遭到否定：他在萧赜长子萧长懋的正式教育中所扮演的角色就说明了这一点。太子教育是确保王朝延续的基本制度之一：这是将圣人知识内化于未来国君身体之中的过程。有朝一日，太子的身体不仅会成为帝国的物质中心，也将是弘扬美德、移风易俗的策源地。正因如此，王俭被委以教导太子的重任，或者更确切地说，为太子提供思想上的指导，因为太子已近而立之年，王俭似乎是担此重任的最佳人选。公元485年，他被任命为太子少傅。[1] 太子对佛教的热情，对文人知识新形式的开放态度早已众所周知。王俭负责向太子解释经学传统的原则。他的解释沿用了齐高帝在位时，他在朝廷中成功巩固下来的标准，陆澄的怀疑未曾改变什么。王俭领太子少傅的同年，萧长懋在崇正殿讲解《孝经》，王俭令周颙以摘句撰写义疏[2]；公元487年，太

---

① 根据《礼记》所言，太傅盛德之行，见《礼记正义》20.1406c—1407a。
② 《南齐书》21.399。

子与王俭和几位国学生展开讨论，不断引用此书作为"经典"权威。① 所以，在王俭和朝廷的话语中，《孝经》一直都是核心文本。

在整个 480 年代，《孝经》和王俭的权威都将固若金汤。虽然王俭的权力确实不如王朝初期时那般强盛，毕竟王朝已经得到了巩固，而太子将与竟陵王萧子良统领文人世界，但他依然是朝廷"经典"话语生产中无法绕过的人物。王俭足够强大，他不仅能够维护《孝经》在帝国合法化的话语中的核心地位，而且——直到他去世的那一天——还可以决定，什么应该，什么不应该，被视为圣人传统的一部分。

2. "学者"与"君主"

陆澄质疑《孝经》，冒着一定的风险。无论是萧道成（在齐初宴集上让他吟诵《孝经》），还是萧赜（争论发生时已是皇帝），他们都极力推崇《孝经》②：尽管有一些倾向于名臣的解释，但君主始终都以王国之"父"的形象出现。③ 陆澄对此种话语没有任何异议，在这一点上，其他经书与《孝经》一样，都是非常明确的。陆澄的批评多在形式上：它们针对文本中存在的**不足**，既有注释上的，也有论述深度上的。陆澄提出的"学者"批评，原则上，是不会威胁到父权制话语的内容的，毕竟，父权制话语将在太子的教育中延续下去。

不过，在这些"学者"批评的背后，还存在着一种博弈策略。我们在第四章中进行过分析，在齐初宴会上，《孝经》就已经将陆澄和王俭置于了对立面。在皇帝的要求下，陆澄仅限于背诵文本，而王俭却选择了其

---

① 《南齐书》21.399—400。

② 关于萧赜对《孝经》的推崇，可见《南齐书》3.52。

③ 如果说汉朝对于孝道的重视凸显了臣子的自主权，有损于君主的权力（因为，对直接上级尽孝的职责，会威胁到对更远的上级尽孝的职责），那么在这里，强调孝道则是为了使家父权汇聚一处：因为皇权是从长期的软弱无力中崛起的，《孝经》现在有可能引发一个反向过程，即皇帝相对于臣子的优越性重新得到证实，但这并不会剥夺臣子的家父权。关于汉代的孝道，见戴梅可，1996 年，第 10页。

中的一段话；陆澄把书本作为学术研究的对象，而王俭却将其置于忠诚
话语的中心。围绕帝典展开的争论正是这种博弈的延伸。实际上，陆
澄和他的对手想在同样的竞技场上获得某些认可：与王俭一样，陆澄也
是享有盛誉的大学士和经学大家。他在建康颇受人敬仰。比如，竟陵
王萧子良就因其广博学识而时常向他请教：

> 以竟陵王子良得古器，小口方腹而底平，可将七八升，以问澄，
> 澄曰："此名服匿，单于①以与苏武。"子良后详视器底，有字仿佛可
> 识，如澄所言。②

陆澄几乎与王俭一样备受尊崇。但是，尽管他的学术声望颇高，却
有几个障碍迫使他无法拥有王俭那样的权力。他的仕途生涯只能说是
困难重重。在任期间的失职错误，一些权贵对他的反感，以及他的江东
出身，这些无疑阻碍了他拥有与其他名臣一样的权力。③ 由此，他自然
认为以严格的"学者"名义来建立自己的声誉更为妥当。他正是以"学
者"，而非"大君"的身份来挑战王俭的权威的。对于一位"学者"来说，
没有什么比攻击另一位"学者"更能获益的了——何况攻击的正好是这
位"学者"看似坚不可摧的地方。

所以，陆澄的首要目标就是要瓦解王俭在国学中的权威。国学是
一个令人垂涎的机构：在那里，文人权威掌控着参考资料的组织（特别
是经学书籍）和课程内容的确定（当机构向学生开放时）。换句话说，文
人权威既决定供决策参考的书籍，又决定传授给后世的知识。陆澄不
仅争夺国学，他还干预王俭组织的集体活动。这些活动在文人世界具

---

① "单于"是汉语中对中亚各民族首领的称呼。

② 《南齐书》39.685。

③ 建朝初，他担任御史中丞的时候，被弹劾存在严重失职，褚渊建议罢免其
官职。但皇帝还是继续任用了陆澄。他后来担任了一些颇有地位的官职，充分发
挥了其博览宏识（如秘书监和国子博士）。见《南齐书》39.683。

有非凡意义,因为,我们已经提到,它们提供了一个在大众面前自我展演的机会,陆澄毫不犹豫地出席这些活动,并且积极参与其中,尽管带着某种敌意:

> 俭集学士何宪等盛自商略,澄待俭语毕,然后谈所遗漏数百千条,皆俭所未睹,俭乃叹服。①

还有一次:

> 俭在尚书省,出巾箱几案杂服饰,令学士隶事,事多者与之,人人各得一两物;澄后来,更出诸人所不知事复各数条,并夺物将去。②

陆澄试图与王俭针锋相对:他总是等到活动结束,所有的讨论话题或典故都已用尽时,他才出其不意地提出新的话题或典故。这样做是为了彰显自己比所有参与者,特别是王俭,都要技高一筹。这种自负的优越感不仅体现在他的博学卖弄上,还体现在他对观众的态度上。陆澄姗姗来迟,赢得比赛后却先行离开;他既没向王俭,也没向其他人表示友好,还摆出一副高高在上的姿态。总之,他想给观众施加一种距离感,从而有助于维持他的体面。陆澄自认为不可企及。或许正是为了强化这种高人一等的形象,他援引年龄作为权威。他对王俭说:

> 仆年少来无事,唯以读书为业。且年已倍令君,令君少便鞅掌王务,虽复一览便谙,然见卷轴未必多仆。③

---

① 《南齐书》39.685。
② 《南齐书》39.685。
③ 《南齐书》39.685。

　　在这个崇尚古老和传统的宫廷社会中,年龄始终是一个让年轻对手处于下风的有力论据。陆澄用经验丰富的老人这一权威形象来对抗王俭的形象,一位经验不足的年轻人。

　　不过,陆澄的种种努力并未使王俭心生畏惧。他反而激起了王俭的蔑视——这种蔑视可能交织着贵族的骄傲和对南方家族的不屑。实际上,这位"大学士"对于知识的运用就遭到了王俭的嘲笑:

> 　　澄当世称为硕学,读《易》三年不解文义,欲撰《宋书》竟不成。王俭戏之曰:"陆公,书厨也①。"家多坟籍,人所罕见。撰地理书及杂传,死后乃出。②

　　"书厨":在王俭看来,陆澄虽然积累了渊博的学识,却并未从中受益多少。几年前,在皇帝萧道成面前,王俭也曾用类似的话羞辱他:他说,陆澄博通《孝经》,但"寡要"。在这两处,王俭都表示,仅有博学是不够的:还必须证明你知道如何**运用**这种博学。王俭不仅是一位"学者",他还是一位"政治家",甚至远超于此:他是一位伟大的君主。在这样一个文人世界中,"学者"与"政治家"之间没有真正的分化,这两种表述——就像"官僚"和"贵族"一样——只能是对同一文人人格不可分割的两个层面的命名。那么,在这里,"学者"陆澄与"政治家"王俭争夺同样的空间也就再正常不过了。知识渴望权力。但胜利者往往是像王俭这样的人,他们最善于掌握的,就是文人知识和帝国制度的这种内在统一性所提供的各种资源。仅仅采取"学者"型策略是无法剥夺他们的文人权威的;如果没有另外一位"伟大的君主"来支持陆澄的地位,王俭的权威依然会稳如泰山。

　　由此可见,王俭也许揭示了所有知识形式的最终基础:与生产知识

---

① 　"厨"即"橱"。
② 　《南齐书》39.685—686。

的文人世界之间的**运作**关系。王俭所支持的皇权合法化的话语,它的权威地位就归功于"文"与权力之间的这种密切关系——这种关系是如此密切,以至于在实践中几乎无法察觉。

二、合法化的话语与表征性

如果说文人们通过**阅读**古文本来推动权力话语的生成,那么,他们同样也通过**写作**新文本来推动这种话语的生产。他们撰写的文本显然不具有"经典"的地位。这些文本是一种个人产品,存在着缺陷、瑕疵和不足;它们展现的不是圣人的永恒知识,而是现世之人必然有限的知识。但是,即使这些由建康文人世界所写并为建康文人世界而写的书面文本,并不体现古代圣人的知识,但在塑造君权的宫廷想象方面,它们与经书具有同等效力。这些文本可能是一首诗或赋,也可能是一篇奏或议,所有这些体裁,都能根据它们在宫廷文人世界中所达到的地位,来推动帝国合法化的话语构建。由于"文学"与"政治"之间并无界限,所以帝国的整个政治语言都由"文"孕育而生,由"文"在文人世界中的所有表现形式为其提供养分。

文本如何成为权力话语的一部分? 当下文人必定不完美的写作如何成为帝国合法化的参考? 一篇文本可以在多个方面引发"政治"解读:只需主题、论述方式或文本体裁与王朝及其大臣的合法化具有某种关系。具体到某一文本的"装饰"——也就是使文本更加优美、典雅的东西——"政治"解读关乎这一观念:装饰表征(或应该表征)德行。我们已经看到:装饰性文本在宫廷中具有表征功能。但这种"表征性"(représentativité)可以有两种不同的形式。装饰性文本可以用肖像的方式进行"表征",也就是说,它们对相关的物品和人物进行**描述**。它们呈现出皇权、组成皇权的人物以及构成皇权的等级秩序的形象。可以说,它们"指谓性地"进行表征:重点在于指称的内容。然而,文本的"表征"可能超出其指称内容:它们可以是简单的权力**符号**。就像徽章、旗帜、饰物一样(其实这是很常见的隐喻),文风优美是权力拥有德行的**标志**,但这种权力并不一定是文本的指称对象。在这里,与其说是表征对象,不如说是表征体本身吸收了其对象的威严:文本之美并不描述,亦不**指谓**,而是暗示、**涵谓**隐藏在华丽装饰背后的权力。

简单起见,我们将表征性的第一种形式称为"指谓的"(dénotative),第二种称为"涵谓的"(connotative)。《毛诗大序》这部准经学古老文本,早已对表征性的这两种形式进行了隐含的论述。《毛诗大序》中说,"音"——诗,也可引申为所有的装饰性文本——象征着王国的道德状况和兴衰成败。① 由此表明,文本不仅通过话语来描述国家盛衰,还通过话语的风格来映射其内涵。指称与形式之间的这种摇摆不定——并非总被明确地加以表述——体现为对文本与世界之间关系的两种不同看法。这种关系可以是镜像的,即文本被视为指称对象的镜子,也可以是毗连的,即文本依附于促成其存在的物体。正是通过这两种表征形式,我们将看到公元 5 至 6 世纪,在建康书写的某些文本,在皇权合法化的语言中扮演着至关重要的角色。

下面将要探讨的王融撰《三月三日曲水诗序》就是以这两种不同方式来"表征"皇权的。就其描述特征来说,它是皇权的一种形象摹画;就其文体之美来说,它是皇权的一种"装饰"。公元 492 年,王融奉皇帝萧赜之命,为三月三日春禊盛会的诗歌集作序。② 这种仪式每年都要举

---

① 《毛诗正义》1.1.270b。《毛诗大序》以诗歌为主题。根据朝代的不同,诗歌或"安以乐",或"怨以怒",或"哀以思"。随着文体和体裁顺序的变化,这种观点经常被重新进行释解,因此各种类型的文本都能被赋予这一表征性。《左传》中季札的故事(在中华帝国的整个历史上不断被重提)也说明了这一点:季札能从周乐之美中听出周朝的盛德,而这些乐曲恰巧就出自《诗经》。参见史嘉柏的分析,2001 年,第 86—95 页。

② 《宋书》15.385—386;《南齐书》9.149—150。另见玛丽娜·克拉夫佐娃,2001 年,第 177 页。

行,最初为祓禊之礼①,后又演变成一种集体娱乐的宴会场合②。仪式由不同的活动组成,最重要的一种活动就是作诗。所有参与者环水而坐,其中一位将酒杯置于水中,酒杯随着水流漂到谁面前,谁就要举杯饮酒,赋诗一首。③ 集中诗歌便来自这一游戏,由出身琅邪王氏的王俭之侄王融,为其撰写序言以作介绍。

王融此文甚为复杂,采用骈体形式,用典绵密,经书古籍均有取用。文章第一段泛论古代三大圣王,自第二段开始阐述齐朝功德。首先介绍王朝的建立,然后逐一谈及齐武帝萧赜、皇太子萧长懋、豫章王萧嶷(444 年—492 年)和竟陵王萧子良。接着,歌颂齐朝的行政管理体制以及朝廷官员,强调百姓安居乐业,帝国安宁祥和。最后,为了表明当时的太平盛世是足以宴饮雅集之时,文章又描述了皇家园林的美景和庆典的欢快氛围,并在结尾处提到了皇帝诏令,鼓励在场者踊跃赋诗,以结诗集。由此可见,《三月三日曲水诗序》对皇权做了一个整体描绘,从皇帝到他的官员-诗人,而该文风格优美,才华横溢,与所述人物及空间的宏伟壮观相得益彰。

不过,要想成为皇权真正的"表征体"(représentant),仅仅谈论它是不够的,还必须得到文人世界的认可。什么样的有效化机制才能使《三月三日曲水诗序》成为权力的"表征体"——指谓的和涵谓的? 换言之,它是如何成为齐朝权力话语的基本组成部分的?

1.《三月三日曲水诗序》:权力的指谓表征体

指谓表征性的概念,是对一种复杂得多的现实的简化。实际上,这篇序文虽然确实描述了齐朝的权力,因而也是一种指谓性表征,但其指

---

① 译者注:每年三月上巳,在水滨举行盥洗祭礼,以祓除不祥。

② 《南齐书》9.149。

③ 玛丽娜·克拉夫佐娃,2001 年,第 177 页;林晓光,2011 年,第 125 页。关于这一仪式的讨论,它的起源及其与诗歌活动的联系,见玛丽娜·克拉夫佐娃,2001 年,第 176—187 页;林晓光、陈引驰,2001 年,第 124—126 页。

谓手段从根本上说却是涵谓的：序中的每一个字，每一句话，不仅提及王朝，还有皇室及其大臣，而且——借助用典艺术——提及古代的圣王。如果说纯粹的指谓无论如何都是不可能的，那么在这篇文章中就更是如此了，文中的指称对象有时会隐藏在各种经籍和历史典故的杂乱拼贴之后。然而，《三月三日曲水诗序》对齐朝的表征，从某个基本层面上来说，完全是指谓性的：在典故和省略的迷雾浓云背后，所要指称的对象——齐朝及其宫廷——始终是可以辨认的。指称对象并不放任读者的恣意解读。齐朝得到**指谓**。

　　《三月三日曲水诗序》采取了颂文的形式。这种形式——以丰富的夸张手法为特点——并非文人世界无关紧要的"装饰"：其他文本类型"装饰"皇权，却不一定将其主题化（显然，不是每篇美文都总以皇权为旨归），"颂"与之不同，它在"装饰"的同时还将权力的德行基础主题化。事实上，通过描述帝国代表者的德行，颂也表明了它自身之美的原因所在：在美善合一的这种语境下，对美——对高尚与得体——的描述本身就应是美的。这种称颂可以通过转置古文来间接实现，例如，某位文人用《诗经》中的诗歌喻指皇帝的德行，就属于这种情况。但是，颂文不能只是照搬，如果那样的话，文人世界就会觉得，本朝无法找到可与前朝圣贤相提并论之人了。这就是《三月三日曲水诗序》为何会对齐朝如此珍贵：它不仅谈论了当下的权力——现世之人——而且它还是由这一权力的杰出成员所撰写的。此序本身就说明，齐朝有能力创造自己的赞歌。

　　当然，称颂现世之人并不要求否定过去，恰恰相反，颂的艺术正在于回顾本朝德行，将其与圣贤传统联系起来——唯有圣贤传统才能使现行权力合法化。如下即为《三月三日曲水诗序》专论齐朝建立的段落：

　　　　我大齐之握机创历①,诞命建家,接礼贰宫②,考庸太室③。幽明献期,雷风通缴④,昭华之珍既徙,延喜之玉攸归⑤。革宋受天,保生万国,度邑⑥静鹿丘之叹⑦,迁鼎息大坰之惭⑧。绍清和于帝猷⑨,联显懿于王表。⑩

　　此段影射南齐皇室使用和平手段,以合乎礼义的方式取代刘宋,领受天命。解释所有的典故并无意义。仅举一例:"大坰之惭",此典指商朝的建立。相传,有一天商汤至大坰,突然因以臣伐君、篡位改朝而深感惭愧不安。这种愧疚是一种特殊美德的体现。夏朝末代君王桀,为一暴君,无疑是罪该万死,但汤非常贤德,无法接受用武力夺取王位。《三月三日曲水诗序》在商汤击败夏朝与萧齐覆灭刘宋之间建立起一种隐含的比较。它暗示萧道成推翻刘宋是因为他的德行高尚,但它也在

---

　　①　典故出自《尚书正义》11.184c 及 9.171c。"历"指国家井然有序,是权势和能力的象征。

　　②　"贰宫",天子接待贤人之所。尧就是在此处接待舜,并以朋友和宾客之礼待之。典故出自《孟子注疏》10a.2742c。《孟子》中为"贰室",而非"贰宫"。

　　③　"太室"指代帝国。李斯认为此典出自《尚书·大传》。

　　④　典故出自《艺文类聚》1.11;《尚书正义》3.126a。此"期"应理解为建立王朝的有利时机。

　　⑤　尧传位于舜,赠以"昭华"之玉,舜授位启以"延喜"之玉。暗指权力传承的仪式化方式。

　　⑥　《度邑》是《逸周书》的篇名,记载周公营建都城洛邑之事。

　　⑦　见林晓光,2011 年,第 128 页。暗指天命更替。据《逸周书》记载,周武王因未能以合乎礼仪的方式(即禅让)取代殷商称帝,在鹿与丘中之间四处叹息。林晓光和陈引驰指出,这一形象与萧齐形成鲜明对比,萧道成与周武王不同,据说是以符合礼制的方式取代刘宋。见《逸周书》5.490,5.497。

　　⑧　大禹用"九州"所献青铜器物铸造九鼎,以代表王权的合法性。有关分析见史嘉柏,2001 年,第 60—61 页。

　　⑨　"帝猷"指王道,即治国正道。从这个意义上说,它与"霸道"相对,后者用武力夺取政权,毫不尊重礼仪规范和等级制度。

　　⑩　《文选》46.2057。也可参见小尾郊一的翻译,1976 年,第六卷,第 335—337 页。

某种程度上暗示，齐朝皇室比商朝王室更有德行：他们之所以不必像商汤那样有愧于心，是因为他们遵循了天命传承的礼仪规则①。因此，王融无需提及皇位承继的相关事宜，毕竟它们充满了令人尴尬的细节。他所要做的，就是通过影射古代来暗示萧齐政权的合法性②。

我们在前面讨论了君臣关系的宗法性质。在这里，我们将要探讨的是这种关系的另一种表征，即君王为"主"，文臣为"客"。与父权表征一样，这种主客表征也建立在皇权家庭观的基础之上；但它没有《孝经》中的表征那么严格：皇帝不是对"家庭"行使权威的"父亲"，而是邀请名士到家中做客的"主人"。以下是《三月三日曲水诗序》的最后一段：

> 召鸣鸟于弇州，追伶伦③于嶰谷；发参差④于王子⑤，传妙靡于帝江⑥。正歌有阕⑦，羽觞无算⑧。上陈景福之赐，下献南山之寿；

---

① 正如林晓光和陈引驰所指出的，"革宋受天，保生万国"与"度邑静鹿丘之叹，迁鼎息大坰之惭"正反互用，互为对照：前半句强调革命鼎代，后半句强调治国理民。见林晓光、陈引驰，2011 年，第 128 页；《史记》28.1392。

② 林晓光、陈引驰，2011 年，第 128—129 页。

③ "伶伦"相传为黄帝时代的乐官。他发明律吕，据以制乐，并用竹笛模仿凤凰鸣叫。凤凰和伶伦之典颂扬大臣们应景赋诗的美德。

④ 一种管乐器，由长短不一的竹管制作而成。见《文选》32.1516，《楚辞·九歌》篇。

⑤ 王子乔是一位能模仿凤凰鸣叫的神仙。他是周灵王的太子。

⑥ "帝江"是一种古代神兽，能歌善舞。王子乔和帝江都隐喻在盛会中赋诗的大臣。

⑦ "阕"在这里表示"终"或"段"。见《吕氏春秋集释》5.118。我们将其理解为"段"，而不是像李善一样，参考郑玄对《礼记》的注释，将其理解为"终"。"段"乃乐之"界限"，它具有自己的节奏和旋律。乐曲由乐段构成，相当于构成诗集的多首诗歌。

⑧ 意为"无限"或"不计其数"。与上句构成对仗，虽然音乐的片段数量有限，但盛酒的"羽觞"却在场者的手中循环往复、无休无止。感谢马如丹对此句的法语译文提供建议。

信凯燕之在藻①，知和乐于食苹②。桑榆之阴不居，草露之滋方渥③。有诏曰：今日嘉会，咸可赋诗。④

可以说，《序》中的这段话就是文臣的自画像。如果说前面所引段落主要是谈皇帝和皇室，那么这段话，在颂扬皇帝身边大臣之德的同时，也谈到了写作之人——包括这篇文章的作者本人。王融和竟陵王萧子良，以及参加这一仪式的其他文人，都是君主的"宾客"；他们是"文"之大师，是皇权的核心，因为他们的文人知识，就是齐朝强盛的符号。与前文一样，这段话中也不乏经籍典故；但既是一项诗歌活动，文中出自《诗经》的典故自然甚多。而或显或隐关于音乐、鸟鸣、神仙、长寿的用典，则将王朝的德行与王融作序引介的集录诗歌联系在了一起。

在这里，大臣不是君主的"侍从"，而是他的"客人"。例如，"食苹"指的是《诗经》，更具体地说是《小雅》的首篇《鹿鸣》。其中，"我有嘉宾⑤"这一句，是诗歌的传统"主题"，在中古时期的文本中时有出现。《毛诗序》云：

> 鹿鸣，燕群臣嘉宾也。既饮食之，又实币帛筐筐，以将其厚意，然后忠臣嘉宾得尽其心矣。⑥

大臣与"宾客"之间的联系，在《诗经》传统中无疑是司空见惯的，但它仍然提到了一种特殊的构造皇权的形式。作为"宾客"，大臣们相对

---

① 见《毛诗正义》15.1.488。指诗歌《鱼藻》，隐喻侍奉贤主的大臣。

② 《诗经·鹿鸣》中的一句（译者注："呦呦鹿鸣，食野之苹"）。该诗意指君主待臣下如宴"宾客"。见《毛诗正义》9.2.405b—407a。"信"在这里意为"知道"。

③ 见《毛诗正义》420c—421b。出自《诗经·湛露》，指君主设宴款待群臣。

④ 《文选》46.2067。也可参见小尾郊一的日语译文，1976年，第七卷，第355—359页。

⑤ 《毛诗正义》9.2.405b—406b。

⑥ 《毛诗正义》9.2.405b。

地处于皇帝-"主人"的"家庭"空间之外。这并不意味着皇帝失去了相对于大臣的优越性：他从来都不是别人家里的客人，而是他的帝国-"家"的主人①。不过，这种"家庭"关系不同于皇帝-"父亲"的关系。在父亲所主导的空间内，大臣-"侍从"这一高度等级化的形象被另一种形象所取代：一种相对自主的大臣形象，他只是暂时处于"主人"的家庭空间之内。这位宾客用自己优雅的诗歌装饰君主的家。若是没有这位宾客，皇"家"将失去它特有的高贵氛围。

2.《三月三日曲水诗序》：权力的涵谓表征体

这种大臣-"宾客"形象似乎包含着一种关于皇权的断言：相对自主的大臣们，装饰着帝国。不过，一旦我们将这一形象仅仅解释为一种装饰，仅仅解释为一种文体之美的资源，它就失去了所有的论断性质：读者在解释这一文本与帝国德行之间的关系时，可以排除指称内容的一切有效性。如果不考虑这一内容，他们则可以从涵指的角度来解释文本的装饰，也就是说，根据他们所知道的——或自认为知道的——关于这一美文的写作背景来进行解释：文本可能指涉的是权力正如日中天，而读者则可能在文本的装饰中看到衰落的迹象。这种涵谓性表征，只有在接受文本时，在最近和最远的文人对文本的解释中，才会显现出来，而且，相比于指谓性表征，它更加独立于作者和书写者的意图。涵谓性表征就发生在读者与想象的语境所建立的联想之中——即使这种想象的语境超出了指称的语境（即超出了文本的指称对象所界定的语境）。

因此，由于涵谓表征性指的是文体完美这一**事实本身**，而非指称内容所具有的表征性，一位读者可能将《三月三日曲水诗序》（下文亦简称

---

①　《礼记》曾云："天子无介。"郑玄注："天子无介，无客礼也。"孔颖达（574年—648年）疏："天子以天下为家，既不为宾客，故无介也。"见《礼记正义》23.1432c（《礼器》篇）。

《曲水诗序》)视为撰写此文的文人,王融的"表征体";另一位读者可能将该序视为王府,而非朝廷,荣耀的符号;最后,还有一位读者可能将它解读为表达齐国整体的优越。用刘勰的话说,此序可以是"身文",也可以是"国华",或两者兼而有之。它可以是大臣之饰,而不是王国之饰,甚至可以是诸王之饰,而不是朝廷之饰。

《三月三日曲水诗序》一经流传就广受称赞,被誉为王融之饰。可以肯定的是,并非整个文人世界都赞同此序的华丽文风,我们已经看到,有些文人对以萧子良为首的文人集团持怀疑态度,但热衷于此的文人也不在少数:

> 九年,上幸芳林园禊宴朝臣,使融为曲水诗序,文藻富丽,当世称之。①

我们无从知晓萧赜对这篇序文的看法。不过,既然是曲水流觞、宴会赋诗,文章之华美联翩自是与盛会雅集之景十分契合。萧赜并不绝然反对文章之华采本身,他只是鄙夷那些忽视"吏事"的文人。但正是这种鄙夷,使得朝廷无法像王府一样,成为孕育文人活动的重要温床。所以,为了这次曲水之会,萧赜只得借助他的儿子萧子良及其身边的文人,也正是萧子良向他推荐了王融来作诗序。②

萧赜与"称"序的文人们一样,不一定会认为自己面对的,乃是"国华"。矛盾的是,恰恰是在一位北魏(建康精英眼中的"蛮夷"王朝)使者和王融本人的口中,这篇序文被提升为整个皇权之"华"。北魏使者不属于江东文人世界的成员,他将该序视为帝国的符号:

---

① 《南齐书》47.821。
② 其实,竟陵王萧子良周围的文人向皇帝献诗并不少见。见吴伏生,2008年,第104页及其下。

宋弁于瑶池堂谓融曰："昔观相如《封禅》，以知汉武之德。今
览王生《曲水诗序》，用见齐王①之盛。"融曰："皇家盛明，岂直比踪
汉武？更惭鄙制，无以远匹相如。"②

我们已经谈过司马相如的《封禅书》：王融的叔父王俭曾在皇帝萧
道成面前吟诵此文以表忠心。十年后，王融出于（虚假的？）谦虚，用另
外一种方式论及此文。他的回答似乎否定了宋弁的部分赞美：既然没
有一位皇帝能够与伟大的汉武帝比肩而立，那他的作品当然也不足以
与司马相如的文章相媲美。然而，尽管他拒绝将南齐之盛与汉朝之盛
相比，可他还是接受了宋弁赋予其序文的地位：他觉得自己就是南齐的
司马相如。

宋弁读王融的《曲水诗序》，同时也是在读南齐之德：他不仅从中看
到了对构成这一君权的人物所作的描述，还看到了他们的德行之"华"。
这种解读立足于视角的某种外部性：作为北魏文人的宋弁，从外部出发
对齐国进行观察。正是在这一视角下，他才能将南齐与汉朝相提并论，
并且认定此序即为齐朝繁荣昌盛的符号：建康的文人世界处于硝烟弥
漫的纷争之中，无法为任何"装饰"给出一个确定的地位，而宋弁并未裹
挟其中，他的观点也就与齐朝宫廷中的力量关系格局没有任何关系。
由此，王融只能抓住时机，将自己塑造成齐朝的司马相如，北魏使者的
外部性为这种形象增添了一丝客观公正之感，而这一形象，王融无法在
不违背得当规则的情况下，在他人面前表现出来。③

显然，王融不可能预料到他的《曲水诗序》会被以此种方式进行解
读，即使出身琅邪王氏的他可以预见自己的文章会成为帝国之德的符

---

①　宋弁使用"王"字，以避免将南齐皇帝与他的北魏皇帝相提并论。
②　《南齐书》47.821—822。
③　我们可以怀疑宋弁的诚意。不过，即使宋弁只是进行虚伪的赞美，但我
们知道北魏宫廷的其他文人也可能真诚地表达了同样的观点。参见下文所引孝
文帝与大臣李元凯的对话。

号,可他又怎么能料想到,《曲水诗序》会在南齐文人世界之外受到如此热烈的欢迎呢? 在与宋弁的讨论之后,王融觉得自己有权赋予自己的文本一种意义,一种他在写作时极有可能并未想到的意义。正是在文本的流传过程中,通过接二连三的阅读,《曲水诗序》被赋予了出乎意料或无法预见的内涵。王融只能在这种流传过程中控制,或者,无论如何,协商其文本的意义。

但是,大臣之"饰"和帝国之"华"并不能说明撰写此文的文人的真实地位。《曲水诗序》的读者可以想象大臣像皇帝一样有权有势,像宴会"宾客"一样独立自主。但他们同时也可以想象大臣纯粹是"装饰性"的,他们"唯大读书也"(正如萧赜对王融和沈约的评价),无法引导君主的决策。"装饰"有两种可能的解释:这取决于读者如何重构《曲水诗序》的创作背景。在北魏宫廷中,孝文帝(467 年—499 年;471 年—499年在位)及其大臣似乎想象的是一种两头政治,像王融这样的文臣与皇帝一样强大。例如,公元 492 年,魏孝文帝在接待了南齐使者萧琛(? —529 年)和范云(二人和王融都属于萧子良的"竟陵八友")之后,与其大臣有如下对话:

> (宏)甚重齐人,常谓其臣下曰:"江南多好臣。"伪侍臣李元凯对曰:"江南多好臣,岁一易主;江北无好臣,而百年一主。"宏大惭,出元凯为雍州长史,俄召复职。①

我们无法说宋弁是赞同孝文帝的看法,还是赞同李元凯(生卒年不详)的看法。但不管怎样,我们可以肯定的是,他将王融视为朝廷的代表大臣:王融实际上是以皇帝的名义接待他的。② 宋弁没有看到的是,

---

① 《南齐书》57.992。梁朝大臣、史学家萧子显不承认北魏的合法性,他按照史学惯例使用了"伪"和"主"两个词,以示其为伪帝和伪臣。

② 他可能仍为中书侍郎,此前曾是秘书丞。见《南齐书》47.818。

王融——尽管北魏人对他的印象很好——对萧赜来说并不是一位核心人物。他不像他的叔父王俭。"竟陵八友"中没有一位与之类似。出身琅邪王氏的王融处于一种毫无攻击性的、"装饰性的"处境。虽然他在竟陵王府的影响颇大,萧赜也欣赏他的才华和口才[1],并在宫中为他安排了官职,但王融在朝廷中并没有得到足够的重视——当时的宫廷盛行经学和吏事之风。[2]

因此,对于能够重构王融境况的人来说,《曲水诗序》并不是一个权臣的符号,他能够——如同几百年前的琅邪王氏一样——随意地更换皇帝;它甚至不是一个文人的符号,他能够——像他的叔父王俭一样——强加自己的文人有效化标准。在这里,装饰象征着某种无能为力,象征着与真正的权力核心的某种远离:它是一位大臣的装饰,虽然他对权力话语的某些要素——尤其是需要典雅表达的那部分话语——仍然保有管辖权,却无法将自己的文人权威转化为真正的制度权威。他被当政的官僚主义所抵消。

如此一来,对于那些阅读《曲水诗序》时,在建康的文人世界中,重构出这一背景的人来说,这段关于文臣的话,只会是一幅讽刺的肖像画:一代文人的肖像画,他们用一种装饰性的官僚主义取代了一切贵族主义的残余——甚至是琅邪王氏的残余。[3]

---

① 关于皇帝对王融口才和才华的赏识,见《南齐书》47.821。

② 《南史》77.1927。

③ 叔父所树立的典范,其实也就是他的家族传统,一直困扰着王融,他对自己这种纯粹的"装饰"处境感到不安。过高的文人权威与匮乏的制度权威之间的矛盾折磨着他。他无力解决,最后因此而死。事实上,王融写下《曲水诗序》后不久,皇帝萧赜就病倒了,王融试图抓住这个机会:他鼓动竟陵王萧子良罢免皇太孙萧昭业(473年—494年)(萧赜之孙,萧长懋长子)即位称帝,自然是希望成为他的得力辅臣。但他没有成功地将自己的意志强加于人。他在皇宫的各处门前安排了一些忠心的士兵,但宫中大多数人都不服从他。萧子良本人也迟疑不决。萧昭业掌权后,王融因此事被赐死。见《南齐书》47.823。

结语:帝国的合法化与意义的流动性

帝国合法化的话语并不完全是由"政治"文本提供的:在建康,任何文本——甚至是最具"文学"性的文本——都可以从"政治"角度加以解读。因为,在这里,一切称为"政治"的东西,都是建立在一种德行基础之上的,而任何具有一定重要性的文本,都被认为应该"表征"这种德行(以指谓或涵谓的方式)。文人权威就有权决定,哪些文本可以被允许用来表征帝国的德行。但是,由于文本与权力之间的关系并不明确,而且文本在流通的过程中,也会改变自己的意义,所以,文人权威的主要挑战不仅仅是要控制写作,尤其是要控制文本的地位和意义。这种控制并非没有困难:如果要实施这种控制,文人权威别无选择,只能在阅读和阐释文本的每一个"竞技场"上,都使其合法化。因此,文人权威不得不进入这些竞技场,与其他权威展开博弈,并且与愿意支持他们的宫廷权贵达成合作。这是他们掌握的,在文本的流通过程中,影响文本的地位和意义的唯一手段。

执掌帝国权力的所有成员对权力话语的干预能力都是有限的。无论文人权威,还是宫廷权贵(不管他们是否为同一人),他们都无法成为意义的绝对所有者,即使是权势滔天的文人,有时在面对他的文本所受到的解读时,也会束手无策。这是因为,读者和书写者对于世界的知识都是片面的,这就使得他们在对文本——即使是他们自己所写的文本——进行阐释时,所基于的也同样是一种必定片面的经验。这种知识的片面性,只能在读者与读者之间,为同一个文本产生新的语境,从而为同一个话语产生新的意义。

结 论

"文学"与"政治"的区分,是建康不曾具有的观念。由于我们已经习惯于制度和象征的分离,在"艺术家"与"政治家"之间,在"作家"与"官僚"之间,在"文学批评"与"政治科学"之间,总之,在属于"艺术"领域的东西和属于"国家"领域的东西之间,就会自然而然地倾向于把这些分离投向某些世界,拥有其自身手段去联结"文"与权力的那些世界。但是,若我们被这种习惯牵着鼻子走,那就对建康太不公道了。因为,在建康,文人知识和皇家权力构成了一个**统一体**。在这个统一体中,文人知识确保皇家权力能够进行自我表达,而皇家权力则向文人知识传递它的权威、空间和声望标志。尽管这种复杂关系具有内在张力,但要在其中构想出独立的"文学"观念,这本身就不简单。

建康用来谈论写作的语言,就是这种统一体的明证。在"文"这一概念之下,写作知识与其"装饰"性质密不可分,各种各样的体裁共存于此,在今天,它们分布于——以不同的程度和不同的方式——不同的机构和学科:诗与表,论与诏,史与祝,都属于"文"。这种共存并不妨碍人们尝试在各种写作形式之间建立区别:体裁和文体被明确加以区别,分门别类,划分等级。但在建康,没有人会想到,将这些区分转化为一种制度的分离;所有体裁都理所应当是帝国的装饰。这是因为,这种统一体,这种"文",它无视"文学"与"政治"的现代之分,其根源就在于两种制度的叠加交织,而正是这两种制度支撑着帝国,塑造着文人世界:宫廷和行政。对于帝都的这个文人世界来说,宫廷和行政实际上是不可分割的。文人管理行政事务;他们根据相关的部门,负责起草、审查和解释各种条款规定和指示命令,并且耐心撰写文书,送往帝国各处。但是，这些文人并非纯粹的行政人员。他们聚集在皇帝、诸王和大臣的周围，也形成了一个宫廷：一个特权社会，围绕皇宫、官署和府邸编织而成，其中既有位高权重者，也有地位较低的文人，由于其社交方式的相对自主性及其对皇帝的最终依赖性，我们可以将它称为"宫廷社会"。这个社会有它自己的礼仪、礼节和惯例。诗歌便是其中之一；但即使是行政文本，也不能免于宫廷礼仪：如果行政是进入宫廷的条件，那么宫廷则将自己的生活方式强加于行政，从而也将它固有的优美和雅致强加给了行政。

正是通过宫廷与行政之间的这种交汇，建康文人世界才能将写作活动建立在一种统一经验之上。虽然每种体裁都或多或少对应于一种特定的宫廷实践：表和诏与行政沟通有关，议与大臣争论有关，礼仪文类与祭祀仪式有关，诗与仪节有关，史与寻找典范和先人有关。但通常来说，撰写宫廷和行政运作中必不可少的不同文本的，是同一批文人。除了精练史事者（通常是寒门人士），大部分文人迟早都会开始撰写表奏或诗歌。我们经常看到，他们从小就在为宫廷生活中无法绕过的这些任务做准备。他们亦时常因为自己在这两种体裁上的斐然文采而颇感自豪。所以，骈体散文在形式上与诗歌极为接近，或者一首绝妙诗歌的创作推动了诗人的事业腾飞，这些都不足为奇：一种统一经验支撑着写作与帝国制度之间的这种相互关联。不同的文人知识和文人实践共存于"文"这个一般概念之下，正是植根于这种统一经验之中。

"文"的语言就揭示了宫廷的逻辑，根据这种逻辑，地位等级必须在可感的领域中具体化。"装饰"用于标志这些等级。动作、服饰、语言规范、奢华物品和建筑布局，所有这些个人言行和居住空间的"饰物"，一方面代表了宫廷成员的相对地位，另一方面也代表了所有享有这些区隔标志的人的绝对优越性。正是在这个意义上，刘勰将章表形容为"身文"和"国华"：写作的装饰，既是文人优越的符号，也是皇权荣耀的符号。经过装饰的写作就是德行的表征，既表征文人之德，也表征君主之德。

　　这就是装饰的地位蕴涵,也是关于建康文本的话语中经常出现的意象:无论文人愿意与否,他的文本都表征着皇权。文本以两种不同的方式表征皇权:要么以指谓的方式,通过话语的指称内容,在文本表明的或似乎表明的内容中来表征这一权力;要么以涵谓的方式,通过文本风格的精致程度,在文本的装饰之美中进行表征。这种表征性——实际上相当于对《诗经》中一个观点的实际阐释:文本是一个王国兴衰的符号——使得我们的现代"文学",无论是作为制度,还是作为概念,都不可能出现。在建康,语言的运用并没有避开权力的控制;相反,它们还在权力的空间中蓬勃发展,在这些空间中,文人们共同分享权力,有时候甚至**行使**这种权力。

　　但与权力缔结的这种特权关系并非没有风险。在"文"的装饰之下,在某些文本不容置疑的美感之下,我们不能说我们想要什么:是文人权威和——他们背后的或他们所代表的——朝廷权贵,决定什么样的"文"有权成为帝国权力的核心。因此,如果一个文本看起来偏离了帝国权贵们所强加的标准,那么突然陷入危险的就不仅仅是文人及其护主了;从某种程度上说,整个帝国权力都可能要为之承担后果。事实上,对文本的任何批评,可能表达的都是一种超出文本自身之外的怀疑:撰写文本的文人是否应当属于帝国? 他的护主们——大臣、诸王或皇帝——是否足够英明贤德? 当这种怀疑转化成针对王朝的公开批评时,那就更加危险了:这些文人的德行缺失,难道不正是皇权中某些衰败的符号吗? 归根结底,文本是皇权之"言",因为文人,就是他们的主公的"喉舌"。因而,"文"无法摆脱文人权威和宫廷权贵的警惕;它依赖于人们赋予它的表征性,即作为辉煌和德行的符号,无论对个别的文人而言,还是对整体的皇权而言,都是如此。

　　由此可见,"文"所涵盖的文人知识,并不包含着一颗"文学"的种子,试图去砸碎权力压迫的枷锁;但它们也不是某种具有工具理性的枯燥手段,"国家"对其进行改造,以适应一种早期"现代官僚制"的运用。在建康,这些文人知识必不可少——因而也极富声望——因为,它们为

皇权代言：它们生产了"臣下之言"和"君上之言"，这两种言语必须以书面形式在宫廷内外传播，以便在远近各处彰显掌管天下道德之人的伟大。所以，并不是所有的文人知识，建康宫廷都一概接受。只有那些文人权威和宫廷权贵所认可的文人知识，才有助于将这两种"言"实现为文字。

文人权威和宫廷权贵使文人知识达到有效，依据的是两个基本标准，概括地说，这两个标准对应于宫廷与行政之间的紧密交织。第一个标准是透明。呼吁"真诚"或"真实"，并不像现代"表现"论文学观所表明的那样，标志着一种审美意识的萌芽，相反，它们呼吁遵守宫廷和行政中隐含的透明规则——对于一种建立在忠诚和互信关系之上的权力来说，这条规则是绝对必要的。文人的真诚——或者更确切地说，他表面上的真诚——可以让文人权威和宫廷权贵确信他会是一位可靠的大臣。因此，写作绝不能隐藏罪恶。如果文人未能履行这一透明职责（无论他是否有意为之），根据情况的不同，他可能会丢官弃爵，可能会仕途受阻，也可能会遭到朝廷机构的放逐，或者——像谢朓那样——被判处死刑。不过，正如围绕真诚和真实的诸多争议所表明的那样，透明规则的应用存在着固有的困难：每个人都有自己界定透明文本的一套标准。而文本之美，对于门阀成员来说，几乎是必不可少的，但在某些情况下，它却可能作为缺乏透明的险恶证据。

文人有效化的第二个标准是圣贤传统。一切知识都应属于这种传统。它提供了礼仪和礼节、准则和规范，确保了人与宇宙力量之间和谐关系的维持——从而为长期的统治奠定了必要的基础。文人们显然不会以同质化的方式，来重构圣贤的传统；但他们制定了不同的应对策略。刘勰为我们提供了一个很好的例证。他对于创新的态度表明，一方面，他具有与宫廷社会的相对外在性；另一方面，他必然会接受这种传统，支撑着这个社会齿轮的传统。实际上，他认为对写作而言，创新和变化是不可避免的，这种观点使他在原则上与某些宫廷惯例的守旧派对立起来；但他也认为经书是"祖先"，必须严格地忠实于它们。所以，他提出了"通变"概念作为折衷之道，就此，可以在连续性中谈论断裂；他还在沈约的启发下，以"明释"圣人直觉的形式来继承传统。同沈约一样，刘勰也认为自己必须将文人知识与圣贤传统联系起来，再进而与宫廷社会的传统联系起来；但他是在旧中求新这一话语策略的框架之下进行的。

透明规则和圣贤传统可以评判文人知识的运用是否得当，换言之，向文人知识的使用强加**伦理**规范。这些都是得当伦理的基石，而这种得当伦理，从根本上说，不过是源于宫廷和行政的一种礼仪伦理。

这一伦理不应被视作一种同质"文化"的自发表现：它往往是在矛盾标准的影响下形成的。一些文人对于过分精美的装饰持怀疑态度；而另一些文人则恰恰相反，他们花费大量时间去思考这些装饰。对前者而言，过度美化偏离了圣贤传统这一核心。对后者而言，风格之美、诗文之妙是对这种传统的必要补充：正是装饰将文人与寻常之人区分开来。在这些寻常之人中，有些甚至认为文人的"装饰"——既指"文体"，也指"文人知识"——不仅要吸收史学、经书和思想大师的养分，而且还应以佛经为食粮。装饰固然受一种得当伦理的约束；但得当的标准根据个人在文人世界中的地位而变化。所有人都声称，他们的标准保证了文人知识的得当运用；所有人都声称，他们的知识符合圣人的教诲，声称他们的知识确保了天、地、人之间的和谐。然而，由于圣人的本质和身份不断地被加以界定，他们几乎总是相同的，与此同时，他们也几乎总是被重新诠释，没有任何有效化标准能够最终在文人世界中确立下来。似乎只有"文"，是不可动摇的，它是一个文人世界的装饰形象，而这个文人世界的理想——或者说诸多理想——几乎从未达成过一致的实现。

所以，拙劣的文本成了暴政的符号，优美的文本成了德治的符号：这就是《诗经》的寓意，也是文人的格言。但是，如何断定文本的好坏呢？这是由力量关系决定的。

在这些力量关系中，最重要的一种无疑是门阀士族与执政家族之间的关系。这一关系常以下述方式被提出：文人知识的价值是应该以"官僚主义"的方式，根据这种知识为文人的上级所提供的直接效用，即最终提供给皇帝、诸王或依附于他们两者的大臣的直接效用，来进行衡量？还是应该以"贵族主义"的方式，根据传递相关知识的家族的名望来进行衡量？根据答案的不同，知识的有效化标准将掌握在不同的行动者手中。如果上级官员拥有最终的决定权，官僚主义式解决方案就会占据上风。反之，如果是门阀士族通过其僚属将自己的标准强加于文人权威和宫廷贵族，那么贵族主义则会成为主导。这些力量关系的结果只是局部的。所要采取的标准取决于编织在每个官署和每个宫廷中的不稳定关系。出身名门的文人可能会强调其知识的官僚效用，或显示他的贵族传统，又或两者兼而有之：理由取决于他的文人权威影响范围，他的家族传统对于上级官员的分量，以及他在宫廷社会中的地位。

　　所有这些文人有效化标准中的分歧，都被纳入无休止的冲突之中。这些冲突呈现为博弈的形式。文人之间的博弈会因利害和局势而异，但它们都表现出相似的动机和特征：每个文人都必须私下了解自己的对手，以便向帝国强者们展示自己的出类拔萃和与众不同。它们遵循宫廷制度的内在逻辑：对手之间的相互了解，以及对主公的个人依附关系。这些博弈不会导致宫廷文人世界分崩离析，相反，他们在"赢家"与"输家"之间创造了一种凝聚力，使这个文人世界拥有了自己的等级制度——这种等级制度无疑是复杂多变、富含张力的，但它的总体结构是相对稳定的。文人权威出现的根源，恰恰就在于这种等级的凝聚力：他们就是这些"赢家"——当他们自己还不是宫廷权贵时，他们受到宫廷权贵的庇护——将他们自己的有效化标准强加于"输家"。

　　文人权威最能深切地体会官僚主义与贵族主义之间的两难处境：他们往往出身门阀士族，在宫廷权贵的怀疑目光下，他们不得不以这样或那样的方式，来确定自己与上级的关系。公元5、6世纪之交的文人权威史，其实就是一部步履维艰的官僚化史，它在不同的地方，在不同的时期,产生了不同形式的官僚主义。南齐开国君主在位期间,需要的是王俭这样模棱两可的贵族主义:虽然他以一位优秀的官僚主义者自居,但他的地位仍然得益于其家族的贵族声望。不过,随着王朝逐渐稳固,首任君王变得强势,精吏事者也渐居要职,这种贵族主义慢慢遭到削弱。南齐第二任皇帝萧赜继位后,吏事的作用开始凸显出来:朝廷在王俭遗留下来的经学、博学风格与几乎专事命令核查和执行的寒门人士的质朴官僚主义之间游移不定。诸如沈约和王融这样的"华丽"文人,此时尚处于边缘地位。

然而,皇权并未完全由这种质朴所支配。萧长懋和萧子良就让沈约和王融成为他们各自宫廷中的杰出权威。他们组织的活动不仅超出了吏事的范围,也不再局限于王俭的博学游戏:在他们的支持下制定的声律规则,就是经文吟诵和诗文书写相互碰撞的结果。但是,两位皇子并不试图以此种方式让他们自己的宫廷贵族化:王融或沈约虽然享有家族的地位和自由,但仍然极大地依赖于皇子们的关照。相对于朝廷,变化的是官僚主义者的类型:面对第二任皇帝的质朴,诸王们提供了一种正在萌芽的官僚主义模式,在这种模式中,文饰拥有一种特权地位。这种"装饰的官僚主义"必定会对长吏事者产生一种贵族化的影响。但相对于诸王而言,文人——无论"装饰"与否——仍然是依赖诸王荫护的官僚。

公元 6 世纪初,梁武帝采用了南齐两位皇子的这种官僚主义模式。他身边围绕着像沈约、任昉和范云这样的大臣,其中大部分都是他在萧子良的活动中认识的。他让这些文臣得以统治文人世界;他允许他们举荐自己的门生,撰写华采文章,向其进言上谏。但是,他并未留给他们太多发挥主观能动性的空间。这位皇帝,他本身就是一位文人权威,关于写作的所有话题,他都能提出意见,并且难以驳斥,如果大臣不遵循他的标准,他会毫不犹豫地令其名誉尽损。就连官员的选拔也无法逃出他的掌控。虽然入仕为官的家族权利依旧保留,但他引入了"能力"标准(例如,入仕的最低年龄和经学书籍的深入了解),以此加强他对新生代文人和强势权臣的控制,因为,后者现在必须按照皇帝预先制定的标准来举荐他们的候选人。

因此,如果我们比较一下齐初和梁初的文人权威,立马就会发现在朝廷空间中发生的变化:从王俭这种以家族传统和制度角色为后盾的权威,到沈约这种从次等士族中的卑微之家里脱颖而出的权威,文人权威从一种原本在贵族主义与官僚主义之间游移不定的地位,几乎彻底转变成了一种官僚主义地位,文饰虽未被废除,但可以说是经过筛滤之后的。这种官僚化并不意味着现代官僚制意义上任何知识的"合理化"过程。朝廷或王廷,甚至大臣的官署,它们都是以个人关系为基本特征的,正如《孝经》所表明的,这种关系极易被等同于家庭空间中父亲与侍从之间的关系。实际上,无论是对门阀士族而言,还是对执政家族而言,权力都是一项"家庭"事务,它建立在家长的德行之上,由家长决定在他的"家"中应该知道什么。现代官僚制所提出的典型理想,即知识与权力之间是一种非个人化的关系,这样的观念甚至是无法想象的。因此,朝廷的官僚化(无论是萧赜的质朴型官僚化,还是萧衍的装饰型官僚化)并不标志着,从个人关系(大臣与家庭)不可预测的"非理性"向非个人关系("官僚"与"国家")可以计算的"合理性"的过渡。相反,它标志的是从一种个人关系到另一种个人关系的转变:随着文人与自己家族的联系逐渐减弱,与皇帝的联系逐渐加强,他从自己的家庭空间(即家,他是或将是这个家里的强权父亲)转移到了宫廷的"家庭"空间(他在这里仅仅是一位侍从)。文人知识随着皇权这两个不同极点之间的张力变化而同步发展。

皇帝宫廷的官僚化是否消除了文人权威对皇权所施行的控制呢?并非如此。虽然这些权威不能再凭借他们的家族传统(如果他们有的话),将他们的知识强加给皇帝,但是他们保留了一项基本权力:干预"文",干预这种装饰语言,同时,它也是一种权力语言,传播着帝国统治者们的合法表征。当然,皇帝和王公大臣们也拥有对"文"的操控权。他们可以审查文本,推翻文人权威,有时甚至亲自撰写重要文本。但文人权威是无法回避的中间人：即使他们只握有很小的"管辖权"，也总能通过攻击宫廷权威身边的文人而间接地令其权威大损。这种地位赋予文人权威一定的自主性和一定的权力。由此看来，皇帝萧赜虽不太重视文饰，却也要在重要的仪式性场合借助其子萧子良及其文人之力，便不足为奇了。尽管这些文人引起了他和其他人的怀疑，但这样的选择为他确保了，作为其表征的文本风格，能够向以门阀士族为主导的文人世界展示出一定的水准。因为，除了他的颜面之外，还关乎着帝国的稳定。

对"文"的监控是一种**集体**监控，在这种监控中，宫廷权贵和文人权威共享有效化标准。如果没有这些统治文人世界的权威们的共谋，宫廷权贵就会失去他们对书面语言的控制，失去他们对自身表征的控制，也许还会失去他们对许多最具影响力的臣民的控制——更不用说帝国范围之外的潜在臣民了。所以，这是一种自相矛盾的格局。皇帝和王公大臣们可以干预文人世界，改变它的等级制度，掌控它的权威人物；但他们无法绕过文人世界，也无法惹怒文人世界中最具影响力的成员。如果宫廷权贵不希望丧失装饰语言，丧失这种让他们在门阀士族面前，并且借由门阀士族，在他们的大部分臣民面前，具有合法性的语言；如果他们不希望招致这些在公元 5 至 6 世纪仍然强盛的家族的反对；说到底，如果他们不希望停留在一个黯然无光的暴君的危险独白中，他们就别无选择，只能通过自己的权威来引诱或者支配文人世界。他们落入了自己对装饰性写作的结构性需求陷阱中。

在这种背景下，如何将"文学"与"政治"割裂开来呢？直至不久前，它们才大致呈现出我们所熟知的"文学"与"政治"的分化形态。如果将这种分化应用于建康，那就必须假定行动者并不知晓的话语和制度具有跨历史的存在。在这些行动者的世界中，权力的分配主要基于文人知识的分配；为某种"装饰"的有效化而展开的斗争，大部分都转化成了为某种形式的"王国"的有效化而展开的斗争。装饰和王国联结成了一个整体，一个紧密连贯、相互依存的整体，我们的现代"文学"观和"政治"观——虽然当代尝试将它们结合在一起——无法将其再现出来。米歇尔·德·塞尔托（Michel de Certeau）用一句话概括了公元 15 至 16 世纪,（欧洲）历史学家开始形成的分化:他说,历史学家在"面对"向他发号指令的权力时,"不是创造历史,而是**著**史"。[①] 不过,在建康,文人权威——包括史学家——**创造**历史,在某些方面,他们甚至**凌驾于**权力之上,因为皇权是由一些个体,根据一定的标准陈述出来的,而宫廷权贵并不能完全控制这些个体。所以,帝国无法驱逐它的官员-诗人们:它将保持沉默。

　　建康的文人世界与我们的文人世界判若云泥。关于装饰的话语,诗歌与行政的密切联系,文学争议对制度的即时反响,礼仪,规则,规范,面对所有这些特殊性,如果我们希望在建康找到一种让我们信服的"文学",那只会让我们一无所获。因此,至少在我们进行考察的某些时刻,应该**忘记**文学,以便能理解这个文人世界。然而,我们与文学之间的关系,却不能从这一步骤中全身而退。如果文学可以被遗忘,如果我们可以构想一个文学未曾存在过的世界,那是因为文学与任一形式的文人知识组织一样,都具有偶然性;从一种偶然性到另一种偶然性,我们终会想象一个未来:到那时,我们的文学将不复存在;到那时,文学将呈现一种怪异的姿态,与昔日的"文"一样怪异。今天似乎顺理成章的文学,是否会成为历史好奇的一个普通对象? 显然,我们说不准。但是,如果说建康的文人世界已经永远地消逝了,那么这种消逝本身就是在提醒我们,我们的文人习惯,在或近或远的未来,同样也可能会消亡。

[①]　米歇尔·德·塞尔托,1975 年,第 22 页。

附　录

中国历史朝代纪年表

（前 206—公元 907）

纪年	朝代		
前 206—公元 220	汉		
前 206—公元 8	西汉		
9—23	新		
25—220	东汉		
220—289	三国		
	魏（220—265）	蜀（221—263）	吴（229—280）
265—420	晋		
265—316	西晋		
317—420	东晋		
304—439	十六国		
420—589	南北朝		
	北朝（386—581）		南朝（420—589）
	北魏（386—535）		刘宋（420—479）
	西魏（535—556）	东魏（534—550）	南齐（479—502）
	北周（557—581）	北齐（550—577）	梁（502—557）
			陈（557—589）
581—618	隋		
618—907	唐		

南北朝纪年表

（386—589）

南朝（420—589）	
公元纪年	朝代
420—479	刘宋
479—502	南齐
502—557	梁
557—589	陈
北朝（386—581）	
公元纪年	朝代
386—535	北魏
535—556	西魏
534—550	东魏
550—577	北齐
577—581	北周

相关大事年表

朝代	年号	公元纪年	皇帝	文人世界
刘宋 (420—479)	元徽 (473—477)	473	刘昱(宋后废帝)即皇帝位。	王俭(22岁)任秘书丞,开始从事目录学研究。
		477	萧道成(49岁)斩杀刘昱,奉刘准为帝,刘准成刘宋末代皇帝。	沈约(37岁)结交未来的齐武帝萧赜及其子萧长懋。
	升明 (477—479)		477年,袁粲发动政变反抗萧道成,事败后被杀。478年,沈攸之起兵叛乱。	
南齐 (479—502)	建元 (479—482)	479	萧道成称帝	沈约任太子萧长懋通事舍人。
				王俭迁任尚书右仆射,兼管吏部。
				萧子良(20岁)为都督会稽东阳临海永嘉新安五郡诸军事。
		482	萧道成驾崩	王俭进尚书令。
				国学开放数月。
	永明 (483—493)	483	萧道成的太子萧赜继位	陆澄领国子博士,与王俭论"帝典"。
		484		王俭领国子祭酒。
				沈约任著作郎。
				任昉为丹阳尹王俭主簿。
		485		立国学,废总明观。

（续表）

朝代	年号	公元纪年	皇帝	文人世界
南齐 （479—502）	永明 （483—493）	486		沈约任萧子良的车骑长史。
				王俭领吏部尚书。
				王融（20岁）任秘书丞。
		487		萧子显出生。
				沈约奉诏修《宋书》。
				萧子良任司徒，移居鸡笼山邸，大集文人雅士，组织诗歌、学术活动。
				裴子野（20岁）始撰《宋略》。
		489		王俭（38岁）去世。
				萧子良抄录佛经36部，召集大批僧侣文人研究声律。沈约和王融就在其中。
		490		刘勰（24岁）投依僧佑，寓居于建康定林寺。
		491		王融作《三月三日曲水诗序》。
		492		萧子良加封尚书令。
		493	太子萧长懋（36岁）去世。	王融（27岁）赐死。
	隆昌（494） —延兴（494） —建武 （494—498）	494	齐明帝萧鸾登基为帝	陆澄（70岁）去世。
				萧子良（35岁）去世。
				陆厥致信沈约展开声律之争。
		498		沈约被征召为五兵尚书。
				刘勰始作《文心雕龙》。

朝代	年号	公元纪年	皇帝	文人世界
南齐 （479—502）	永元 （499—501）	499	东昏侯萧宝卷即位。	
	中兴 （501—502）	501	齐和帝萧宝融登基称帝。	
梁 （502—557）	天监 （502—519）	502	梁武帝萧衍受禅登基。	沈约担任吏部尚书、尚书右仆射等职。
				刘勰完成《文心雕龙》并呈递于沈约。
		503		沈约晋尚书左仆射。
		504		沈约参与朝廷五礼的制定。
		505		朝廷下令，规定官员选拔的年龄限制，并要求至少精通一经。
		513		沈约去世（73 岁）。

资料来源：曹道衡、刘跃进，2000 年。

帝国行政机构五省官制

部门	刘宋时期官品	职能
1. 尚书省 录尚书事 尚书令 尚书左、右仆射 尚书左、右丞 吏部尚书 度支尚书 左民尚书 祠部尚书 五兵尚书 起部尚书	 3 3 3 3 3 3 3 3 3 3	执行朝廷命令
2. 门下省 侍中 给事黄门侍郎	 3 5	核查朝廷命令内容
3. 中书省 中书监 中书令 中书侍郎 中书通事舍人	 3 3 5 7	拟定朝廷命令
4. 集书省 给事中 散骑常侍 通直散骑常侍 奉朝请	 5 5 ? ?	咨询机构
5. 秘书省 秘书监 秘书丞 秘书郎	 3 6 6	整理朝廷文书

注：此表并非详尽无遗。我们仅以南齐时期的五省机构作为参照，其官员品级设置与南宋行政官制一致。关于南齐与刘宋之间官品的连续性，见阎步克，2009a 年，第 301—312 页。

资料来源：俞鹿年，1992 年。

人名汇编

本术语表旨在帮助读者更好地理解本书。为此,我们以本书核心人物(如王俭、沈约等)为基准,来确定其他所涉人物的地位,而对于其他在中华帝国历史上无疑也是举足轻重的人物,我们在此谨以寥寥数语一并提及。

正文中提及的部分人物

北魏孝文帝**拓跋宏**,又名元宏(467年—499年;471年—499年在位),鲜卑族,一代霸主。执政期间推行多项改革:北魏国都自平城(今山西大同)迁到中原洛阳,规定朝廷上须说汉语、着汉人服饰,令其族群改鲜卑姓为汉姓。皇族拓跋氏因而改汉姓元氏。

蔡兴宗(415年—472年),刘宋大臣,曾任尚书右仆射等重职。

仓颉,古代神话中的文字创造者。

曹操(155年—220年),东汉末年杰出的韬略家、文学家和权臣,奠定了曹魏的制度根基。

曹丕,见"魏文帝"。

曹爽(?—249年),三国时期曹魏摄政大臣,身边聚集了最杰出的"玄学"代表人物。司马懿把持朝政后将其处死。

陈群(?—237年),曹操谋臣,曹魏建立后,仕于曹丕,负责创制"九品中正制"。

陈寔(104年—186年),东汉官员,陈群祖父,以其宽容有德行,名重于世。

褚渊(435年—482年),出身河南褚氏,东晋士族豪门,为南朝宋、齐重臣,助萧道成篡位建齐。

崔亮(460年—521年),北魏大臣。

崔瑗(77年—142年),东汉时期著名文人、书法家。

杜佑(735年—812年),唐朝大臣,因其史学巨著《通典》闻名于世。

范晔(398年—445年),东晋末期、刘宋著名文学家,尤以《后汉书》闻名于世。

范云(451年—503年),出身南乡范氏,自幼便善作诗,为南齐萧子良"竟陵八友"之一。公元429年,同萧琛出使北魏。梁武帝建立南梁的开国功臣之一。

范缜(450年—515年),南朝齐、梁大臣,在《神灭论》中提出"形存神存,形谢神灭"的无神论观点。

伏羲,上古圣王之一,创造《周易》八卦,始作文字。

傅隆(369年—451年),东晋、刘宋大臣,精通礼仪,多次归隐。

甘罗(公元前247年—?),十二岁官拜上卿,堪称少年政治家之楷模。

共工,神话人物,人面蛇身,红色头发。与颛顼争夺天下,失败后愤怒不已,用头撞击昆仑山西北方向的不周山,使地向东南方向下塌。

顾荣(?—312年),江南士族领袖,拥护司马睿建立东晋,巩固政权。

寒浇,夏朝寒浞之子。寒浞杀后羿夺取夏朝政权,自立为王,分封寒浇为过国国主。少康复夏,斩杀寒浞、寒浇。

寒浞,夏朝时期后羿取代夏天子相后,官拜丞相。后羿篡权夺位后不久,寒浞杀后羿,代夏称帝。

何宪(生卒年不详),大学士,与王俭相善。很可能逝于北魏朝廷。

何逊(480年—520年),南朝梁文人,有"诗人冠冕"之称,主要仕于南梁朝廷。

后废帝刘昱(463年—477年;473年—477年在位),刘宋倒数第二任皇帝,在位期间残暴恣睢,朝野上下莫不惊恐。遭萧道成斩杀。

后羿(勿与射日英雄后羿相混),根据传说,篡夺夏朝王位,任寒浞为相。

皇侃(488年—544年),南朝梁文人,尤以儒家经籍注疏闻名。

吉茂(生卒年不详),三国时期大学士、藏书家。

江谧(萧赜即位初期,下诏赐死,时年五十二),齐高帝萧道成视其为"寒门子弟",但他与江淹一样,都出自济阳考城江氏。父亲江徽,任尚书都官郎,吴县县令。江谧精于"史事"。

江淹(444年—505年),南齐最重要的文人之一。刘宋时期,入建平王刘景素府。南齐时期,历任尚书左丞(为尚书令及尚书仆射的属官)、御史中丞等。专掌文书管理、弹劾监察。

江总(518年—594年),文学家,仕梁、陈、隋三朝。

桀(约公元前1554年去世),夏朝末代君主,被商汤推翻,是历史上暴君的典型。

孔遏(生卒年不详),王俭的门生旧吏,为俭信赖。

孔颖达(574年—648年),唐朝大儒,最重要的著作是他所主持编撰的《五经正义》。

孔稚珪(447年—501年),南朝宋、齐辞赋大家,尤其善写骈文。

乐广(?—304年),西晋名士,推崇"名教"。

雷次宗(386年—448年),东晋、刘宋时期大儒。

李固(94年—147年),东汉文学家,因博学多才、谦逊有德而为世人尊崇。

李元凯(生卒年不详),北魏孝文帝大臣。

梁简文帝萧纲(503年—551年;549年—551年在位),梁武帝萧衍第三子,后即皇帝位,在位时间虽短,却以支持文学而获盛誉。公元6世纪最重要的诗集之一《玉台新咏》就由他主持编选。

梁武帝萧衍(464年—549年;502年—549年在位),文武全才,伟大的韬略家,他所开创的南朝梁国几乎可以与他本人等同起来,他是南朝诸帝中在位时间最长的皇帝之一。在他统治期间,史学、目录学、诗歌等各类文学活动得到长足发展。他成了一位狂热的佛教信徒。

梁元帝萧绎(508年—554年;552年—554年在位),梁武帝萧衍第七子,后登基称帝。南朝梁杰出文学家,藏书众多,大力扶持文人。

刘景素(452年—476年),宋文帝刘义隆之孙,袭封建平王,公元476年举兵叛乱,对抗宋后废帝,兵败身死。

刘骏,见"孝武帝"。

刘穆之(?—417年),东晋末年重臣,支持刘裕执掌政权,在刘宋建国前去世。

刘劭(424年—453年),孝武帝刘骏、宋明帝刘彧之兄,弑杀父亲宋文帝篡夺皇位,称帝数月。

刘系宗(419年—495年),出身寒门,精通"吏事",是齐武帝萧赜的心腹大臣,尤为善书。

刘勰(465年—522年?),《文心雕龙》作者,成长于佛寺,受沈约举荐入仕为官,在南梁时期颇有名望,最后出家为僧,圆寂于寺院。

刘歆(?—23年),西汉文人,以目录学研究著称,是倡导"古文经学"的核心人物。

刘彧,见"宋明帝"。

刘昱,见"后废帝"。

刘裕,见"宋武帝"。

柳世隆(442年—491年),南朝宋、齐之交的关键人物。沈攸之起兵反抗萧道成时,柳世隆在镇压反贼的过程中发挥了重要作用。萧道成受禅称帝,柳世隆凭借军功荣获封赏。此外,他还是一位音乐家。

卢循(?—411年),天师道领袖,接替内兄孙恩,领兵起义反抗东晋王朝,兵败自杀。

陆澄(425年—494年),南朝宋齐时期大学士,出身南方显要家族吴郡陆氏,博通经史,名震一时,与王俭不睦。

陆机(261年—303年),南朝时期著名文学家,其文论作品《文赋》

深刻地影响了后世文人。

陆厥（472年—499年），南朝齐文学家，出身吴郡陆氏，与沈约私交甚密，但反对他的声律论。

陆云（262年—303年），南朝时期著名文学家，陆机之弟。

吕文度（仕于南齐朝廷），出身"寒门"，齐武帝萧赜执政期间聚敛了大量财权。

裴松之（372年—451年），裴子野曾祖父，著名史学家，撰有《三国志注》，显贵于时。

裴骃（刘宋时期去世），裴子野祖父，南朝史学家，为司马迁《史记》作注而闻名于世。

裴昭明（？—502年），裴子野父亲，清廉守正，人格高尚，博通经儒。

裴子野（469年—530年），出身河东裴氏，为史学世家。裴子野继承家学，初仕南齐，大部分仕于萧梁王朝。年轻时便写下了他最为重要的作品《宋略》，但现今只存部分残篇（如批判当时文风的《雕虫论》）。

彭咸（生卒年不详），殷商贤臣，屡谏纣王无效，最终投江自尽。

齐高帝萧道成（427年—482年；479年—482年在位），南齐开国皇帝，精通经学、仪制，提倡节俭，限制奢靡。与王俭交好，后者为南齐开国元勋和朝廷重臣。他在清除完刘宋异己后，获得了一些门阀士族支持。

齐和帝萧宝融（488年—502年；501年—501年在位），南齐末代皇帝。

齐明帝萧鸾（452年—498年；494年—498年在位），萧道成侄子，萧赜死后把持朝政。一年之内，连续废杀郁林王萧昭业、海陵王萧昭文，自立为帝。篡位之后，将萧道成、萧赜子孙屠戮殆尽，以消除所有的权力威胁。

齐武帝萧赜（440年—493年；482年—493年在位），齐高帝萧道成长子，南齐第二任皇帝。萧赜与其父都以崇尚节俭为名，却对自己的儿子极为宽容,特别是太子萧长懋,他生活奢靡,广招天下文人学士。萧颐的统治得益于物质的繁荣,确保了他在十年的时间里能够维持一定的稳定。

　　丘灵鞠(? —484 年?),出身吴兴丘氏,南朝宋、齐大臣,以诗歌出名。

　　任昉(460 年—508 年),出身乐安任氏,初仕南齐,萧梁时期权力颇盛。被认为是梁初辞赋大家之一。与沈约同为文坛领袖。

　　茹法亮(435 年—498 年),出身"寒门",为南朝齐权臣,特别是在齐武帝萧颐统治期间。

　　僧佑(445 年—518 年),齐梁时期名望最盛、学识最广的高僧之一,与竟陵王萧子良关系密切,刘勰为其门徒弟子。

　　山涛(205 年—283 年),"竹林七贤"之一。为远离朝廷的权力斗争,成为"朝隐"者。

　　沈林子(387 年—422 年),沈约祖父,戎马一生,襄助刘裕建立刘宋王朝。

　　沈璞(416 年—453 年),沈林子少子,沈约之父,好学善文,因未及时向宋孝武帝刘骏投诚,坐罪伏诛。

　　沈文季(442 年—499 年),出身卑微的南方家族,为南齐巩固政权的重要人物,以能言善辩著称一时。

　　沈攸之(? —478 年),刘宋忠臣,萧道成掌控朝野时,起兵叛乱对其进行讨伐,兵败而亡。

　　沈元琰(? —478 年),沈攸之长子。其父沈攸之忠于刘宋,发动兵变阻止萧道成称帝,沈元琰被张敬儿杀害。

　　沈约(441 年—513 年),出身吴兴沈氏。齐末梁初关键人物。经历了南齐的宦海沉浮后,成为萧衍建立南梁的开国功臣。作为文坛领袖,尤以诗歌、辞赋和史学作品闻名于世,制定了汉语的四声说和诗文的声律规则。

　　舜,虞舜,上古圣王,禅位于大禹。《尚书》中有《舜典》篇。

司马懿(179 年—251 年),三国时期曹魏军事家。诛杀摄政大臣曹爽,夺得曹魏政权,为其后人建立西晋王朝铺平了道路。

宋弁(生卒年不详),北魏孝文帝大臣,出使南齐。

宋明帝刘彧(439 年—472 年;465 年—472 年在位),优柔寡断、性格暴戾,拥有极高的写作才华。

宋顺帝刘准(467 年—479 年;477 年—479 年在位),刘宋末代皇帝。

宋武帝刘裕(363—422 年;420 年—422 年在位),南朝刘宋开国皇帝。东晋时期投身北府军为将,收复长安、洛阳两都,但不久后又得而复失。公元 420 年,刘裕在朝中的影响达到巅峰,他代晋自立,建立刘宋王朝。

苏武(140 年? —60 年),西汉名臣、民族英雄。

孙楚(218 年—293 年),西晋大臣、才藻卓绝的诗人。

孙恩(? —402 年),天师道信徒,起兵反叛东晋,身死后余众由妹夫卢循继续领导,被后来的刘宋开国君主刘裕所镇压。

孙盛(302 年—364 年),东晋史学家。

谭氏,王俭门生。

檀超(生卒年不详),南齐文人,以史才著称。

汤(约公元前 1554 年卒),推翻夏朝末代君主,建立商朝。为《尚书》中的圣王典范。

唐宇之(生卒年不详),领导了齐武帝萧赜在位期间规模最大的起义之一。

陶渊明(365 年—427 年),东晋末至刘宋初文学巨匠,以诗歌和归隐生活见称。

拓跋宏,见"北魏孝文帝"。

王慈(451 年—491 年),王僧虔长子,王俭从兄,酷爱清谈。

王导(276 年—339 年),东晋名臣,琅邪王氏最有声望者之一,为东晋在建康的延续和稳定奠定了基础。

王敦（266 年—324 年），东晋权臣、大将军，琅邪王氏杰出人物。总揽东晋军政大权，多次有机会篡夺皇位，但都尽力克制下来，与晋明帝司马绍对战时发病遂卒。

王悦之（生卒年不详），王裕之长子。

王楫（生卒年不详），王筠之父，王俭从兄弟。

王济（246 年—291 年），西晋大臣，善于书法，清谈名士，喜爱玄学。

王俭（452 年—489 年），出身琅邪王氏，为南齐开国文臣之首。幼时丧父，由叔父王僧虔养育长大。少时便专心笃学。宋明帝在位时，初任秘书郎，后提拔为秘书丞。始以博学广通显扬于世人。辅佐南齐开国君主萧道成登基称帝，并且撰写部分礼仪诏策，至此成为萧齐最有权势的人物之一。召集才学之士，齐朝最重要的一些人物都投其门下或与其交好（有几位属于萧子良的"竟陵八友"）。

王暕（477 年—523 年），王俭之子。

王敬则（435 年—498 年），武将，出身低微，因辅佐萧道成建立新朝有功，在南齐拥有较高的地位。

王筠（481 年—549 年），王俭堂侄，萧梁时期以诗艺深受世人赞誉。

王莽（公元前 45 年—公元 23 年），西汉大臣，篡位称帝，建立新朝。以西汉宗室为首的起义军攻入都城时被杀。以他的统治为界，划分西汉和东汉两朝。

王融（467 年—493 年），南朝齐文学家。王俭从侄。萧子良"竟陵八友"最重要的成员之一。他极为可能促进了沈约制定声律论。欲以武力拥立萧子良即位，失败后被赐死。

王僧虔（426 年—485 年），王俭叔父，擅长音律、书法，南朝宋、齐时期大臣。与侄子王俭共同佐力南齐。

王逸（90 年？—160 年？），东汉文学家，著有《楚辞章句》，为现存最早的《楚辞》注本。

王裕之（360 年—447 年），东晋、刘宋时期知名文人，出身琅邪王氏，喜"朝隐"，虽居位在朝，却淡泊恬退与隐居无异。

王瓒之（生卒年不详），王裕之次子。

卫玠（286 年—312 年），出身官宦之家，娶乐广之女为妻，风神秀异，风度俊雅，为清谈名士。

魏文帝曹丕（187 年—226 年；220 年—226 年在位），魏武帝曹操之子，三国时期曹魏开国皇帝。

吴均（467 年—520 年），南梁文人，出身贫寒，诗才出众，受沈约称赏，仕途顺遂。

吴起（公元前 440 年—公元前 381 年），中国古代兵家代表人物，与孙武齐名，并称"孙吴"，"贪而好色"。

伍子胥（？—公元前 486 年），春秋末期吴国大夫。反对吴王的愚蠢计划，认为会招致吴国灭亡，但吴王甚为恼怒，令其自尽，抛尸于江。他成为被君主恩将仇报的忠臣典范。

萧宝融，见"齐和帝"。

萧长懋（458 年—493 年），南朝齐时期太子，齐武帝萧赜长子，顺利即位前薨逝。与皇弟萧子良礼待文人，其门下多为齐梁朝廷的核心人物。

萧琛（？—529 年），南朝齐宗室大臣，萧子良集团"竟陵八友"之一。

萧道成，见"齐高帝"。

萧纲，见"梁简文帝"。

萧绩（505 年—529 年），南朝梁时期南康王。

萧钧（473 年—494 年），南朝齐宗室大臣。时常举办文学活动，遭萧鸾杀害，时年二十二。

萧鸾，见"齐明帝"。

萧统（501 年—531 年），梁武帝萧衍的太子，因病早逝，主持编撰诗文总集《文选》。

萧衍，见"梁武帝"。

萧遥光（468 年—499 年），南朝齐始安王，与齐明帝萧鸾关系亲密，参与预谋屠杀齐高帝、齐武帝子孙。公元 499 年，反叛东昏侯萧宝卷，兵败被杀。他虽招揽知名文人入幕，却爱好吏事。

萧嶷（444 年—492 年），南朝齐豫章王，萧子显之父，有贤德之美名。萧道成和萧赜都对其钟爱有加，曾为太子萧长懋的太傅。

萧绎，见"梁元帝"。

萧赜，见"齐武帝"。

萧昭业（473 年—494 年），齐武帝萧赜之孙，文惠太子萧长懋长子。即位数月后遭齐明帝萧鸾弑杀，追废为郁林王。

萧子良（460 年—494 年），南朝齐竟陵王，齐武帝萧赜次子。热心文事，齐梁最重要的文学人物都曾参与他的文人活动。信奉佛教，与建康周围的名僧关系良好。

萧子显（487 年—537 年），南朝齐、梁宗室大臣，南梁文坛的重要人物，尤以《南齐书》知名。

孝武帝刘骏（430 年—464 年；454 年—464 年在位），宋文帝之子。皇兄刘劭弑父，自立为帝，刘骏起兵攻杀，夺得帝位。

谢灵运（385 年—433 年），刘宋时期杰出文人，出身陈郡高门谢氏，是中国中古前期最具影响力的诗人之一。

谢朓（464 年—499 年），出身陈郡谢氏，与谢灵运同族，是萧子良"竟陵八友"中最有名的成员之一。其诗极受南齐文坛称赞，尤以山水诗为最，与谢灵运合称"二谢"，在山水诗创作史上留下浓墨重彩的一笔。他还推动了沈约（441 年—513 年）制定声律论。萧遥光和王敬则鼓动谢朓起事叛乱，废黜东昏侯萧宝卷，谢朓拒绝后，反被诬告意欲谋反，遭到处决。

谢庄（421 年—466 年），南朝宋著名文学家，诗名卓著。

徐勉（466 年—535 年），南梁名臣，梁武帝近臣谋士。

徐孝嗣（453 年—499 年），南齐名臣，齐明帝时期官拜尚书令。东昏侯掌权后，潜生废帝之心，遂被赐死。

荀顗（？—274 年），荀彧之子，西晋开国元勋。

荀彧（163 年—212 年），东汉名臣、韬略家，曹操（155 年—220 年）首席谋臣。

颜回（公元前 521 年—公元前 490 年），孔子最得意的弟子。少时就追随孔子，年仅三十一岁便英年早逝，被后世尊为年轻圣人的代表。

颜延年（384 年—456 年），出身琅邪临沂颜氏，是刘宋最重要的文人之一，与谢灵运齐名，并称"颜谢"。

尧，唐尧，上古圣王，禅位于舜。《尚书》中有《舜典》篇。

殷琰（415 年—473 年），南朝宋大臣，因沉静朴素、恬淡寡欲，深受世人赞誉。

有娀，上古五帝之一的帝喾次妃。

虞翻（164 年—233 年），汉末至三国时期孙吴文人、经学家，精于《易经》。

禹，大禹，上古圣王，接受帝舜禅让，建立夏朝。尧、舜都将帝位让给天下最有才能者，而大禹与之不同，他是第一个由儿子继位的天子，从而避免贤德之人相互斗争。

袁粲（420 年—477 年），刘宋忠臣，起兵反抗预谋称帝的萧道成，事败后被杀。

袁淑（408 年—453 年），南朝宋文人，以其文章辞藻俊逸，名噪一时。

袁照（生卒年不详），范云的亲戚。

张敬儿（？—483 年），南朝齐名将，未曾读过书，是辅佐萧道成的主要军事力量，被萧赜诛杀。

张率（475 年—522 年），南朝梁文人，其散文、诗歌为时人所推崇，仕于齐、梁两朝。

张绪（南齐时期卒），出身南方家族，南朝宋、齐时期大臣，节俭清淡而有美誉。

钟会（225 年—264 年），三国时期魏国大将军，推动了蜀汉的灭亡。他同时也是一位杰出的书法家。

钟嵘(468 年—518 年)，南朝齐、梁文人，写成诗歌评论专著《诗品》，成为"百代诗话之祖"。

周舍(469 年—524 年)，周颙之子，梁武帝大臣。

周颙(？—485 年)，狂热佛教徒、声律大师，是萧子良文学集团的活跃人物，促成了沈约制定声律论。

纣(约公元前 12 世纪—公元前 11 世纪)，商朝末代君主，被周武王推翻。后世将纣与桀视为暴君之代表，并称"桀纣"。

正文中提及的部分门阀士族

河南阳翟褚氏是当时极负盛名的一个家族。族中数代相继出仕，名臣辈出。辅佐萧道成建齐的褚渊只是延续了这一高门世族的家学传承，确保其门第不衰。见《元和姓纂》6.866；毛汉光，2002 年，第 141—186 页。

济阳考城江氏是来自北方的次等士族，西晋和刘宋时期涌现出以江淹为代表的一众名臣，但在南齐时期，逐渐式微。见《元和姓纂》1.65—67。

吴郡吴县陆氏是建康宫廷最有名望的江南大族。在诗歌和散文方面拥有深厚的家学渊源，比如有"二陆"之称的陆机(261 年—303 年)及其弟陆云(262 年—303 年)，见王永平，2008 年，第 338—343 页；关于陆氏在南方的家族历史及其对皇权的忠贞不渝，同上，第 302—343 页；《元和姓纂》10.1407—1419。

河东闻喜裴氏是来自北方的望世家族。家族人物多有清正廉洁、擅长文史之美誉：从裴松之到裴子野，均以史学成就著称于世。他们在魏晋时期声名显赫，而在南朝时期，相比于其他高门世族，权势有所下滑。关于这一家族，见周征松，2000 年；毛汉光，2002b，第 107—117 页。也见《元和姓纂》3.333—334；《通志》3.96。关于裴氏家族的史学渊源概况，见陈红梅，2005 年，第 10—11 页。

吴兴乌程丘氏是南方次等士族。丘灵鞠及其子丘迟写作成就颇高，能诗，工骈文。丘灵鞠祖父丘系（或为丘系祖；见《南齐书》73.1804）官至秘书监，从叔丘道让为南朝宋西卿侯。见《元和姓纂》5.707。

乐安博昌任氏。在任昉之前，有关这一次等士族的资料极少。在任恺（223 年—284 年）与任昉之间，族中并无显贵人物入仕为官，可能是因为衣冠南渡造成了这一时期的家族隐没。如果认为任昉的父亲在刘宋王朝为官，那他定是在东晋至刘宋初期迁往江南一带的。南朝梁时期，任氏家族的权势和文人声望——极大地归功于任昉——已经颇高了。见《元和姓纂》5.745。

吴兴武康沈氏是在江南地区名重一时的武力豪宗，没有中原南渡之文化大族的家学声望。沈约和沈麟士（419 年—503 年）是早期的沈氏文人代表。沈氏一族所拥有的武装力量，让皇帝不得不对他们礼遇有加，甚至仰仗他们来巩固自己的政权。沈约是家族中最早完全投身于文的成员之一。关于吴兴沈氏，见《元和姓纂》7.1129—1130；《宋书》100.2443—2469。关于吴兴沈氏的发展历史分析，见刘跃进，1996 年，第 325—340 页；王永平，2008 年，第 386—439 页；马瑞志，1988 年，第 7—14 页。有关沈约的研究专著，见马瑞志，1988 年；稀代麻也子，2004 年。

琅邪临沂王氏在西汉时期就已是高门望族。在王导（276 年—339 年）赫赫功勋的助推下，更是在东晋至南朝期间成为建康的高门之首。王氏家族执掌东晋朝政，也在一定程度上控制着南朝政权，史称"王与马共天下"。南朝时期，琅邪王氏仍是仅次于皇室的名门巨族，但除开诸如在王朝创建等特殊局势下，家族权势已不如东晋时期强盛。见毕汉思（Hans Bielenstein），1997 年，第 1 卷，第 51—57 页；田余庆，2005 年，第 15—23 页；王永平，2008 年，第 28—31 页；毛汉光，2002 年，第 365—404 页。

兰陵萧氏。南齐建国之前，本为北来次等士族，以汉朝祖先及部分成员的军功起家。其后家族子弟执掌皇权，完成了由武向文的转变，从此成为南朝文化士族之冠冕,梁武帝时期家族声望有增无减。见曹道衡,2004 年;杜志强,2008 年。

陈郡阳夏谢氏。琅邪王氏和陈郡谢氏并称建康两大门阀。谢氏的名望兴盛晚于王氏:谢安立下军功,奠定了陈郡谢氏在东晋和南朝的望族地位。王永平认为,谢安主要有两大功绩:一方面,他组织北府兵对抗前秦(351 年—394 年),使东晋得以存续;另一方面,他挫败了桓温的篡位意图。但谢氏尤以文名著称:谢灵运和谢朓都是中古前期最著声誉的诗人。关于这一家族,见王永平,2008 年,第 118—197 页。谢氏家族似乎"起家薄弱"。见桀溺(Jean-Pierre Diény),1993 年,第 13—28 页。

参考文献

19 世纪前

（汉）班固：《汉书》，北京：中华书局，1962 年。

（晋）陈寿撰，（南朝宋）裴松之注：《三国志》，北京：中华书局，1959 年。

（唐）杜佑：《通典》，北京：中华书局，1984 年。

（唐）房玄龄等：《晋书》，北京：中华书局，1974 年。

（南朝宋）范晔：《后汉书》，北京：中华书局，1965 年。

（晋）葛洪撰，杨明照校笺：《抱朴子外篇校笺》，北京：中华书局，1991 年，全二册。

（魏）何晏注，（宋）邢昺疏：《论语注疏》，载（清）阮元校刻：《十三经注疏》，上海：上海古籍出版社，1997 年。

（宋）洪兴祖：《楚辞补注》，北京：中华书局，1983 年。

黄怀信、张懋镕、田旭东：《逸周书汇校集注》，上海：上海古籍出版社，1995 年。

（梁）皇侃：《论语义疏》，台北：艺文印书馆，1966 年。

（汉）孔安国传，（唐）孔颖达疏：《尚书正义》，载（清）阮元校刻：《十三经注疏》，上海：上海古籍出版社，1997 年。

［日］空海撰，卢盛江校考：《文镜秘府论汇校汇考》，北京：中华书局，2006 年。

（宋）李昉：《文苑英华》，北京：中华书局，1990 年。

逯钦立：《先秦汉魏晋南北朝诗》，北京：中华书局，2006 年。

（唐）李林甫：《唐六典》，北京：中华书局，1992 年。

（唐）李隆基注，（宋）邢昺疏：《孝经注疏》，载（清）阮元校刻：《十三经注疏》，上海：上海古籍出版社，1997 年。

黎翔凤：《管子校注》，北京：中华书局，2004 年。

（唐）李延寿：《南史》，北京：中华书局，1975 年。

（唐）林宝撰，岑仲勉校：《元和姓纂》，北京：中华书局，1994 年。

（汉）刘向：《战国策》，上海：上海古籍出版社，1985 年。

（梁）刘勰撰，杨明照校注：《文心雕龙校注》，台北：世界书局，1962 年。

（梁）刘勰撰，詹锳义证：《文心雕龙义证》，上海：上海古籍出版社，1989 年。

（梁）刘勰撰，周振甫注：《文心雕龙注释》，北京：人民文学出版社，1981 年。

（南朝宋）刘义庆撰，（南朝梁）刘孝标注，余嘉锡笺疏：《世说新语笺疏》，北京：中华书局，2007 年。

（唐）刘知几撰，（清）浦起龙通释：《史通通释》，上海：上海古籍出版社，2009 年。

（晋）陆机撰，张少康集释：《文赋集释》，北京：中华书局，2006 年。

（元）马端临：《文献通考》，上海：上海印刷馆，1936 年，全二册。

（宋）欧阳修、宋祁等撰：《新唐书》，北京：中华书局，1985 年。

（唐）欧阳询撰，汪绍楹校：《艺文类聚》，上海：上海古籍出版社，1999 年。

《齐诗》，载逯钦立校勘：《先秦汉魏晋南北朝诗》，北京：中华书局，2006 年。

《全后汉文》，载（清）严可均辑：《全上古三代秦汉三国六朝文》，北京：中华书局，1958 年。

《全晋文》，载（清）严可均辑：《全上古三代秦汉三国六朝文》，北京：中华书局，1958 年。

《全梁文》，载（清）严可均辑：《全上古三代秦汉三国六朝文》，北京：中华书局，1958 年。

《全宋文》，载（清）严可均辑：《全上古三代秦汉三国六朝文》，北京：中华书局，1958 年。

（梁）任昉：《文章缘起》，台北：台湾商务印书馆，1986 年。

（梁）沈约：《宋书》，北京：中华书局，1974 年。

（宋）司马光：《资治通鉴》，北京：中华书局，1956 年。

（汉）司马迁：《史记》，北京：中华书局，1975 年。

（梁）释慧皎：《高僧传》，北京：中华书局，1992 年。

（春秋）孙武撰，陈启天校释：《孙子兵法校释》，上海：上海书店，1941 年。

（魏）王弼、（晋）韩康伯注，（唐）孔颖达疏：《周易正义》，载（清）阮元校刻：《十三经注疏》，上海：上海古籍出版社，1997 年。

王利器：《文子疏义》，北京：中华书局，2000 年。

（清）王先谦：《荀子集解》，北京：中华书局，1981 年。

（清）王先谦：《诗三家义集疏》，北京：中华书局，1987 年。

（清）王先谦：《庄子集解》，北京：中华书局，1987 年。

（清）王先慎：《韩非子集释》（译者按，有误，应是《韩非子集解》），北京：中华书局，2006 年。

（明）吴讷：《文章辨体序说》，北京：人民文学出版社，1998 年。

（梁）萧统编纂，（唐）李善注：《文选》，北京：中华书局，1977 年。

（梁）萧子显：《南齐书》，北京：中华书局，1972 年。

（南朝齐）谢赫：《古画品录》，上海：上海古籍出版社，1989 年。

许德平：《金楼子校注》，台北：嘉新水泥公司文化基金会，1969 年。

许维遹：《吕氏春秋集释》，北京：中华书局，2009 年。

徐元诰：《国语集解》，北京：中华书局，2002 年。

（汉）王充撰，黄晖校释：《论衡校释》，北京：中华书局，1990 年。

（唐）魏征主编：《隋书》，北京：中华书局，1973 年。

（汉）许慎撰，（清）段玉裁注：《说文解字注》，上海：上海古籍出版社，1981 年。

（北齐）颜之推撰，王利器集解：《颜氏家训集解》，北京：中华书局，
　　1993 年。

（汉）扬雄撰，汪荣宝疏：《法言义疏》，北京：中华书局，1996 年。

（唐）姚察、姚思廉：《梁书》，北京：中华书局，1973 年。

（梁）庾肩吾：《书品》，台北：台湾商务印书馆，1986 年。

（汉）赵岐注，（宋）孙奭疏：《孟子注疏》，载（清）阮元校刻：《十三经注
　　疏》，上海：上海古籍出版社，1997 年。

（宋）郑樵撰，王树民点校：《通志二十略》，北京：中华书局，2009 年。

（汉）郑玄：《郑注孝经》，台北：台湾商务印书馆，1966 年。

（汉）郑玄注，（唐）贾公彦疏：《仪礼注疏》，载（清）阮元校刻：《十三经注
　　疏》，上海：上海古籍出版社，1997 年。

（汉）郑玄注，（唐）贾公彦疏：《周礼注疏》，载（清）阮元校刻：《十三经注
　　疏》，上海：上海古籍出版社，1997 年。

（汉）郑玄注，（唐）孔颖达疏：《礼记正义》，载（清）阮元校刻：《十三经注
　　疏》，上海：上海古籍出版社，1997 年。

（汉）郑玄注，（唐）孔颖达疏：《毛诗正义》，载（清）阮元校刻：《十三经注
　　疏》，上海：上海古籍出版社，1997 年。

（梁）钟嵘撰，曹旭集注：《诗品集注》，上海：上海古籍出版社，2011 年。

朱谦之（译者增补）：《老子校释》，北京：中华书局，2000 年。

（周）左丘明撰，（晋）杜预注，（唐）孔颖达疏（译者增补）：《春秋左传正
　　义》，载（清）阮元校刻：《十三经注疏》，上海：上海古籍出版社，
　　1997 年。

20—21 世纪

［英］阿伯纳·科恩（Abner Cohen）：《精英文化的政治：现代非洲社会
　　的权力戏剧化探索》（*The Politics of Elite Culture: Explorations
　　in the Dramaturgy of Power in a Modern African Society*），伦
　　敦—伯克利—洛杉矶：加州大学出版社，1981 年。

［德］阿莱达·阿斯曼（Aleida Assmann）:《文化研究导论:基本概念、主题与问题》(*Einführung in die Kulturwissenschaft: Grundbegriffe, Themen, Fragestellungen*),柏林:埃里希·施密特出版社,2008年。

［美］阿里夫·德里克（Arif Dirlik）:《革命与历史:中国马克思主义历史学的起源,1919—1937》(*Revolution and History: Origins of Marxist Historiography in China, 1919—1937*),伯克利—洛杉矶—伦敦:加州大学出版社,1978年。中译本:翁贺凯译,南京:江苏人民出版社,2005年。

［美］艾安迪（Andrew Eisenberg）:《韦伯世袭制与中华帝国历史》(Weberian Patrimonialism and Imperial Chinese History),《理论与社会》(*Theory and Society*)1998年第27卷第1期,第83 - 102页。

［德］安婕·里克特（Antje Richter）:《中古中国的书信文化》(*Letters and Epistolary Culture in Early Medieval China*),西雅图—伦敦:华盛顿大学出版社,2013年。

［智利］安德烈·克拉罗（Andrés Claro）:《破碎的花瓶:翻译任务的四种变体》(*Las vasijas quebradas. Cuatro variaciones sobre la tarea del traductor*),智利圣地亚哥:迭戈波塔莱斯大学出版社,2012年。

［美］安德鲁·阿伯特（Andrew Abbott）:《职业系统:论专业技能的劳动分工》(*The System of Professions: An Essay on the Division of Expert Labor*),芝加哥—伦敦:芝加哥大学出版社,1988年。中译本:李荣山译,北京:商务印书馆,2016年。

［法］安托万·孔帕尼翁（Antoine Compagnon）:《理论的幽灵:文学与常识》(*Le démon de la théorie: Littérature et sens commun*),巴黎:瑟伊出版社,1998年。中译本:吴泓缈、汪捷宇译,南京:南京大学出版社,2011年。

［美］安德利亚斯·奥西安德尔（Andreas Osiander）:《国家之前:从希

腊到法国大革命的西方系统政治变革》(*Before the State: Systemic Political Change in the West from the Greeks to the French Revolution*),牛津—纽约:牛津大学出版社,2007 年。

[德]奥托·布鲁纳(Otto Brunner)、维尔纳·康策(Werner Conze)、莱因哈特·科泽勒克(Reinhart Koselleck)编:《历史基本概念:德国政治与社会语言历史辞典》(*Geschichtliche Grundbegriffe. Historisches Lexikon zur politischsozialen Sprache in Deutschland*),斯图加特:克莱特-柯塔出版社,1972—1997 年,全八卷。

——《土地与统治:中世纪奥地利领土宪政史的基本问题》(*Land und Herrschaft. Grundfragen der territorialen Verfassungsgeschichte Österreichs im Mittelalter*),维也纳:鲁道夫·罗勒出版社,1965 年。

[英]白安妮(Anne Birrell):《女性的声音:中国中古早期爱情诗歌》(In the Voice of Women: Chinese Love Poetry in the Early Middle Ages),载莱斯利·史密斯(Lesley Smith)、简·泰勒(Jane Taylor)编:《女性、书籍与世俗:圣希尔达会议论文选编》(*Women, the Book and the Worldly: Selected Proceedings from the St. Hilda's Conference*),伍德布里奇:博伊德尔-布鲁尔出版社,1995 年,第 49 - 59 页。

[德]白马(Michael Schimmelpfennig):《隐含的注解:以〈离骚传〉为底本的王逸〈离骚序〉》(Die verborgene Kommentierung: die *Ausführungen Zum Lisao* als Grundlage der Auslegung des *Lisao* durch Wang Yi),《远东》(*Oriens Extremus*)2000/2001 年第 42 期,第 41 - 68 页。

[澳]柏迪臣(David John Pattinson):《汉代和六朝的隐私与书信写作》(*Privacy and Letter in Han and Six Dynasties China*),载杜博妮(Bonnie McDaugall)、韩安德(Anders Hansson)编:《中国隐私观》(*Chinese Concepts of Privacy*),莱顿—波士顿—科隆:博睿出

版社,2002年,第97-118页。

[美]包弼德(Peter Bol):《斯文:唐宋思想的转型》(*"This Culture of Ours": Intellectual Transitions in T'ang and Sung China*),斯坦福:斯坦福大学出版社,1992年。中译本:刘宁译,南京:江苏人民出版社,2001年。

[美]包华石(Martin Powers):《纹样与人物:古典中国的装饰、社会与自我》(*Pattern and Person: Ornament, Society and Self in Classical China*),马萨诸塞州剑桥:哈佛大学出版社,2006年。

[法]保罗-安德鲁·罗森塔尔(Paul-André Rosental):《由"微观"构建"宏观":弗雷德里克-巴特与微观史学》(Construire le "macro" par le "micro": Fredrik Barth et la microstoria),载雅克·雷维尔(Jacques Revel)编:《尺度游戏:经验的微观分析》(*Jeux d'échelles. La micro-analyse à l'expérience*),巴黎:瑟伊—伽利玛出版社,1996年,第141-159页。

[法]保罗·韦纳(Paul Veyne):《人如何书写历史》(*Comment on écrit l'histoire*),巴黎:瑟伊出版社,1971年。中译本:韩一宇译,上海:华东师范大学出版社,2018年。

[加]保罗·卒姆托(Paul Zumthor):《中世纪的诗学》(*Essai de poétique médiévale*),巴黎:瑟伊出版社,1972年。

[美]鲍则岳(William Boltz):《孝经》(*Hsiao Ching*),载鲁惟一(Michael Loewe)编:《中国古代典籍导读》(*Early Chinese Texts: A Bibliographical Guide*),伯克利:早期中国研究中心和东亚研究所,加州大学出版社,1993年,第147-148页。中译本:李学勤等译,沈阳:辽宁教育出版社,1997年。

[德]彼得·比格尔(Peter Bürger):《论文学功能的变化》(*Zum Funktionswandel der Literatur*),法兰克福:苏尔坎普出版社,1983年。

[瑞典]毕汉思(Hans Bielenstein):《六朝》(*The Six Dynasties*),斯德

哥尔摩:埃利安德出版社,两卷本,1997 年。

[瑞士]毕来德(Jean François Billeter):《庄子与哲学札记》(*Notes sur Tchouang-Tseu et la philosophie*),巴黎:阿丽亚出版社,2010 年。

——《驳于连》(*Contre François Jullien*),巴黎:阿丽亚出版社,2007 年。中译文:郭宏安译,《中国图书评论》2008 年第 1 期,第 8‐27 页。

毕万忱:《言志缘情说漫议》,《古代文学理论丛刊》1982 年第 6 期,第 231‐250 页。

[法]布鲁诺·拉图尔(Bruno Latour):《改变社会,重组社会学》(*Changer de société, refaire de la sociologie*),巴黎:发现出版社,2006 年。

[美]蔡宗齐(Cai Zongqi)编:《中国美学:六朝的文学秩序、艺术与宇宙》(*Chinese Aesthetics: The Ordering of Literature, the Arts, and the Universe in the Six Dynasties*),檀香山:夏威夷大学出版社,2004 年。

——《中国文心:〈文心雕龙〉中的文化、创作及修辞理论》(*A Chinese Literary Mind: Culture, Creativity, and Rhetoric in "Wenxin diaolong"*),斯坦福:斯坦福大学出版社,2001 年。中译本:李卫华译,北京:九州出版社,2022 年。

——《文与〈文心雕龙〉批评体系的建构》(*Wen and the Construction of a Critical System in Wenxin diaolong*),《中国文学:论文、文章、评论》(*Chinese Literature: Essays, Articles, Reviews*)2000 年第 22 期,第 1‐29 页。

曹道衡:《兰陵萧氏与南朝文学》,北京:中华书局,2004 年。

曹道衡、刘跃进:《南北朝文学编年史》,北京:人民文学出版社,2000 年。

曹文柱:《魏晋南北朝史论合集》,北京:商务印书馆,2008 年。

陈红梅:《裴子野的家学渊源》,《运城学院学报》2005 年第 23 卷第 6 期,第 10‐11 页。

陈金樑(Alan Chan):《钟会〈老子注〉与魏初才性之辩》(Zhong Hui's Laozi Commentary and the Debate on the Capacity and Nature in 3rd Century China),《古代中国》(*Early China*)2003 年第 28 期,第 101 - 159 页。

[美]陈美丽(Cynthia Chennault):《高门大族抑或布衣素士？南朝谢氏个案研究》(Lofty Gates or Solitary Impoverishment? Xie Family Members of the Southern Dynasties),《通报》(*T'oung Pao*)1999 年第 85 卷第 4/5 册,第 249 - 327 页。中译文载范兆飞编译:《西方学者中国中古贵族制论集》,北京:生活·读书·新知三联书店,2018 年。

[美]陈威(Jack Chen):《唐太宗的君主诗学》(*The Poetics of Sovereignty: On Emperor Taizong of the Tang Dynasty*),马萨诸塞州剑桥:哈佛大学出版社,2010 年。

陈寅恪:《魏晋南北朝史讲演录》,贵阳:贵州人民出版社,2007 年。

[法]程艾兰(Anne Cheng):《美德与政治:中国古代的主权观念》(Virtud y política: el concepto de soberanía en China antigua),载雷林科(Alicia Relinque-Eleta)编:《中国古代权力的构建》(*La construcción del poder en la China antigua*),格拉纳达:格拉纳达大学出版社,2009 年。

——《汉儒之意味》(What Did It Mean to Be a Ru in Han Times?),《亚洲专刊》(*Asia Major*)2001 年第 14 卷第 2 期,第 101 - 118 页。

——《古代中国的情感和智慧:三国至汉代哲学文本中"情"之拟构》(Émotions et sagesse dans la Chine ancienne. L'élaboration de la notion de *qing* dans les textes philosophiques des Royaumes Combattants jusqu'aux Han),《中国研究》(*Études chinoises*)1999 年第 18 卷第 1 2 期,第 31 - 57 页。

——《中国思想史》(*Histoire de la pensée chinoise*),巴黎:瑟伊出版社,1997 年。中译本:冬一、戎恒颖译,郑州:河南大学出版社,

2018 年。

——《"一阴一阳之谓道"：中国思想中平行关系的宇宙起源》（"Un yin，un yang，telle est la Voie"：les origines cosmologiques du parallélisme dans la pensée chinoise），《远东远西》（Extrême-Orient，Extrême-Occident）1989 年第 11 期，第 35－43 页。

——《经纬：儒家传统的经学构成》（La trame et la chaîne：aux origines de la constitution d'un corpus canonique au sein de la tradition confucéenne），《远东远西》（Extrême-Orient，Extrême-Occident）1984 年第 5 期，第 13－26 页。

程千帆、程章灿：《程氏汉语文学通史》，沈阳：辽海出版社，1999 年。

［日］川胜义雄（Yoshio Kawakatsu）著，徐谷梵、李济沧译：《六朝贵族制社会研究》，上海：上海古籍出版社，2007 年。

［法］达米安・肖桑德（Damien Chaussende）：《从三国到晋：公元 3 世纪中国皇权的合法化问题》（Des Trois Royaumes aux Jin.Légitimation du pouvoir impérial en Chine au IIIe siècle），巴黎：美文出版社，2010 年。

［比利时］戴麟（Dominik Declercq）：《设论体研究：3—4 世纪中国之政治修辞学》（Writing Against the State：Political Rhetorics in Third and Fourth Century China），莱顿—波士顿—科隆：博睿出版社，1998 年。

［美］戴梅可（Michael Nylan）：《迈向文字的考古学：战国秦汉时期（公元前 475 年—公元 220 年）的文本、仪式与公共展示文化》（Toward an Archeology of Writing：Text，Ritual and the Culture of Public Display in the Classical Period（475B. C. E.—220 C. E.）），载柯马丁（Martin Kern）编：《早期中国的文本与仪式》（Text and Ritual in Early China），华盛顿：华盛顿大学出版社，2005 年，第 3－49 页。

——《儒家五经》（The Five《Confucian》Classics），纽黑文—伦敦：耶

鲁大学出版社,2001 年。

——《汉 代 中 国 的 儒 孝 与 个 人 主 义》(Confucian　Piety　and Individualism in Han China),《美国东方学会会刊》(*Journal of the American Oriental Society*)1996 年第 116 卷第 1 期,第 1 - 27 页。

[法]戴仁(Jean-Pierre Drège):《类书:中国的百科全书》(Des ouvrages classés par catégories: les encyclopédies chinoises),《远东远西》(*Extrême-Orient, Extrême-Occident*) 2007 年第 1 期,第 19 - 38 页。

——《手写时代的中国藏书阁》(*Les Bibliothèques en Chine au temps des manuscrits*),巴黎:法国远东学院,1991 年。

[英]德里克·阿特里奇(Derek Attridge)编:《文学行动》(*Acts of Literature*),纽约—伦敦:劳特利奇出版社,1992 年。

[美]丁爱博(Albert Dien):《官员的考试:来自西北的证据》(Civil Service Examination: Evidence from the Northwest),载伊沛霞(Patricia Ebrey)、奥德瑞·司伯乐(Audrey Spiro)、裴士凯(Scott Pearce)编:《汉人王朝重建中的文化与权力》(*Culture and Power in the Reconstitution of the Chinese Realm*),马萨诸塞州剑桥:哈佛大学出版社,2001 年,第 99 - 121 页。

——《中国中世纪早期的国家与社会》(*State and Society in Early Medieval China*),斯坦福:斯坦福大学出版社,1990 年。

[美]董慕达(Miranda Brown):《早期中国的悼亡政治》(*The Politics of Mourning in Early China*),奥尔巴尼:纽约州立大学出版社,2007 年。

[英]杜希德(Denis Twitchett):《唐代官修史籍考》(*The Writing of Official History Under the T'ang*),普林斯顿:普林斯顿大学出版社,1992 年。中译本:黄宝华译,上海:上海古籍出版社,2015 年。

[美]杜赞奇(Prasenjit Duara):《从民族国家拯救历史:民族主义话语与中国现代史研究》(*Rescuing History from the Nation: Questioning Narratives of Modern China*),芝加哥:芝加哥大学出版社,1995年。中译本:王宪明、高继美等译,南京:江苏人民出版社,2009年。

杜志强:《兰陵萧氏家族及其文学研究》,成都:巴蜀书社,2008年。

[美]方泽林(Steven Van Zoeren):《诗与人格:传统中国的阅读、注解与诠释》(*Poetry and Personality: Reading, Exegesis, and Hermeneutics in Traditional China*),斯坦福:斯坦福大学出版社,1991年。中译本:赵四方译,北京:商务印书馆,2022年。

[英]菲利普·艾布拉姆斯(Philip Abrams):《国家研究的困难》(Notes on the Difficulty of Studying the State),《历史社会学杂志》(*Journal of Historical Sociology*)1988年第1期,第58-89页。

费孝通(Fei Xiaotong):《中国士绅:城乡关系论集》(*China's Gentry: Essays in Rural-Urban Relations*),芝加哥:芝加哥大学出版社,1953年。中译本:赵旭东、秦志杰译,北京:外语教学与研究出版社,2011年。

[法]费飏(Stéphane Feuillas):《超越批评》(Le dépassement critique),《远东远西》(*Extrême-Orient, Extrême-Occident*)2004年第26期,第5-11页。

[法]弗朗索瓦·阿赫托戈(François Hartog):《历史》(Historicité/régimes d'historicité),载克里斯蒂昂·德拉克鲁瓦(Christian Delacroix)、弗朗索瓦·多斯(François Dosse)、帕特里克·加西亚(Patrick Garcia)等编:《史学史:概念与争论》(*Historiographies, concepts et débats*),巴黎:伽利玛出版社,2010年,第766-771页。

——《历史性的体制》(*Régimes d'historicité*),巴黎:瑟伊出版社,2003年。中译本:黄艳红译,北京:中信出版集团,2019年。

［法］弗朗索瓦·于连（François Jullien）:《经纬》（*La Chaîne et la trame*），巴黎:法国大学出版社,2004 年。

——《暗示的价值》（*La Valeur Allusive*），巴黎:法国大学出版社,2003 年。

［法］弗雷德里克·马东蒂（Frédérique Matonti）:《政治思想的社会史倡议》（Plaidoyer pour une histoire sociale des idées politiques），《近代史与现代史杂志》（*Revue d'histoire moderne et contemporaine*）2012 年第 5 卷第 59 期,第 85 - 104 页。

［法］弗洛朗斯·杜邦（Florence Dupont）:《文学的创造:从希腊迷醉到拉丁文本》（*L'Invention de la littérature. De l'ivresse grecque au texte latin*），巴黎:发现出版社,1998 年。

甘怀真:《秦汉的"天下"政体》,《新史学》2005 年第 16 卷第 4 期,第 13 - 56 页。

高慧斌:《南朝学制研究》,吉林大学博士论文,由张鹤泉指导,2005 年。

［美］高德耀（Robert Joe Cutter）:《天生我材必有用? 中国中古时期的天性与教养》（*To the Manner Born? Nature and Nurture in Early Medieval China*），载伊沛霞（Patricia Ebrey）、奥德瑞·司伯乐（Audrey Spiro）、裴士凯（Scott Pearce）编:《汉人王朝重建中的文化与权力》（*Culture and Power in the Reconstitution of the Chinese Realm*），马萨诸塞州剑桥:哈佛大学出版社,2001 年,第 53 - 71 页。

［德］格奥尔格·齐美尔（Georg Simmel）:《社会学:关于社会化形式的研究》（*Soziologie. Untersuchungen über die Formen der Vergesellschaftung*），法兰克福:苏尔坎普出版社,1992 年。中译本:林荣远译,北京:华夏出版社,2002 年。

［美］葛涤风（Dennis Grafflin）:《中古中国南方的大族》（The Great Family in Medieval South China），《哈佛亚洲研究学报》（*Harvard Journal of Asiatic Studies*）1981 年第 41—1 期,第

65－74页。中译文载范兆飞编译:《西方学者中国中古贵族制论集》,北京:生活·读书·新知三联书店,2018 年。

[法]葛浩南(Romain Graziani):《引言:铸造父亲,摧毁父亲》(Introduction: Founding Fathers, Foundering Fathers),载葛浩南(Romain Graziani)、蓝碁(Rainier Lanselle)编:《远东远西》(*Extrême-Orient, Extrême-Occident*)"缔造父亲,质疑父亲"(Père institué, père questionné)专刊,圣丹尼:万森纳大学出版社,2012 年,第 5－30 页。

葛晓音:《八代诗史》,北京:中华书局,2007 年。

[德]耿幽静(Joachim Gentz):《中国文学中的平行关系》(Zum Parallelismus in der chinesichen Literatur),载安德烈亚斯·瓦格纳(Andreas Wagner)编:《平行结构》(*Parallelismus Membrorum*),弗里堡:学术出版社;哥廷根:梵登霍克·鲁普雷希特出版社,2007 年,第 241－269 页。

[日]宫崎市定著,韩昇、刘建英译:《九品官人法研究:科举前史》,北京:中华书局,2008 年。

古代文学理论研究编委会编:《古代文学理论研究》,上海:上海古籍出版社,1982 年。

[美]韩格理(Gary Hamilton):《父权制、世袭制与孝道:中国与西欧的比较研究》(Patriarchy, Patrimonialism, and Filial Piety: A Comparison of China and Western Europe),《英国社会学杂志》(*The British Journal of Sociology*)1990 年第 41 卷第 1 期,第 77－104页。

——《天高皇帝远:中国的合法性与结构》(Heaven is High and the Emperor is Far Away: Legitimacy and Structure in the Chinese State),《欧洲社会科学杂志》(*Revue européenne des sciences sociales*)1989 年第 27 期,第 141－167 页。

[德]汉斯·博尔特(Hans Boldt)、维尔纳·康策(Werner Conze)、格

罗・海佛凯特（Görg Haverkate）等：《国家与主权》（Staat und Souveränität），载奥托・布鲁纳（Otto Brunner）、维尔纳・康策（Werner Conze）、莱因哈特・科泽勒克（Reinhart Koselleck）编：《历史基本概念：德国政治与社会语言历史辞典》（Geschichtliche Grundbegriffe. Historisches Lexikon zur politischsozialen Sprache in Deutschland），斯图加特：克莱特-柯塔出版社，1972—1997 年，第六卷，第 1 - 154 页。

［美］何肯（Charles Holcombe）：《烽火与流星：萧梁王朝的文学与文化》（Beacon Fire and Shooting Stars: The Literary Culture of the Liang（502—557）），《美国历史评论》（American Historical Review）2008 年，第 1496 - 1497 页。

——《在汉帝国的阴影下》（In the Shadow of the Han：Literati Thought and Society at the Beginning of the Southern Dynasties），檀香山：夏威夷大学出版社，1994 年。中译本：卢康华译，上海：中西书局，2018 年。

何兹全：《中国古代社会》，北京：北京师范大学出版社，2001 年。

［美］贺凯（Charles Hucker）：《中国古代官名辞典》（A Dictionary of Official Titles in Imperial China），台北：南天书局，1988 年。中译本：北京：北京大学出版社，2008 年。

贺云翱：《六朝瓦当与六朝都城》，北京：文物出版社，2005 年。

侯文通：《魏晋时期武职官受鄙夷原因初探》，《鸡西大学学报》2008 年第 8 卷第 5 期，第 136 - 137 页。

胡阿祥：《六朝政区》，南京：南京出版社，2007 年。

胡宝国：《知识至上的南朝学风》，《文史》2009 年第 4 期，第 151 - 170 页。

胡大雷：《中古文学集团》，桂林：广西师范大学出版社，1996 年。

［美］胡志德（Theodore Huters）：《从书写到文学：晚清散文理论的发展》（From Writing to Literature：The Development of Late Qing

Theories of Prose),《哈佛亚洲研究学报》(*Harvard Journal of Asiatic Studies*)1987 年第 43 卷第 1 期,第 51－96 页。

[法]华蕾立(Valérie Lavoix):《刘勰的顿悟——基于〈文心雕龙·知音〉论文学批评家的姿态和职责》(Le désenchantement de Liu Xie. Postures et devoirs du critique littéraire selon le chapitre 《Du connaisseur》 du *Wenxin diaolong*),《远东远西》(*Extrême-Orient, Extrême-Occident*)2004a 年第 26 期,第 33－53 页。

——《山林私学:南朝隐士的教学生涯》(À l'école des collines: l'enseignement des lettrés reclus sous les dynasties du Sud),《法国国立东方语言文化学院丛书》(*Bibliothèque de l'INALCO*)2004b 年第 6 期,巴黎—鲁汶:比德出版社,第 43－65 页。中译文载法国汉学丛书编委会编:《法国汉学:教育史专号(第八辑)》,北京:中华书局,2003 年,第 61－86 页。

——《作为象征的龙——论〈文心雕龙〉的书名变体》(Un dragon pour emblème. Variations sur le titre du *Wenxin diaolong*),《中国研究》(*Études chinoises*)2000 年第 19 卷第 1—2 期,第 197－247 页。

——《文人、俗家佛教徒和诗歌评论家刘勰(约 465 年—约 521 年)》(*Liu Xie [ca. 465—ca. 521]. Homme de lettres, bouddhiste laïc et juge de poète*),法国国立东方语言文化学院博士论文,由班文干(Jacques Pimpaneau)和马如丹(François Martin)指导,1998 年。

——《文学荣誉与道德恶名:文人的仕途波折》(Gloire littéraire et infamie morale: les aléas de la carrière des gens de lettres),载《南朝的文化实践与社会生活》(*Pratiques culturelles et vie sociale sous les Six Dynasties*)会议论文集,法国国立东方语言文化学院,2004 年(译者增补)。

[美]霍华德·贝克尔(Howard Becker):《艺术界》(*Art Worlds*),伯克利—洛杉矶—伦敦:加州大学出版社,1982 年。中译本:卢文超

译,南京:译林出版社,2014 年。

[德]纪安诺(Enno Giele):《古代中国的制诏与传达:蔡邕〈独断〉研究》(*Imperial Decision-Making and Communication in Early China. A Study of Cai Yong's《Du Duan》*),威斯巴登:奥托·哈拉索维茨出版社,2006 年。

[美]姜士彬(David Johnson):《中古中国的寡头政治》(*The Medieval Chinese Oligarchy*),科罗拉多州博尔德:西部视点出版社,1977 年。中译本:范兆飞、秦伊译,上海:中西书局,2016 年。

蒋福亚:《魏晋南北朝经济史探》,兰州:甘肃人民出版社,2003 年。

[法]桀溺(Jean-Pierre Diény):《一位中国名士的轶事肖像:谢安(320—385),从〈世说新语〉出发》(*Portrait anecdotique d'un gentilhomme chinois: Xie An (320—385), d'après le «Shi shuo xinyu»*),巴黎:法兰西学院汉学研究所,1993 年。

[意]卡洛·奥索拉(Carlo Ossola):《从朝臣到达官显贵》(*Dal cortegiano all'uomo di mondo*),都灵:埃诺迪出版社,1987 年。

[意]卡洛·金茨堡(Carlo Ginzburg):《我们和他们的言词:对当今历史学家职业的反思》(Nos mots et les leurs. Une réflexion sur le métier de l'historien aujourd'hui),《学术论坛:跨学科人文集刊》(*Essais. Revue interdisciplinaire d'humanités*)"重返卡洛·金茨堡:陌生化问题"(L'Estrangement. Retour sur un thème de Carlo Ginzburg)专刊,2013 年,第 191 - 210 页。

——《神话、徽章、间谍:形态与历史》(*Miti, emblemi, spie: morfologia e storia*),都灵:埃诺迪出版社,1986 年。

[美]康达维(David Knechtges):《芟其芜杂,集其英华:中国中古早期的选集》(Culling the Weeds and Selecting Prime Blossoms: The Anthology in Early Medieval China),载伊沛霞(Patricia Ebrey)、奥德瑞·司伯乐(Audrey Spiro)、裴士凯(Scott Pearce)编:《文化与权力:200—600 年华夏世界的重建》(*Culture and Power in the*

Reconstitution of the Chinese Realm，200—600），马萨诸塞州剑桥：哈佛大学出版社，2001 年，第 200 - 241 页。中译文载《赋学与选学：康达维自选集》：张泰平等译，南京：南京大学出版社，2019 年。

［美］柯马丁（Martin Kern）编：《早期中国的文本与仪式》（Text and Ritual in Early China），华盛顿：华盛顿大学出版社，2005 年。

——《仪式、文本与经典的形成：早期现代中国“文”的历史转变》（Ritual，Text and the Formation of a Canon：Historical Transitions of Wen in Early Modern China），《通报》（T'oung Pao）2001 年第 87 卷第 1—3 期，第 42 - 91 页。

——《中国国家祭祀颂歌：汉至六朝政治表征中的文学与仪式》（Die Hymnen der chinesischen Staatsopfer: Literatur und Ritual in der Politischen Repräsentation von der Han-Zait bis zu den Sechs Dynastien），斯图加特：斯坦纳出版社，1997 年。

［美］柯睿（Paul Kroll）：《中古中国的文学与文化史》（Essays in Medieval Chinese Literature and Cultural History），法纳姆—伯灵顿：阿什盖特出版社，2009 年。中译本：童岭、杨杜菲、梁爽译，上海：中西书局，2020 年。

［法］克里斯蒂安·托帕洛夫（Christian Topalov）：《这不是一本词典》（Ceci n'est pas un dictionnaire），载克里斯蒂安·托帕洛夫（Christian Topalov）、洛朗·库德罗伊·德·里尔（Laurent Coudroy de Lille）、让-夏尔·德波勒（Jean-Charles Depaule）等编：《城市语词的冒险：跨越时间、语言和社会》（L'Aventure des mots de la ville: à travers les temps, les langues, les sociétés），巴黎：罗伯特·拉芳出版社，2010 年。

［法］克里斯蒂安·雅各布（Christian Jacob）：《何为知识之场?》（Qu'est-ce qu'un lieu de savoir?），马赛：法国国家开放文献中心成员出版社，2014 年。

——《导言：塑造身体，塑造场所》(Introduction：Faire corps，faire lieu)，载克里斯蒂安·雅各布(Christian Jacob)编：《知识之场：空间与群体》(*Lieux de savoir. Espaces et communautés*)，巴黎：阿尔班·米歇尔出版社，2007 年，第 17－40 页。

——《导言》(Présentation)，《历史与社会科学年鉴》(*Annales. Histoire，sciences sociales*)创刊 60 周年，2005 年第 3 期，第 479－481 页。

[法]克里斯蒂昂·德拉克鲁瓦(Christian Delacroix)、弗朗索瓦·多斯(François Dosse)、帕特里克·加西亚(Patrick Garcia)等编：《史学史：概念与争论》(*Historiographies，concepts et débats*)，巴黎：伽利玛出版社，2010 年。

[法]克洛德·勒福尔(Claude Lefort)：《论政治：19—20 世纪》(*Essais sur le politique：XIXe et XXe siècles*)，巴黎：瑟伊出版社，2001 年。

[英]昆廷·斯金纳(Quentin Skinner)：《政治的视野(第二卷)：文艺复兴德性》(*Visions of Politics 2: Renaissance Virtues*)，剑桥：剑桥大学出版社，2004 年。中译本：罗宇维译，北京：商务印书馆，2024 年。

——《政治的视野（第一卷）：论方法》(*Visions of Politics 1: Regarding Method*)，剑桥：剑桥大学出版社，2002 年。中译本：王涛、孔新峰等译，北京：商务印书馆，2024 年。

——《给批评者的回信》(A Reply to My Critics)，载詹姆斯·塔利(James Tully)编：《意义和语境：昆廷·斯金纳和他的批评者》(*Meaning and Context. Quentin Skinner and His Critics*)，普林斯顿：普林斯顿大学出版社，1988 年，第 231－288 页。

[美]莱斯利·史密斯(Lesley Smith)、简·泰勒(Jane Taylor)编：《女性、书籍与世俗：圣希尔达会议论文选编》(*Women, the Book and the Worldly: Selected Proceedings from the St. Hilda's*

Conference），伍德布里奇：博伊德尔-布鲁尔出版社，1995 年。

［法］乐维（Jean Levi）：《失职的父亲——论中国古代的政治用语》（Le père insuffisant. Remarques sur la phraséologie politique en Chine ancienne），载葛浩南（Romain Graziani）、蓝碁（Rainier Lanselle）编：《远东远西》（Extrême-Orient，Extrême-Occident）"缔造父亲，质疑父亲"（Père institué，père questionné）专刊，圣丹尼：万森纳大学出版社，2012 年，第 51－81 页。

［西］雷林科（Alicia Relinque-Eleta）编：《中国古代权力的构建》（La construcción del poder en la China antigua），格拉纳达：格拉纳达大学出版社，2009 年。

［美］李惠仪（Wai-yee Li）：《〈世说新语〉与中国传统中审美自觉的出现》（Shishuo xinyu and the Emergence of Aesthetic Self-Consciousness in Chinese Tradition），载蔡宗齐（Cai Zongqi）编：《中国美学：六朝的文学秩序、艺术与宇宙》（Chinese Aesthetics: The Ordering of Literature, the Arts, and the Universe in the Six Dynasties），檀香山：夏威夷大学出版社，2004 年，第 237－276 页。

——《"文心"与"雕龙"之间：〈文心雕龙〉中的"条理"与"淫侈"》（Between "Literary Mind" and the "Carving of Dragons"：Order and Excess in Wenxin diaolong），载蔡宗齐（Cai Zongqi）编：《中国文心：〈文心雕龙〉中的文化、创作及修辞理论》（A Chinese Literary Mind: Culture，Creativity，and Rhetoric in 《Wenxin diaolong》），斯坦福：斯坦福大学出版社，2001 年，第 193－225 页。中译本：李卫华译，北京：九州出版社，2022 年。

李卿：《秦汉魏晋南北朝时期家族、宗族关系研究》，上海：上海人民出版社，2005 年。

［美］理查德·桑内特（Richard Sennett）：《公共人的衰落》（The Fall of the Public Man），纽约—伦敦：W. W. 诺顿公司，1977 年。中

译本：李继宏译，上海：上海译文出版社，2014年。

廖蔚卿：《六朝文论》，台北：联经出版事业公司，1978年。

[日]林田慎之助（Shinnosuke Hayashida）：《裴子野〈雕虫论〉考证——关于〈雕虫论〉的写作年代及其复古文学论》，载古代文学理论研究编委会编：《古代文学理论研究》，上海：上海古籍出版社，1982年，第231-250页。

林童照：《六朝人才观念与文学》，台北：文津出版社，1995年。

林晓光、陈引驰：《金缕玉衣式的文学：王融〈三月三日曲水诗序〉》，《华东师范大学学报》2011年第2期，第124页-156页。

刘海峰、李兵：《中国科举史》，上海：东方出版中心，2006年。

刘禾（Lydia Liu）：《跨语际实践：文学、民族文化与被译介的现代性（中国，1900—1937）》（*Translingual Practice. Literature, National Culture and Translated Modernity—China, 1900—1937*），斯坦福：斯坦福大学出版社，1995年。中译本：宋伟杰等译，北京：生活·读书·新知三联书店，2002年。

[美]刘若愚（James Liu）：《中国文学理论》（*Chinese Theories of Literature*），芝加哥：芝加哥大学出版社，1975年。中译本：杜国清译，南京：江苏教育出版社，2006年。

刘淑芬（Liu Shufen）：《建康与南朝商业帝国：中古中国经济史的变迁与延续》（Jiankang and the Commercial Empire of the Southern Dynasties: Change and Continuity in Medieval Chinese Economic History），载伊沛霞（Patricia Ebrey）、奥德瑞·司伯乐（Audrey Spiro）、裴士凯（Scott Pearce）编：《汉人王朝重建中的文化与权力》（*Culture and Power in the Reconstitution of the Chinese Realm*），马萨诸塞州剑桥：哈佛大学出版社，2001年，第35-52页。

刘跃进（本卷主编），傅璇琮、蒋寅（总主编）：《中国古代文学通论：魏晋南北朝卷》，沈阳：辽宁人民出版社，2005年。

——《中古文学文献学》,南京:江苏古籍出版社,1997 年。

——《门阀士族与永明文学》,北京:生活·读书·新知三联书店,1996 年。

楼劲、刘光华:《中国古代文官制度》,北京:中华书局,2009 年。

卢海鸣:《六朝都城》,南京:南京出版社,2002 年。

[德]鲁道夫·瓦格纳(Rudolf Wagner):《"链体风格":〈老子〉和王弼》(Interlocking Parallel Style: *Laozi* and Wang Bi),《亚洲研究》(*Études asiatiques*)1980 年第 34 期第 1 卷,第 18 - 58 页。

[英]鲁惟一(Michael Loewe):《汉代的占卜、神话和君主制》(*Divination, Mythology and Monarchy in Han China*),剑桥:剑桥大学出版社,1994 年。

——《中国古代典籍导读》(*Early Chinese Texts: A Bibliographical Guide*),伯克利:东亚研究所中国研究中心,加州大学出版社,1993 年。中译本:李学勤等译,沈阳:辽宁教育出版社,1997 年。

鲁迅:《魏晋风度及文章与药及酒之关系》,载《鲁迅全集》,北京:人民文学出版社,1996 年,第 3 卷,第 501 - 529 页。

[美]陆威仪(Mark Edward Lewis):《早期中华帝国的母与子》(Mothers and Sons in Early Imperial China),载葛浩南(Romain Graziani)、蓝碁(Rainier Lanselle)编:《远东远西》(*Extrême-Orient, Extrême-Occident*)"缔造父亲,质疑父亲"专刊(Père institué, père questionné),圣丹尼:万森纳大学出版社,2012 年,第 245 - 275 页。

——《分裂的帝国:南北朝》(*China Between Empires: The Northern and Southern Dynasties*),马萨诸塞州剑桥—伦敦:贝尔纳普—哈佛大学出版社,2009 年。中译本:李磊译,北京:中信出版社,2016 年。

——《早期中国的书写与权威》(*Writing and Authority in Early China*),纽约:纽约州立大学出版社,1999 年。

［法］路易・杜蒙（Louis Dumont）:《阶序人:卡斯特体系及其衍生现象》（*Homo hierarchicus: Essai sur le système des castes et ses implications*）,巴黎:伽利玛出版社,1966 年。中译本:王志明译,杭州:浙江大学出版社,2017 年。

［英］罗宾・西奥巴尔德（Robin Theobald）:《世袭制》（*Patrimonialism*）,《世界政治》（*World Politics*）1982 年,第 34 卷第 4 期,第 548 - 559 页。

［巴西］罗伯托・达马塔（Roberto Damatta）:《家与街道:巴西的空间、公民身份、妇女与死亡》（*A casa e a rua: espaço, cidadania, mulher e morte no Brasil*）,里约热内卢:罗科出版社,1997 年。

［法］罗杰・夏蒂埃（Roger Chartier）:《悬崖之边:确定与不确定的历史》（*Au bord de la falaise. L'histoire entre certitudes et incertitudes*）,巴黎:阿尔班・米歇尔出版社,1998 年。

罗宗强:《读文心雕龙手记》,北京:生活・读书・新知三联书店,2007 年。

——《魏晋南北朝文学思想史》,北京:中华书局,1996 年。

［德］马克斯・韦伯（Max Weber）:《儒教与道教》（*Confucianisme et taoïsme*）,巴黎:伽利玛出版社,2000 年。中译本:王容芬译,北京:商务印书馆,2004 年。

——《经济与社会》（*Économie et société*）,巴黎:普隆—口袋书出版社,1995 年,全两册。中译本:阎克文译,上海:上海人民出版社,2010 年。

——《以政治为业》（*Politik als Beruf*）,载马克斯・韦伯（Max Weber）:《马克斯・韦伯全集》（*Gesamtausgabe*）,图宾根:保罗・希贝克出版社,1992 年,第 17 卷。中译本载冯克利译:《学术与政治》,北京:商务印书馆,2018 年。

——《世界宗教的经济伦理:儒教与道教》（*Die Wirtschaftsethik der Weltreligionen. Konfuzianismus und Taoismus*）,载马克斯・韦

伯(Max Weber):《马克斯·韦伯全集》(*Gesamtausgabe*),图宾根:保罗·希贝克出版社,1989 年,第 19 卷。中译本:王容芬译,北京:中央编译出版社,2018 年。

[法]马如丹(François Martin):《南朝的皇位继承问题》(La question des successions impériales sous les dynasties méridionales),《中国研究》(*Études chinoises*)2010 年第 29 卷,第 99 – 140 页。

——《中古中国的诗歌比拼》(Les joutes poétiques dans la Chine médiévales),《远东远西》(*Extrême-Orient，Extrême-Occident*)1998 年第 20 期,第 87 – 108 页。

——《〈诗经〉,从引用到用典:意义的可用性》(Le *Shijing*, de la citation à l'allusion: la disponibilité du sens),《远东远西》(*Extrême-Orient，Extrême-Occident*)1995 年第 17 期,第 11 – 39 页。

——《公元前 525 年的会晤——中国古代的诗歌外交比武》(L'entrevue de 525 av. J.-C. - les joutes poético-diplomatiques dans la Chine ancienne),《亚洲研究》(*Études asiatiques*)1992 年第 47 期第 2 卷,第 581 – 609 页。

——《"四声说"历史札记》(Notes sur l'histoire de la série des quatre tons),《远东远西》(*Extrême-Orient，Extrême-Occident*)1990 年第 12 期,第 67 – 78 页。

——《中国古诗中的对偶》(Les vers couplés de la poésie chinoise classique),《远东远西》(*Extrême-Orient，Extrême-Occident*)1989 年第 11 期,第 81 – 98 页。

——《选本实践与文学正统:中国的两种平行选本》(Pratique anthologique et orthodoxie littéraire: deux anthologies parallèles en Chine),《远东远西》(*Extrême-Orient，Extrême-Occident*)1984 年第 5 期,第 49 – 74 页。

[法]马塞尔·德蒂安(Marcel Detienne):《写作及其在希腊的新知识对

象》(L'écriture et ses nouveaux objets intellectuels en Grèce),载马塞尔·德蒂安(Marcel Detienne)编:《古希腊的写作知识》(*Les Savoirs de l'écriture en Grèce ancienne*),巴黎:北斗出版社,2010年,第7-26页。

——《古希腊的写作知识》(*Les Savoirs de l'écriture en Grèce ancienne*),巴黎:北斗出版社,2010年。

[法]马塞尔·戈谢(Marcel Gauchet):《民主的到来 I:现代革命》(*L'Avènement de la démocratie I. La révolution moderne*),巴黎:伽利玛出版社,2007年。

[法]马塞尔·莫斯(Marcel Mauss):《社会学与人类学》(*Sociologie et anthropologie*),巴黎:法国大学出版社,2006年。中译本:佘碧平译,上海:上海译文出版社,2003年。

马艳辉:《裴子野〈宋略〉史论的价值》,《安徽史学》2007年第3期,第28-32页。

[美]马约翰(John Marney):《裴子野:微不足道的梁代文学批评家》(*P'ei Tzu-yeh: A Minor Literary Critic of the Liang Dynasty*),《亚洲研究文选》(*Selected Papers in Asian Studies*)1976年第1期,第165-169页。

[美]马瑞志(Richard Mather):《星汉灿烂的时代:永明时期三大诗人(483—493)》(*The Age of Eternal Brilliance: Three Lyric Poets of the Yung-ming Era (483—493)*),莱顿:博睿出版社,2003年,全两册。

——《诗人沈约:沉默寡言的爵爷》(*The Poet Shen Yüeh: The Reticent Marquis*),普林斯顿:普林斯顿大学出版社,1988年。

——《六朝时期"名教"与"自然"之辩》(The Controversy over Conformity and Naturalness During the Six Dynasties),《宗教史》(*History of Religions*)1969—1970年第9卷第2/3期,第160-180页。

[俄]玛丽娜·克拉夫佐娃(Marina Kravtsova):《诗歌的永恒启迪:5 世纪下半叶至 6 世纪初的中国抒情诗歌》(*Poeziia vechnogo prosvetleniia: Kitaiskaia lirika vtoroi poloviny V-nachala VI veka Поэзия вечного просветления: Китаиская лирика второи половины V-начала VI века*),圣彼得堡:瑙卡出版社,2001 年。

[法]迈克尔·维尔纳(Michael Werner)、贝内迪克特·齐默曼(Bénédicte Zimmermann):《超越比较:〈纠缠史〉与反思性挑战》(Beyond Comparison: *Histoire Croisée* and the Challenge of Reflexivity),《历史与理论》(*History and Theory*)2006 年第 45 卷第 1 期,第 30 - 50 页。

毛汉光:《中国中古社会史论》,上海:上海书店出版社,2002 年。

——《中国中古政治史论》,上海:上海书店出版社,2002b 年。

[意]毛里奇奥·格里包迪(Maurizio Gribaudi):《尺度、适切与构型》(Échelle, pertinence, configuration),载雅克·雷维尔(Jacques Revel)编:《尺度游戏:经验的微观分析》(*Jeux d'échelles. La micro-analyse à l'expérience*),巴黎:瑟伊—伽利玛出版社,1996 年。

[英]梅尔文·里克特(Melvin Richter):《政治和社会概念史研究》(*The History of Political and Social Concepts: A Critical Introduction*),纽约—牛津:牛津大学出版社,1995 年。中译本:张智译,上海:华东师范大学出版社,2010 年。

[美]梅维恒(Victor Mair):《〈文心雕龙〉中的佛教思想》(*Buddhism in The Literary Mind and the Ornate Rhetoric*),载蔡宗齐(Cai Zongqi)编:《中国文心:〈文心雕龙〉中的文化、创作及修辞理论》(*A Chinese Literary Mind: Culture, Creativity, and Rhetoric in «Wenxin diaolong»*),斯坦福:斯坦福大学出版社,2001 年,第 63 - 81 页。中译本:李卫华译,北京:九州出版社,2022 年。

[澳]梅约翰(John Makeham):《述者与作者:〈论语〉的中国注家与注

疏》(*Transmitters and Creators: Chinese Commentators and Commentaries on the «Analects»*)，马萨诸塞州剑桥：哈佛大学出版社，2003 年。

[法]米歇尔·福柯(Michel Foucault)：《安全、领土与人口：法兰西学院课程，1977—1978》(*Sécurité, territoire, population. Cours au Collège de France. 1977—1978*)，巴黎：瑟伊—伽利玛出版社，2004 年。中译本：钱翰、陈晓径译，上海：上海人民出版社，2018 年。

——《知识考古学》(*L'Archéologie du savoir*)，巴黎：伽利玛出版社，1969 年。中译本：董树宝译，北京：生活·读书·新知三联书店，2021 年。

——《词与物》(*Les Mots et les Choses*)，巴黎：伽利玛出版社，1966 年。中译本：莫伟民译，上海：上海三联书店，2001 年。

[法]米歇尔·德·塞尔托(Michel de Certeau)：《历史书写》(*L'Écriture de l'histoire*)，巴黎：伽利玛出版社，1975 年。中译本：倪复生译，北京：中国人民大学出版社，2012 年。

牟世金：《文心雕龙研究》，北京：人民文学出版社，1995 年。

[法]穆瑞明(Christine Mollier)：《佛道面对面：中古中国的经文、仪式和图像的互通》(*Buddhism and Taoism Face to Face: Scripture, Ritual, and Iconographic Exchange in Medieval China*)，檀香山：夏威夷大学出版社，2008 年。

[美]南恺时(Keith Knapp)：《中古中国的孝子和社会秩序》(*Selfless Offspring: Filial Children and Social Order in Medieval China*)，华盛顿：华盛顿大学出版社，2005 年。中译本：戴卫红译，北京：中国社会科学出版社，2021 年。

[德]诺贝特·埃利亚斯(Norbert Elias)：《宫廷社会》(*Die Höfische Gesellschaft*)，法兰克福：苏尔坎普出版社，2002 年。中译本：林荣远译，上海：上海译文出版社，2020 年。

——《个体的社会》(*La Société des individus*),巴黎:法雅出版社,1991年。中译本:翟三江、陆兴华译,南京:译林出版社,2008年。

[美]欧文·戈夫曼(Erving Goffman):《日常生活中的自我呈现》(*La Mise en scène de la vie quotidienne I. La présentation de soi*),巴黎:午夜出版社,1973年。中译本:冯钢译,北京:北京大学出版社,2008年。

彭林:《中国古代礼仪文明》,北京:中华书局,2005年。

[法]皮埃尔·布尔迪厄(Pierre Bourdieu):《语言与象征权力》(*Langage et pouvoir symbolique*),巴黎:瑟伊出版社,2001年。

——《艺术的法则:文学场的生成与结构》(*Les Règles de l'art. Genèse et structure du champ littéraire*),巴黎:瑟伊出版社,1998年。中译本:刘晖译,北京:中央编译出版社,2011年。

——《国家精英》(*La Noblesse d'État*),巴黎:午夜出版社,1989年。中译本:杨亚平译,北京:商务印书馆,2018年。

——《社会空间与阶级生成》(Espace social et genèse des "classes"),《社会科学研究学报》(*Actes de la recherche en sciences sociales*)1984年第52—53期,第3-14页。

——《言语意味着什么:语言交换的经济》(*Ce que parler veut dire. L'économie des échanges linguistiques*),巴黎:阿尔典·法雅出版社,1982年。中译本:褚思真、刘晖译,北京:商务印书馆,2005年。

——《区分》(*La Distinction*),巴黎:午夜出版社,1979年。中译本:刘晖译,北京:商务印书馆,2015年。

[法]皮埃尔·马南(Pierre Manent):《政治哲学通俗教程》(*Cours familier de philosophie politique*),巴黎:伽利玛出版社,2004年。

[美]普鸣(Michael Puett):《成神:早期中国的宇宙论、祭祀与自我神化》(*To Become a God: Cosmology, Sacrifice, and Self-Divinizaion in Early China*),马萨诸塞州剑桥:哈佛大学出版社,

2002 年。中译本:张常煊、李健芸译,北京:生活·读书·新知三联书店,2020 年。

——《作与不作:早期中国对创新与技艺问题的论辩》(*The Ambivalence of Creation: Debates Concerning Innovation and Artifice in Early China*),斯坦福:斯坦福大学出版社,2001 年。中译本:杨起予译,北京:生活·读书·新知三联书店,2020 年。

[美]戚安道(Andrew Chittick):《中古中国的荫护与社群:公元 400—600 年的襄阳城》(*Patronage and Community in Early Medieval China: The Xiangyang Garrison, 400—600 C. E.*),奥尔巴尼:纽约州立大学出版社,2009 年。中译本:毕云译,南京:南京大学出版社,2021 年。

钱穆:《国史新论》,北京:生活·读书·新知三联书店,2001 年。

钱志熙:《魏晋诗歌艺术原论》,北京:北京大学出版社,2005 年。

[法]让-弗雷德里克·沙乌布(Jean-Frédéric Schaub):《"现代国家"概念有用吗? 论历史比较方法的局限性》(La notion d'"état moderne" est-elle utile? Remarques sur les blocages de la démarche comparatiste en histoire),《俄罗斯世界手册》(*Cahiers du monde russe*)2005 年第 46/1—2 期,第 51 - 64 页。

[法]让-克劳德·帕斯隆(Jean-Claude Passeron):《社会学的推理:非波普尔式的论证空间》(*Le Raisonnement sociologique. Un espace non poppérien de l'argumentation*),巴黎:阿尔班·米歇尔出版社,2006 年。

[法]让-路易·法比亚尼(Jean-Louis Fabiani):《什么是法国哲学家? 概念的社会生活》(*Qu'est-ce qu'un philosophe français? La vie sociale des concepts*),巴黎:法国社会科学高等研究院出版社,2010 年。

[德]热拉尔·格贝尔(Gerhard Goebel):《文学与启蒙》("Literatur" und Aufklärung),载彼得·比格尔(Peter Bürger)编:《论文学功

能的变化》(*Zum Funktionswandel der Literatur*),法兰克福:苏尔坎普出版社,1983 年,第 79 - 97 页。

[美]沙培德(Peter Zarrow):《帝国之后:近代中国国家观念的转型(1885—1924)》(*After Empire: The Conceptual Transformation of the Chinese State, 1885—1924*),马萨诸塞州剑桥:哈佛大学出版社,2012 年。中译本:刘芳译,南京:江苏人民出版社,2023 年。

沈倩:《从〈文心雕龙〉论修饰之"夸饰"》,载中国古典文学研究会编:《文心雕龙综论》,台北:学生书局,1988 年。

[德]施寒微(Helwig Schmidt-Glintzer):《文官及其群体或中古中国贵族的特征》(Der Literatenbeamte und seine Gemeinde oder Charakter der Aristokratie im chinesischen Mittelalter),《德国东方学会杂志》(*Zeitschrift der Deutschen Morgenländischen Gesellschaft*)1989 年第 139 卷第 2 期,第 397 - 425 页。

[美]史嘉柏(David Schaberg):《井然有序的过去:早期中国史学的形式与思想》(*A Petterned Past: Form and Thought in Early Chinese Historiography*),马萨诸塞州剑桥:哈佛大学出版社,2001 年。

[加]孙广仁(Graham Sanders):《妙笔生花:中国传统中的诗歌能力观》(*Words Well Put: Visions of Poetic Competence in the Chinese Tradition*),马萨诸塞州剑桥—伦敦:哈佛大学出版社,2006 年。

孙明君:《汉魏文学与政治》,北京:商务印书馆,2003 年。

孙青:《晚清之"西政"东渐及本土回应》,上海:上海书店出版社,2009 年。

[英]汤普森(E. P. Thompson):《英国工人阶级的形成》(*The Making of the English Working Class*),纽约:复古图书,1966 年。中译本:钱乘旦等译,南京:译林出版社,2013 年。

唐长孺:《魏晋南北朝史论丛》,北京:生活·读书·新知三联书店,2000 年。

［美］田晓菲（Tian Xiaofei）：《烽火与流星：萧梁王朝的文学与文化》（*Beacon Fire and Shooting Stars: The Literary Culture of the Liang (502—557)*），马萨诸塞州剑桥—伦敦：哈佛大学出版社，2007 年。中译本：田晓菲译，北京：中华书局，2010 年。

田余庆，《东晋门阀政治》，北京：北京大学出版社，2005 年。

［英］托马斯·扬森（Thomas Jansen）：《中古中国早期的绝交艺术》（The Art of Severing Relationships（Juejiao）in Early Medieval China），《美国东方学会会刊》（*Journal of the American Oriental Society*）2006 年第 128 卷第 3 期，第 347 - 365 页。

——《中古中国的宫廷社交》（*Höfische Öffentlichkeit im frühmittelalterlichen China*），弗莱堡：罗姆巴赫出版社，2000 年。

［日］窪添庆文（Yoshifumi Kubozoe）：《日本的魏晋南北朝官僚制度研究》（Japanese Research in Recent Years on the History of Wei, Chin and the Northern and Southern Dynasties），载《亚洲学刊》（*Acta Asiatica*）1991 年第 60 期，第 104 - 113 页。中译文参阅窪添庆文著，赵立新等译：《魏晋南北朝官僚制研究》序章，复旦：复旦大学出版社，2017 年。

［波］瓦迪斯瓦夫·塔塔尔凯维奇（Wladislaw Tatarkiewicz）：《西方六大美学观念史》（*A History of Six Ideas*），海牙—波士顿—伦敦：马丁努斯—奈霍夫；华沙：波兰科学出版社，1980 年。中译本：刘文潭译，上海：上海译文出版社，2006 年。

［德］瓦尔特·本雅明（Benjamin Walter）：《启明》（*Illuminationen*），法兰克福：苏尔坎普出版社，1961 年。中译本：张旭东、王斑译，北京：生活·读书·新知三联书店，2012 年。

［法］汪德迈（Léon Vandermeersch）：《中国谏议制度》（*L'institution chinoise de remontrance*），《中国研究》（*Études chinoises*）1994 年第 13 卷第 1—2 期，第 31 - 45 页。

王平：《宫廷写作时代：〈文选〉编纂者萧统及其文学集团》（*The Age of*

Courtly Writing: Wen Xuan compiler Xiao Tong（501—531）*and his Circle*），莱顿：博睿出版社，2012 年。

王妍：《从"诗言志"到"诗缘情"》，《哈尔滨工业大学学报（社会科学版）》2003 年第 5 卷第 1 期，第 94‐98 页。

王永平：《六朝家族》，南京：南京出版社，2008 年。

——《六朝江东世族之家风家学研究》，南京：江苏古籍出版社，2003 年。

王元化：《文心雕龙讲疏》，上海：上海古籍出版社，1991 年。

王仲荦：《魏晋南北朝史》，上海：上海人民出版社，2003 年。

［德］沃尔克·塞林（Volker Sellin）：《政治》（Politik），载奥托·布鲁纳（Otto Brunner）、维尔纳·康策（Werner Conze）、莱因哈特·科泽勒克（Reinhart Koselleck）编：《历史基本概念：德国政治与社会语言历史辞典》（*Geschichtliche Grundbegriffe. Historisches Lexikon zur politischsozialen Sprache in Deutschland*），斯图加特：克莱特‐柯塔出版社，1972—1997 年，第 4 卷，第 789‐874 页。

吴爱琴：《谈中国古代服饰中的佩挂制度》，《华夏考古》2005 年第 4 期，第 78‐97 页。

吴承学、李晓红：《任昉文章缘起考论》，《文学遗产》2007 年第 4 期，第 14‐25 页。

［美］吴伏生（Wu Fusheng）：《应制书写：中国中古时期的应诏诗》（*Written at Imperial Command: Panegyric Poetry in Early Medieval China*），奥尔巴尼：纽约州立大学出版社，2008 年。

吴建辉：《论沈约的门第观、政治地位、文学地位及其关系》，《湘潭大学社会科学学报》2000 年第 24 卷第 2 期，第 31‐34 页。

［新加坡］吴妙慧（Meow Hui Goh）：《声色：永明时代的宫廷文学与文化》（*Sound and Sight: Poetry and Courtier Culture in the Yongming Era*），斯坦福：斯坦福大学出版社，2010 年。中译本：朱梦雯译，南京：江苏人民出版社，2022 年。

［美］伍思德（Alexander Woodside）：《迷失的现代性：中国、越南、朝鲜与世界历史的危险》（*Lost Modernities: China, Vietnam, Korea and the Hazards of World History*），马萨诸塞州剑桥—伦敦：哈佛大学出版社，2006 年。

［日］稀代麻也子（Mayako Kishiro）：《〈宋书〉中的沈约：生命的意义》，东京：汲古书院，2004 年。

谢重光：《中古佛教僧官制度和社会生活》，北京：商务印书馆，2009 年。

［日］兴膳宏（Hiroshi Kōzen）、川合康三（Kōzō Kawai）：《隋书经籍志详考》，东京：汲古书院，1995 年。

——《文学与文章》，载饶芃子编：《文心雕龙研究荟萃》，上海：上海书店出版社，1992 年，第 110 - 122 页。

徐复观：《中国艺术精神》，载李维武编：《徐复观文集》，武汉：湖北人民出版社，2002 年，第 4 卷。

徐国荣：《中正品状与钟嵘〈诗品〉之结构模式》，《暨南学报：哲学社会科学版》2011 年第 154 卷第 5 期，第 112 - 118 页。

［法］雅克·吉约蒙（Jacques Guilhaumou）：《概念史：争议中的历史语境》（L'histoire des concepts：le contexte historique en débat），《历史与社会科学年鉴》（*Annales. Histoire, sciences sociales*）2001 年第 56 卷第 3 期，第 685 - 698 页。

——《从概念史到概念运用的语言史》（De l'histoire des concepts à l'histoire linguistiques des usages conceptuels），《创世》（*Genèses*）2000 年第 38 期，第 105 - 118 页。

［法］雅克·雷维尔（Jacques Revel）：《微观分析与社会构建》（Micro-analyse et construction du social），载雅克·雷维尔（Jacques Revel）编：《尺度游戏：经验的微观分析》（*Jeux d'échelles. La micro-analyse à l'expérience*），巴黎：瑟伊—伽利玛出版社，1996 年，第 15 - 36 页。

［法］雅克·德里达（Jacques Derrida）：《这个叫文学的奇怪制度》（This

Strange Institution Called Literature），载德里克・阿特里奇
(Derek Attridge)编：《文学行动》(*Acts of Literature*)，纽约—伦
敦：劳特利奇出版社，1992年，第33-75页。

严耕望：《中国地方行政制度史：魏晋南北朝地方行政制度》，上海：上海
古籍出版社，2007年。

阎步克：《中国古代官阶制度引论》，北京：北京大学出版社，2010年。

——《察举制度变迁史稿》，北京：中国人民大学出版社，2009a年。

——《波峰与波谷：秦汉魏晋南北朝的政治文明》，北京：北京大学出版
社，2009b年。

——《品位与职位：秦汉魏晋南北朝官阶制度研究》，北京：中华书局，
2009c年。

——《阎步克自选集》，桂林：广西师范大学出版社，1997年。

［德］扬・阿斯曼(Jan Assmann)：《文化记忆：早期高级文化中的文字、
回忆和政治身份》(*Das kulturelle Gedächtnis： Schrift,
Erinnerung und politische Identität in frühen Hochkulturen*)，
慕尼黑：C. H. 贝克出版社，1992年。中译本：金寿福、黄晓晨译，
北京：北京大学出版社，2015年。

［西］杨德（Andreas Janousch）：《菩萨皇帝》（The Emperor as
Boddhisattva)，载周绍明(Joseph McDermott)编：《中国的国家与
宫廷礼仪》(*State and Court Ritual in China*)，剑桥：剑桥大学出
版社，1999年，第112-149页。

［美］杨联陞(Yang Lien-sheng)：《中国制度史研究》(*Studies in Chinese
Institutional History*)，马萨诸塞州剑桥：哈佛大学出版社，1961年。
中译本：彭刚、程钢译，南京：江苏人民出版社，2007年。

杨明：《汉唐文学辨思录》，上海：上海古籍出版社，2005年。

姚名达：《中国目录学史》，上海：上海古籍出版社，2005年。

叶炜：《南北朝隋唐官吏分途研究》，北京：北京大学出版社，2009年。

［美］伊沛霞(Patricia Ebrey)、奥德瑞・司伯乐（Audrey Spiro)、裴士凯

(Scott Pearce)编:《文化与权力:200—600 年华夏世界的重建》(*Culture and Power in the Reconstitution of the Chinese Realm*, 200—600),马萨诸塞州剑桥:哈佛大学出版社,2001 年。

——《早期中华帝国的贵族家庭:博陵崔氏个案研究》(*The Aristocratic Families of Early Imperial China: A Case Study of the Po-Ling Ts'ui Family*),剑桥—纽约—梅尔本:剑桥大学出版社,1978 年。中译本:范兆飞译,上海:上海古籍出版社,2011 年。

余英时:《历史人物考辨》,桂林:广西师范大学出版社,2006 年。

——《士与中国文化》,上海:上海人民出版社,2003 年。

俞鹿年编:《中国官制大辞典》,哈尔滨:黑龙江人民出版社,1992 年。

[美]宇文所安(Stephen Owen):《中国早期古典诗歌的生成》(*The Making of Early Chinese Classical Poetry*),马萨诸塞州剑桥—伦敦:哈佛大学出版社,2006 年。中译本:胡秋蕾、王宇根、田晓菲译,北京:生活·读书·新知三联书店,2012 年。

——《中国文学思想读本》(*Readings in Chinese Literary Thought*),马萨诸塞州剑桥:哈佛大学出版社,1992 年。中译本:王柏华、陶庆梅译,北京:生活·读书·新知三联书店,2019 年。

[美]约翰·波考克(John Pocock):《德行、商业和历史:18 世纪政治思想与历史论辑》(*Virtue, Commerce and History: Essays on Political Thought and History, Chiefly in the Eighteenth Century*),剑桥:剑桥大学出版社,1985 年。中译本:冯克利译,北京:生活·读书·新知三联书店,2012 年。

[美]约翰·塞尔(John Searle):《社会实在的建构》(*The Construction of Social Reality*),纽约:自由出版社,1995 年。中译本:李步楼译,上海:上海人民出版社,2021 年。

[日]越智重明(Shigeaki Ochi):《南朝贵族制与朝代的更替》(The Southern Dynasties Aristocratic System and Dynastic Change),《亚洲学刊》(*Acta Asiatica*)1991 年第 60 期,第 55 - 77 页。

——《魏晋南朝的贵族制》,东京:研文出版,1982 年。

詹福瑞:《汉魏六朝文学论集》,保定:河北大学出版社,2001 年。

[加]詹姆斯·塔利(James Tully)编:《意义和语境:昆廷·斯金纳和他的批评者》(*Meaning and Context: Quentin Skinner and His Critics*),普林斯顿:普林斯顿大学出版社,1988 年。

张朝富:《汉末魏晋文人群落与文学变迁》,成都:巴蜀书社,2008 年。

张承宗:《六朝妇女》,南京:南京出版社,2012 年。

赵鼎新:《东周战争与儒法国家的形成》,上海:华东师范大学出版社,2006 年。

甄静:《论魏晋南朝士人忠孝观的倒错》,《青海师范大学学报(哲学社会科学版)》2007 年第 6 期,第 63 - 67 页。

[日]中村圭尔:《六朝贵族制研究》,东京:风间书房,1988 年。

中国古典文学研究会编:《文心雕龙综论》,台北:学生书局,1988 年。

周勋初:《梁代文论三派述要》,载《周勋初文集》,南京:江苏古籍出版社,2000 年,第 79 - 102 页。

周一良:《魏晋南北朝史论集》,北京:北京大学出版社,1997 年。

——《魏晋南北朝史札记》,北京:中华书局,1985 年。

周振甫:《中国文章学史》,南京:江苏教育出版社,2005 年。

周征松:《魏晋隋唐间的河东裴氏》,太原:山西教育出版社,2000 年。

朱大渭等:《魏晋南北朝社会生活史》,北京:中国社会科学出版社,2005 年。

朱自清:《诗言志辩》,南京:凤凰出版社,2008 年。

祝总斌:《两汉魏晋南北朝宰相制度研究》,北京:中国社会科学出版社,1990 年。

原著译本

[法]安妮-玛丽·拉腊(Anne-Marie Lara)译,刘劭撰:《人物志》(*Traité des caractères*),巴黎:伽利玛出版社,1997 年。

［法］程艾兰（Anne Cheng）译，《论语》（*Entretiens de Confucius*），巴黎：瑟伊出版社，1981 年。

［奥］傅熊（Bernhard Führer）译：《诗品》（*Chinas erste Poetik: Das Shipin [Kriterion Poetikon] des Zhong Hong [467?—518]*），多特蒙德：项目出版社，1995 年。

［美］康达维（David Knechtges）译，萧统编纂：《文选》（*Wen Xuan or Selections of Refined Literature*），普林斯顿：普林斯顿大学出版社，1987 年，第 2 卷。

——《文选》（*Wen Xuan or Selections of Refined Literature*），普林斯顿：普林斯顿大学出版社，1982 年，第 1 卷。

［法］罗逸东（Béatrice L'Haridon）译，扬雄撰：《法言义疏》（*Maîtres mots*），巴黎：美文出版社，2010 年。

［英］施友忠（Vincent Shih）译，刘勰撰：《文心雕龙》（*The Literary Mind and the Carving of Dragons*），台北：中华书局，1970 年。

［日］小尾郊一（Kôichi Obi）编译，萧统编纂：《文选》（*Monzen*），东京：瑟伊出版社，1974—1976 年，全七卷。

人名索引(部分)①

"南京大学六朝研究所书系"已出图书

一、甲种专著

1.《东晋南朝侨州郡县与侨流人口研究》(修订本),胡阿祥著,江苏人民出版社 2019 年 10 月版,"甲种专著"第壹号

2.《中古丧葬礼俗中佛教因素演进的考古学研究》,吴桂兵著,科学出版社 2019 年 12 月版,"甲种专著"第贰号

3.《六朝的城市与社会》(增订本),刘淑芬著,南京大学出版社 2021 年 1 月版,"甲种专著"第叁号

4.《探寻臧质城——刘宋盱眙保卫战史地考实》,钟海平著,南京大学出版社 2022 年 3 月版,"甲种专著"第伍号

5.《邾邹千年:邾国与峄阳邹县历史文化研究》,胡阿祥主编,姚乐、刘兵、吴庆著,山东画报出版社 2023 年 7 月版,"甲种专著"第陆号

二、乙种论集

1.《"都城圈"与"都城圈社会"研究文集——以六朝建康为中心》,张学锋编,南京大学出版社 2021 年 1 月版,"乙种论集"第壹号

2.《六朝历史与考古青年学者交流会论文集:2016—2020》,陆帅等编,南京大学出版社 2023 年 7 月版,"乙种论集"第贰号

3.《六朝史丛札》,楼劲著,南京大学出版社 2022 年 3 月版,"乙种论集"第叁号

4.《南朝陵墓神道石刻暨中古考古论集》,杨晓春著,南京大学出版社 2024 年 12 月版,"乙种论集"第肆号

三、丙种译丛

1.《中古中国的荫护与社群:公元 400—600 年的襄阳城》,[美]戚

安道著,毕云译,南京大学出版社 2021 年 1 月版,"丙种译丛"第壹号

2.《从文物考古透视六朝社会》,[德]安然著,周胤等译,南京大学出版社 2021 年 1 月版,"丙种译丛"第贰号

3.《文者国之华——中国五至六世纪的文人知识与皇家权力》,[阿根廷]石保罗著,庞茂森译,南京大学出版社 2025 年 4 月版,"丙种译丛"第叁号

4.《汉唐时期岭南的铜鼓人群与文化》,[新西兰]龚雅华著,魏美强译,南京大学出版社 2023 年 6 月版," 丙种译丛"第肆号

5.《中国江南六朝考古学研究》,[日]藤井康隆著,张学锋、刘可维译,江苏人民出版社 2023 年 5 月版,"丙种译丛"第伍号

四、丁种资料

1.《建康实录》,(唐)许嵩撰,张学锋、陆帅整理,南京出版社 2019 年 10 月版,"丁种资料"第壹号

2.《南京大学北园东晋墓》,南京大学博物馆、南京大学六朝研究所编著,南京大学出版社 2023 年 10 月版,"丁种资料"第贰号

3.《六朝建康城城墙遗址研究与保护(2014—2022)》,六朝博物馆编,南京出版社 2022 年 12 月版,"丁种资料"第叁号

五、戊种公共史学

1.《"胡"说六朝》,胡阿祥著,江苏人民出版社 2019 年 6 月版,"戊种公共史学"第壹号

2.《谢朓传》,胡阿祥、王景福著,凤凰出版社 2019 年 12 月版,"戊种公共史学"第贰号

3.《王谢风流:乌衣巷口夕阳斜》,白雁著,南京大学出版社 2023 年 6 月版,"戊种公共史学" 第叁号

4.《六朝书话》,胡阿祥著,南京大学出版社 2024 年 12 月版,"戊种公共史学"第肆号